中国与全球治理丛书

丛书主编 苏长和

★

中国与国际规则的制定

★

潘忠岐 等◎著

上海人民出版社

丛书总序
为互联互通的世界探索更好的治理方案

为全球治理体系和全球治理能力的现代化提供一套共同价值规范、制度体系、政策网络、人力资源服务体系等，是中国和世界各国在21世纪共同面临的世界性难题。当今世界是一个互联互通的世界，一方面互联互通发展保持着强劲的势头，另一方面，阻碍互联互通的观念、制度乃至政策瓶颈依然存在。同时，世界在互联互通中出现许多从前没有遇到过的新问题。因此，追求更好的全球治理和国际秩序，成为现在以及今后很长时期各国需要面对的现实问题，这也为政治学、公共管理、国际法、国际关系理论的发展带来新的挑战和机遇。

基于这个考虑，我们组织了这套“中国与全球治理丛书”。这套丛书主要探索两大问题，一是事关全球治理体系的理论和实践问题，二是中国在全球治理体系建设中能够发挥什么样的作用。

全球治理体系的理论和实践问题非常广阔。就理论而言，较为迫切的问题是在构建全球治理体系的同时，如何处理好全球治理体系和国家治理体系的关系。以往的政治学理论要么只是一种国内政治理论，要么只是一种国际政治理论，两者分属两个政治系统，似乎还没有一种能够很好地将国内政治和国际关系贯通在一起的一般理论。现在，随着内外联动的加强，很有必要将两个政治系统打通。因此，在思忖全球治理体系建设的时候，需要更多地了解类型各异的国家治理体系，因为没有国家治理体系的支撑，全球治理体系必然如空中楼阁，而在建设有效的国家治理体系的时候，也必须要兼顾到全球治理体系，因为全球性问题长期不得其解，必然会对国家内部治理产生持久的负面影响。关于全球治理的理论议题还有很多，例如全球治理与主权理论发展、全球治理共同价值基础、国际制度体系的设计、全球治理和国际秩序建设等等，都是学界长期进行研究但是仍有进一步探讨空间的理论议题。

在实践领域，全球治理的议题非常广泛，大凡各国在国内治理中碰到的棘手问题，同样也会以跨国的方式表现在国际关系领域。只要我们将各国政府下属部门所对应要解决的问题逐一排列开来，就会发现这些问题开始越来越活跃在国际关系领域，例如法律、司法、安全、货币、经贸、税收、交通、卫生、水利、民政、民族、能源、环境、反腐、检疫检验、农林牧渔、文教、网络等等。所不同的是，国内治理体系中有一个有效的行政体系，然而全球治理体系中，国际行政体系一直阙如。这也正是全球公共议题治理的难点所在。上述几乎所有议题的治理一旦进入实践层面，都会提出政府间协调和政府国际合作效能的重要性。一些专业类国际组织在解决这类议题中的作用是不可替代也是不可忽视的。丛书中的一些作品在针对具体国际组织或者特定全球治理实践议题展开研究的时候，会从不同角度为我们带来关于全球治理体系组织能力的经验思考。

这套丛书还要关注中国与全球治理的关系。改革开放以来，中国与世界关系处于卯榫相合的状态，中国的发展离不开世界，世界的发展也离不开中国；今日的中国，比历史上任何时期都更加靠近世界舞台的中心。中国现在已经成为全球治理的参与者、管理者、贡献者，由此带来涉外事务、国际事务管理在我国国家治理中的比例迅速上升。可以说，中国既面临着国家治理体系和治理能力现代化建设的任务，同时也面临着在与外部世界互动中，与其他国家共同推进全球治理体系和治理能力现代化的任务，这两个任务是叠加在一起的。对于中国这样的新型大国来说，如果能够在这个根本性问题上探索出一条国家治理和全球治理合作共进的模式出来，将会极大地开拓政治学和国际关系新的领域，为人类对更好制度的探索提供来自中国的理论方案，从而推动人类政治文明和制度文明的进步。就此而言，在关于当今世界一些重大政治理论的思想竞争问题上，中外学者实际上处于同一思想起跑线上。这套丛书将格外重视和鼓励那些致力于在中外经验比较中打通国内治理的理论研究成果。

丛书既关注中国在具体全球议题治理中作用的研究，也关注中国的方式和经验总结研究；既重视中国同既有全球治理制度体系关系研究，更会突出中国在制度体系建设中的创造性作用研究。在中国参与全球治理进程中，一些前瞻性问题应该未雨绸缪。例如随着国家和全球两个治理体系互动的加强，各国政府的管理职能会延伸并交叉在国际领域中，中国也不例外。那些具备高效国际行动能力的政府，自然是未来全球治理的引领者，这也是中国着力构建适应全球性大国发展的国家治理体系的意义所在。就此而言，像全球治理人才培养、国际公共政策制定和实施、政府在国际上行动能力提升、与“一带一路”有关的地区治理、互联互通产品提供等等，都是值得探讨的新问题。

如何把世界组织起来，让世界变得更有序，可以说是国际关系学科长期思索的根本性问题之一，世界的互联互通更加提出回答这一问题的迫切性和必要性，这也是我们编辑出版这套“中国与全球治理丛书”的初心所在。复旦大学国际关系国家重点学科早在20世纪90年代就开始布局全球治理研究，目前形成了由若干个中心组成的中国与全球治理综合研究网络。这套丛书展现的并非只是复旦学者的成果，丛书是开放的，是不同学科围绕全球治理问题展开交流的一个思想平台，我们希望在中外学界朋友的帮助和支持下，共同办好这套丛书。

是为序。

苏长和

2017年4月22日

于复旦大学文科楼

序言　做国际规则的共同塑造者[1]

陈志敏　苏长和

2015年10月31日，全国人大外事委员会主任委员傅莹在出席“世界秩序与中国的角色——2015京城国际论坛”时引用了孟子的一句名言：“穷则独善其身，达则兼济天下。”在她看来，虽然还不能说中国目前已经完全实现了“达”，但已经是时候该去关注和影响世界秩序的走向了。而要“兼济天下”，中国需要尽快地想明白一系列问题：我们希望的未来世界秩序应该是怎样的？它与现存的世界秩序是什么样的关系？我们需要告诉世界，中国将在未来世界秩序的塑造中扮演什么角色？我们能为此做些什么？

多年来，中国的学术界和外交界一直就是对国际秩序、世界秩序和全球秩序问题进行思考和研讨的先行者。在国外，来自发达国家和发展中国家的学者们同样就这个问题提出了很多看法。中外学者在这个问题上处于同一条思想起跑线上。在现实的层面，随着中国成为第二大经济体，亚投行、金砖国家开发银行相继建立，“一带一路”倡议得到四方响应，世界的地缘经济和政治板块正在出现具有世界历史意义的转移。也就是说，如果得到志同道合国家的支持，中国现在有能力来推动国际体系发生重要的变化。2014年11月，中央外事工作会议强调，观察和规划改革发展，必须统筹考虑和综合运用国际国内两个市场、国际国内两种资源、国际国内两类规则；2015年10月12日，中共中央政治局围绕全球治理格局和治理体制进行了专题集体学习，习近平总书记强调要推动全球治理体制向着更加公正合理的方向发展。所有这些态势都预示着中国将在世界上发挥更加积极的作用，要在国际规则的制定中扮演一个主动塑造者的角色，从而为推动建立一个和谐共生的全球治理模式和国际秩序作出自己的贡献。

一、国际规则的参与者和维护者

中国既是国际规则的参与者，也是国际规则的维护者。所谓参与者，主要是指中国改革开放以后在维护独立自主的前提下，参与了西方主导的大部分但不是全部的国际规则，并在维护规则中改革规则；所谓维护者，是指新中国成立以后，中国一直就是主权国际体系以及通用国际规则的维护者。

中国参与西方主导的一些国际规则具有主动选择的特点。中国按照自己国内改革的节奏，逐步参与虽由西方主导但却具有较广泛适用范围的国际规则。因此，中国既不是全盘接受，也不是不加选择。将国内改革的节奏和进程与参与既有国际规则进行平衡和取舍，在保持国家稳定和独立性的前提下，使得两者处于可控而又平衡的互动进程之中，是中国参与西方主导的许多国际规则的一个重要经验。第二个重要经验是，面对既有的西方主导的国际规则，中国通过参与和熟悉这些规则来改革这些规则，而不是通过打破这些既有规则来改革这些规则，有效维护了国际体系的和平和稳定。第三个重要经验是，参与这些西方主导的国际规则尤其是金融贸易类规则时，我们既要看到中国受益的一面，也要看到中国为此承担了很大的国内成本。但是这些成本很多是中国自己内部消化的，很少外溢出去，这体现了中国一贯的节制和对外部世界负责任的态度。总之，中国是在保持内政和国际体系之间良性互动的背景下参与国际规则的，对两个大局、两种市场、两类规则的高度统筹平衡能力，是中国和国际体系相互受益的重要保证。中国选择了一种共生而不是对抗的方式，处理好了中国与外部世界和国际体系的关系。

对以主权为核心的国际体系的组织原则和规则，中国则一直是坚定的维护者。中国是《联合国宪章》及其核心原则的坚定捍卫者，一直努力以自己的力量，并且与一切认同宪章主权原则的国家一起努力，维护宪章所体现的一些基本国际规则，如主权平等、互不干涉内政及和平解决国际争端等等。这些原则虽然是《联合国宪章》的核心原则，但在冷战后受到了来自一些大国的多方面冲击。小布什时期美国一度试图建立“新帝国”，西方以促进人权和民主的名义干涉其他国家的内政，在国与国关系中频繁使用军事干涉和武力威胁。为了维护《联合国宪章》的基本原则，中国在国际舞台上，特别是在联合国安理会中，对有关国家的政策和行为进行了有力的牵制和抵制，比如在叙利亚问题上四次否决一些大国的干预提案，从而以一种建设性的否决力量发挥了国际规则维护者的作用，及时地维护了主权国际秩序的底线。人们必须认识到，现在的国际秩序转型，不能以否定主权为前提；世界上的许多动乱和冲突，并不意味着主权失去意义，相反，很多恰恰是由于主权没有得到遵守造成的。主权制度和规则是共生国际秩序的一个基本原则。人类目前的政治认识和智慧，还没有发展到比主权更重要更有效的原则，来确立一个新的世界秩序。

二、国际规则新的共塑者

随着发达国家陷入2008年以来的经济困难，中国在2010年赶超日本成为世界第二大经济体，在还没有充分作好各项准备的情况下，中国被迅速推上了世界的中央舞台。新成立的二十国集团成为世界经济治理和规则塑造的全球性平台，在其中，中国可以和其他大国共同参与国际经济协调和规则制定。在诸如应对气候变化，提供国际发展援助，牵头成立亚洲基础设施投资银行和金砖国家新开发银行，以“一带一路”倡议带动亚非欧沿线国家的发展等方面，中国已经展现出令人瞩目的国际影响力，成为国际规则的一个重要塑造者。不过，需要注意的是，尽管中国塑造国际规则的能力与过去相比有了显著的提升，但中国现在是、在今后相当长的一段时期内也将是国际规则众多塑造者中的一员。因此，我们可以把中国这一日益凸显的新角色定义为国际规则的共塑者。这一共塑者的身份具有以下三方面的内容。

(1) 共塑者的继承性。在某种意义上，过去的中国也可以称得上是一种国际规则的共塑者。从参与者的角色出发，通过接受某些国际规则，以积极合作的方式，中国帮助实现了这些规则的再生产，参与了这些规则的塑造过程。不过，这种塑造作用是被动的，对规则内容的形塑只起到有限的作用，主要是扩展了这些规则的适用范围。作为另一些规则的维护者,中国通过捍卫诸如主权平等和互不干涉内政等国际关系基本原则,保证了这些规则在新时期的再生产,让这些原则历久弥新。但是,这类塑造作用是防御性的,目的是防止已有规则的内容不被其他国际力量改变和破坏。简而言之,通过认可某些规则,如可持续发展和贸易自由化,通过坚守某些原则,如和平共处五项原则,中国以选择性和防御性的姿态参与了这些国际规则的维系和维护。而且,遵守和坚守这些中国参与塑造的国际规则,仍将是中国处理与国际规则关系的一个重要方面。今天和未来的中国要更多地发挥国际规则共塑者的作用,不是要完全与过去的角色决裂,不是要放弃我们过去已经接受或者努力维护的国际规则,而是要在继承的基础上对现有的国际规则进行必要的完善和强化。

(2) 共塑者的塑造性。作为一个新的共塑者,中国需要发挥更加主动的国际规则塑造者的作用,而不能仅仅停留在认可或坚守已有的国际规则上面。被认可的规则需要与时俱进,因而需要被重新塑造。比如,国际货币基金组织和世界银行的份额与投票权的分配规则已经日益与国家间的经济力量对比相脱节,急需改革来提升其国际合法性。要求改革上述两个国际金融机构的呼声一直存在,但一直缺乏推动改变发生的强大驱动力量。随着新兴大国的群体性崛起,这种状况正在发生改变,正在凝聚主导大国必须直面应对的改革压力。我们过去坚守的原则同样也存在与时俱进的要求,需要中国在内的各国去发展这些原则,适应一个不断变化中的世界。比如,在应对气候变化问题上我们坚持"共同但有区别的责任"原则,并把它理解为发展中国家无须承担任何有法律约束力的减排义务;如今,中国已经承诺将达成对所有国家适用的有法律约束力的协议。此外,在一个全球化的世界里,地区和全球挑战日益复杂和艰巨,原有的国际规则无法导向有效的国际治理,而需要更加强有力的国际规则来应对,或者需要另辟蹊径,发展新的国际规则来提供解决方案。因此,主动塑造国际规则将是各国面临的重大挑战。作为一个上升中的大国,中国将具有更大的利益、更强的能力并受到更高的期待去承担国际规则主动塑造者的角色。

(3) 共塑者的共同性。要塑造新的国际规则,中国需要和其他国际行为体一起来合力推动。不论未来的世界是无极世界、多极世界,还是中美两强遥遥领先的两极—多极世界，中国无法一家来主导国际规则的制定，而是需要与其他国际力量携手同行。在我们看来，从世界力量格局的走向来看，中国和美国无疑将是世界上的两个超大国家，在国际规则的制定中会发挥最重要的作用。但即便如此，中美两国也需要和其他主要国际力量一起，才能建立具有持久性和合法性的国际规则。因此，任何国际规则的塑造都必然需要通过与更多国家共商来进行，以促进规则适用范围的广泛性。

三、国际规则共塑中的协调战略和竞争策略

国际规则的共塑首先要求各国的协调与合作。二十国集团的建立和发展体现了各国协力应对世界经济和金融危机的合作精神。这样的合作在伊朗核问题的外交解决中也得到了有力的体现。可以说，国际规则的共塑，其包含的题中之意，就是需要各国奉行共商精神，采取协调战略。

但任何一种协调都意味着某种让步和妥协。在对现有国际规则的改革进程中，改革意味着建立这些国际规则的原有主导大国要更多地照顾新兴大国和其他发展中国家的利益和诉求，包括修改原有国际规则以及让渡部分国际规则的制定权。

在二十国集团成立之初，西方大国对争取来自新兴大国的支持寄予厚望，在改革现有国际规则方面呼应了新兴大国的一定诉求，作出了一定让步，比如达成了国际货币基金组织的份额改革，承诺在保持西方大国对国际货币基金组织主导权的前提下将一小部分决策权力转移给新兴大国。这一改革正好符合那些主张自由国际秩序的学者的观点。在他们看来，西方以前建立起来的国际规则本身有足够的生命力，不会受到来自新兴大国的挑战；在非西方世界崛起的背景下，西方所要做的只是转移小部分的规则制定权。但是，一旦经济危机的警报得以暂时解除，核心大国如美国就开始诉诸拖延战术，国会迟迟不愿批准国际货币基金组织 2010 年作出的改革决定，而美国政府也缺乏坚定的意愿去促使国会批准这一改革方案。总之，在一些重要领域，即使是西方自由派所主张的规则制定权的微小让步也遭到来自西方国家内部的反对和

阻挠。发达国家似乎失去了通过协调合作改革现有国际规则的意愿，拒绝或抵制改革。

在这样的背景下，一味地委曲求全已经失去了战略和策略的合法性。中国既无利益也无必要去挑战现行国际秩序，推翻通行的国际规则。但这并不表明，中国作为维护现存国际秩序和规则的重要国家，对秩序和规则中的不合理部分就会无动于衷，也不意味着因为某些大国对不合理国际秩序和规则改革的抵制而放弃推动改变的努力。

自2008年国际金融危机以来，世界上包括中国学者在内的一批国际关系学者开始严肃地思考国际制度和国际规则的退化以及成员的退出问题。历史上，每到国际关系的历史转折时期，都会发生大规模退出既有国际制度和国际规则，进而导致已有体系和秩序衰落的现象。阿尔伯特·赫希曼在《退出、发声和忠诚：对企业、组织和国家退化的回应》一书中曾就组织退化和复原的问题进行了开创性的理论研究。[2]在他看来，一旦组织制度出现退化，其成员产生不满，组织成员可以采取两类基本策略来促进组织制度的复原：发声（voice），即在组织内部表达意见，寻求组织领导层作出相应的改变；退出（exit），即从组织中脱离，迫使组织作出必要的改变。与此同时，他也分析了两种策略的混合运用，认为退出的可能性有助于强化发声机制的有效性。笔者在2014年发表的《全球治理体系的中国式增量改进战略》一文中也提出了类似的观点。[3]文章指出，中国要推动全球治理体系的改革，需要采取“内线推动”和“外线拓展”的整合战略，一方面要在现有主导国际制度内以共识推动渐进改革，这可以说是一种“发声”策略；另一方面也要在现有国际制度之外，在被现有制度忽略或者现有制度无力治理的领域，在地区或多边的框架下发展与同道国家间的制度化合作，建立新的国际制度。这些新国际制度和规则的建立不等于也不是要从现有国际制度和国际规则中完全退出、“另起炉灶”，而是要证明中国和其他同道国家具有创造新国际制度和国际规则的能力，目的是要通过新的制度和规则来补充现有的国际制度和规则，以增量方式来提升全球治理的能力，同时对现有的国际制度和规则形成推动内部改革的外部压力。

因此，在发挥国际规则共塑者作用的过程中，中国要首先推动主要国际力量的协调合作，但也要认识到，一定程度的竞争也有其必要性。

在国际体系的改革进程中，人们应该鼓励而不是抑制增量的国际制度和国际规则创新行为，只要这种创新的目的是为了完善国际制度和规则，有利于更好地应对全球和地区挑战，这类良性的竞争在今天的时代就应该是不可或缺的要素。

四、塑造一个共生的国际规则体系

中国已经度过了大规模参与西方主导国际规则的阶段，进入一个新的同更多国家一起共同改革、完善和塑造国际规则体系的阶段。任何一套行之有效的国际规则体系，都不应该由哪一个国家说了算，而应当是绝大多数国家共商、共建的成果，否则将有悖民主的精神和原则。在一个权力不断转移和扩散的世界里，任何一方都无法依靠一己之力来垄断国际规则的制定，只有国际社会的主要力量协调合作，普遍和持久的国际规则才能得以形成并得到维护。不过，近几年来的国际纷争表明，原有国际秩序的主导大国仍然试图维护其对国际规则的主导权，要按自己的意愿来塑造国际规则的未来走向。因此，一定程度的竞争和博弈在所难免，需要中国有所担当，奋发有为。但这样的竞争，其目的是要将有关国家推向国际规则共塑的轨道，而不是要分道扬镳，渐行渐远。这是这个转型时代提出的艰巨挑战，需要学者们提出睿智的见解，需要各国国民有稳健的心态，更需要各国领导人有明智的政策指引和高超的外交技巧。

今天的中国与国际规则的关系，不再是片面的“与国际接轨”问题，也不是简单的“参与国际规则倒逼国内改革”问题，而是如何同世界大部分国家一起，共同构建一个以公正、合理、有效、有序的国际规则体系为基础的国际秩序。这并不意味着中国否定国际体系中既有的国际规则，有些国际规则是人类政治文明的成果，当然需要继承，但是不能适应更大多数国家及其人民发展、不能根据力量对比变化作出相应改革和调整或者在设计之初就有很多弊病的规则，则应当与时俱进，革故鼎新。一套国际规则体系，如果是强者立法、弱者守法，或者只有利于少数国家及其人民而不利于大部分国家及其人民，甚至使得强者更强、弱者更弱，这都不是合作共赢、和谐共生的国际规则。塑造一个共生的国际规则体系和国际秩序，是人类政治文明向前以及向更高阶段突破的关键。在国内政治中，已经形成和积累了内部共生政治秩序的知识和成果，循此则可步入一种有序的政治生活，但是多数国家对如何营建一种共生的国际政治生活，似乎还没有强有力的共识和约束。这也正是国际秩序和国际政治理论探索的方向之一。

注释

1. 原文《做国际规则的共同塑造者》最初发表于《外交评论》2015 年第 6 期，这里略有改写。
2. Albert Otto Hirschmann, *Exit*, *Voice*, *and Loyalty*: *Responses to Decline in Firms*, *Organizations*, *and States*, Cambridge, MA: Harvard University Press, 1970.
3. 陈志敏：《全球治理体系的中国式增量改进战略》，载《当代世界》2014 年第 8 期。

目　录

第一章
国际规则及其形成机制

作为国际社会中的主要成员，国家要在互动中形成良好的国际秩序就必须制定并执行能够更好地管理国家行为和国际交往的国际规则。在人类历史的发展过程中，世界各国已经有意无意地创造了数不胜数、涉及各个领域、形式多样的国际规则。马克·阿姆斯特茨(Mark Amstutz)把它们概括为政治规则、经济规则、法律规则和道义规则。[1]雷蒙德·科恩(Raymond Cohen)把它们区分为七类：有法律约束力的成文协定、非约束性成文协议、君子协议、精神协议、默契协议、纯粹的默契协议和相互自我克制。[2]显然，不同领域、形式各异的国际规则对国家行为和国际交往的约束力是不一样的。但它们都是为管理国际关系而制定的，都在创建和维护国际秩序的过程中发挥效力。而要让国际规则发挥其应有的效力，规则的制定与变革是至关重要的。本章想要重点探讨的问题是，国际规则是如何形成和变革的，国家要积极参与国际规则的制定与变革需要具备哪些能力。在此之前，我们首先需要了解究竟什么是国际规则，以及为什么国际规则非常重要。[3]

第一节　什么是国际规则？

所谓国际规则，一般是指对世界各国国际行为和国际互动有约束力的指令性规定。国际规则既是各种原则和规范的具体体现，又与原则和规范一道主要通过国际制度得到执行。

在国际关系领域存在很多制约国家行为和国家间互动的国际规则。尽管与国际体系、国际制度、国际秩序等主题相比，国际规则并不是主流国际关系理论研究的重点，但还是有很多理论家在研究的过程中对究竟什么是国际规则、国际规则为什么重要、国际规则如何为国家所接受、国际规则如何形成和变革等问题进行了深入思考。[4]他们的思考无疑为我们今天进一步研究国际规则及其形成机制奠定了重要的理论基础。

赫德利·布尔(Hedley Bull)早在《无政府社会——世界政治中的秩序研究》一书中就对规则进行了明确界定。他说:"规则就是要求或准许某一类人或团体以某种特定方式行为的一种指令性原则。"[5]由此出发,国际规则就是要求或准许国家以某种特定方式行为的"一般指令性原则"。尽管布尔的界定常被其他学者作为经典定义进行引证,但他把"规则"等同于"原则"在一定程度上似有混淆二者区别之嫌。

斯蒂芬·克拉斯纳(Stephen Krasner)在界定国际机制的过程中对原则、规则、规范等相近的几个概念作了比较明确的区分。根据他的定义,国际机制是指"在国际关系特定领域里由行为主体的愿望汇集而成的一整套明示或暗示的原则、规范、规则和决策程序"[6]。其中,"原则"是指"关于事实、因果关系和公正的信仰";"规范"是指以权利和义务方式确立的行为标准;"规则"是指指导行为的特别规定或禁止某些行为的规定;"决策程序"是指制定和执行集体选择的主导实践活动。在克拉斯纳看来,规则是与原则和规范不同的东西,尽管它们一道构成国际机制的内核。

这样的区分同样体现在罗伯特·基欧汉(Robert Keohane)的研究中。基欧汉认为,"规则比规范更为具体","规则更加具体地规定了机制成员的权利和义务"。"规则比原则和规范更易于改变,因为可以实现既定目标的规则可能不止一套。"[7]基欧汉以国际货币关系领域的例子来说明规则与原则、规范的不同。第二次世界大战后,国际收支机制中最重要的原则就是贸易和收支自由化。该机制的关键规范则是,任何国家都不能出于私利单方面操纵本国汇率。这个原则和规范在1971年之前是通过固定汇率的国际规则来实现的,但在1973年之后却是通过浮动汇率的国际规则来维持的。其间,尽管原则和规范没有改变,规则却发生了很大变化。基欧汉明确指出:"虽然布雷顿森林体系的规则在1971年至1973年间有所改变,但多边主义原则和相对自由的资本流动仍得以保持。"[8]这不仅说明规则相比原则和规范更为可变，它们之间并不存在一一对应的关系，而且还说明规则在很大程度上是原则和规范的某种具体体现。

规则同原则和规范之间的内在关联性说明它们之间既有区别，又密不可分。原则、规范和规则本质上都是国家行为的标准，都对国家行为具有某种规制作用，即准许某些行为并禁止另一些行为。基欧汉因此认为，要对原则、规范、规则和决策程序进行非此即彼的区分是很难的，甚至是错误的。对他来说，从国际机制的四个要素中选择原则和规范或规则和程序作为国际机制的界定性特征，就会导致一种错误的二分法，将原则和规范与规则和程序对立起来。在他看来，规范和规则在边际区域是很难明确区分的。将隐含规则与操作原则区分开来也是非常困难的。国际机制越强大，原则、规范与规则之间的联系就越紧密。他说："事实上，恰恰是原则、规范与规则之间的紧密联系给国际机制赋予了合法性。"[9]

或许正是由于原则、规范与规则之间的这种密不可分性，布尔才倾向于将规则界定为"一般指令性原则"。就规则同原则和规范之间的紧密相关性而言，布尔将"规则"等同于"原则"的界定应该说也是合情合理的。由此，他从维持国际秩序的角度将国际规则区分为三套。第一套规则是指当今世界政治中"根本性或宪政性的规范性原则"，如国际社会的理念是人类政治组织的最高规范性原则。第二套是指国家间的"共处规则"，包括限制使用暴力，条约必须遵守，不干涉他国内政等。第三套是指"管理国家间合作的规则"，包括促进国家间政治和战略合作以及社会和经济合作的规则。[10]布尔所枚举的三套国际规则显然涵盖原则和规范的内容。

借助原则和规范对规则进行界定或将规则等同于原则与规范的倾向不仅存在于布尔身上，也存在于大多数研究国际规则的学者身上。例如，弗里德里克·克拉托赫维尔(Friedrich Kratochwill)在1989年出版的专著《规则、规范与决策》一书中，试图对规则与规范进行区分，认为规则就是"让选择情境简单化的一种指令"[11]。但他同时强调，"所有的规则都是规范"，尽管"并不是所有的规范都展现类似规则的特征"。[12]无独有偶，尼古拉斯·格林伍德·奥努夫(Nicholas Greenwood Onuf)也在1989年出版了一本有关国际规则的专著《我们建构的世界:社会理论与国际关系中的规则与统治》。他反对从功能角度把规则区分为管理性规则和构成性规则,因为按照定义规则都具有管理性,并因此建构各种社会安排。同样从功能的视角,奥努夫将规则区分为指导性规则、指令性规则和承诺性规则。指导性规则跟食谱一样,告诉人们为达目的应如何行事。这类规则不具有约束力,也无法强制执行。指令性规则往往跟法律相关,就是规定违反行为会受何种惩罚的法律规则。承诺性规则是指互惠的条约性规则。[13]显然,奥努夫所指称的指导性规则和承诺性规则更像是原则和规范,而不是严格意义上的规则。

如果说在严格意义上原则和规范是指导性的,那么规则就是指令性的,指导性的原则和规范只有通过具体的指令性的规则才能更直接地影响国家行为、塑造国际关系。原则和规范往往会给国家行为指明一个大方向,告诉国家行为体如何行事才是合规律、合道德的。规则则是一种更明确、更具体、更具可操作性的规定,它告诉国家行为体哪些事情是可为的,哪些是不可为的,违反相关规定会受到何种惩罚。规则是指令性的,它要求或准许国家行为体如何行事,但指令性的规则必须跟指导性的原则和规范保持一致。规则是原则和规范的具体化,通过对国家行为方式的具体规定体现指导国家行为的一般原则和规范。如果继续以基欧汉的上述例子为例,那么固定汇率和浮动汇率的规则就是贸易和收支自由化原则以及国家不应单方面操纵本国汇率规范的具体化。

规则既是各种原则和规范的具体体现,又同原则和规范一道主要通过国际制度得到执行。布尔认为,规则规定行为体的行为模式,但规则要发挥效力必须依赖制度。[14]布尔所说的制度"并不一定指组织或管理机制,而是指一套实现共同目标的习惯和惯例"[15]。由于主权国家作为国际社会的成员主要负责让规则发挥效力,因此国家本身就是国际社会中的主要制度。[16]与此不同,克拉斯纳把国际机制看作国家间的制度性安排,把原则、规范、规则和决策程序看作国际机制的四个构成要素,将国际规则与国际机制关联起来。尽管以基欧汉为代表的新自由制度主义者逐步用国际制度的概念取代国际机制,但将国际规则与国际制度关联起来的传统得以延续。基欧汉在国际制度的定义中甚至更为强调国际规则的重要性。他认为所谓“国际制度”，是指“有关国际关系特定问题领域内经由政府同意建立的有明确规则的制度”[17]，是指“规定行为角色、限制活动并塑造预期的持久的和相互联系的(正式的和非正式的)成套规则”[18]。在某种程度上，这是一种“制度即规则”的定义，尽管基欧汉认为国际制度除了国际规则还包括各种国际机制、国际组织、国际条约、国际惯例等。因此，他说，国际制度是指“指导世界政治诸要素的规则和协助实施这些规则的国际组织”[19]。显然，在基欧汉看来，国际制度既是国际规则本身，也是国际规则的实施机制。在此意义上，我们可以把国际制度看作国际规则的外化。

鉴于规则与原则、规范、制度等概念非常接近且密不可分，我们可以将规则的定义区分为狭义和广义两种。狭义的规则就是指令性的规定；广义的规则除了指令性的规定，还包括指导性的原则和规范，以及各种制度性安排。因此，国际规则可以进一步被界定为对世界各国国际行为和国际互动有约束力的规定、原则、规范和制度。

第二节　国际规则为什么重要？

国际规则作为约束国家行为的规定、原则、规范和制度，对于世界秩序的维持、国际社会的形成、国际体系的稳定，以及对于国家利益的实现，都是非常重要的。

首先，国际规则是世界秩序的支柱。这一点布尔讲得再清楚不过了。他认为：“世界秩序是人类社会作为一个整体为维持社会生活的基本或首要目标而采取的人类行为的模式或倾向。”[20]这些目标包括：维护国家体系和国家社会的存在；确保各个国家的独立和主权；促进和平；限制暴力；维持信誉；稳定私有财产权等。他进而强调，世界秩序的维持主要依赖三个因素：基于社会生活基本或首要目标的共同利益观念，规定行为模式的规则，让规则发挥效力的制度。[21]尽管世界秩序可能在缺少规则的情况下偶然形成，如均势可能偶然地形成于国际体系之中，但秩序并不仅仅是偶然性的产物，它更是共同利益观念、规则和制度的结果。其中，规则的作用在绝大多数情况下都是不可或缺的。在国际社会中，旨在追求社会生活基本或首要目标的共同利益观念并不能明确地告诉我们哪些行为符合这些目标，只有规则才具有这方面的功能。布尔认为，世界秩序中和平相处的安全目标依赖于反对使用暴力的规则，协议稳定性的目标依赖于协定必须得到遵守的规则，占有权稳定的目标依赖于公共或私有财产权必须得到尊重的规则。[22]维持世界秩序的国际规则多种多样，可能是国际法、道义准则、习惯或先例，也可能只是操作程序或"游戏规则"。其中，在布尔看来，上文提到的三套规则对于世界秩序的维持最为重要，即"根本性或宪政性的规范性原则""共处规则""管理国家间合作的规则"。布尔强调，这些"广泛的、不断变化中的规则或准规则……为国际社会从共同利益的模糊观念走向该观念要求采取何种行为的明确认知提供了手段"[23]。

其次，国际规则是国际社会超越国际体系的根本。对于布尔和他所代表的英国学派来说，国际规则不仅是世界秩序的支柱，而且是国际社会形成的关键。布尔和亚当·沃特森(Adam Watson)对国际社会的经典定义是："一组国家(或在更一般的意义上说，一组相互独立的政治共同体)不仅在每方行为都是他方必要考虑因素的意义上组成体系，而且还通过对话和协商确立指导其相互关系的共同规则和制度，并承认维持这些安排符合它们的共同利益。"[24]一组国家既组成国际体系(或用英国学派的术语来说"国家体系")，也组成国际社会(也称"国家社会")。国家被英国学派看作国际体系和国际社会的主要成员。国际体系与国际社会的不同不在于组成成员，而在于成员之间的互动。布尔从国际规则的角度对国际体系和国际社会进行了严格区分。他认为，国际体系形成于两个以上的国家之间存在足够的联系与互动，对彼此的决策有足够的影响，并在一定程度上都作为一个整体中的不同分子行事。他说："如果两个或两个以上国家之间有足够的交往，而且一个国家可以对其他国家的决策产生足够的影响，从而促成某种行为，那么国家体系或国际体系就出现了。"[25]而国际社会则在于一组国家意识到彼此之间拥有某些共同的利益和共同的价值观念，它们在自认为处理相互关系时必须遵守一定的共同规则和共同制度的意义上形成了一个社会。"如果一群国家意识到它们具有共同利益和价值观念，从而组成一个社会，也就是说，这些国家认为它们相互之间的关系受到一套共同规则的制约，而且它们一起构建共同的制度，那么国家社会(或国际社会)就出现了。”[26]

再次,国际规则事关国际体系的稳定。对于英国学派来说,国际体系与国际社会之间最大的区别在于,国家之间的互动是否遵循共同的规则和制度。如果说国际体系主要以国家间的权力和利益关系为基础,那么国际社会则以国家间共同遵循的社会规则和规范为基础。但对于大多数现实主义者来说,国际体系的稳定同样也需要国际规则的支持。罗伯特·吉尔平(Robert Gilpin)在探讨国际体系的变革时非常明确地强调,国际规则影响国家间互动,是决定国际体系是否稳定的重要变量。他认为,导致国际体系发生变革的变量除了权力分配和威望等级,还有影响国家间互动的一系列权利和规则。[27]他说:“每一种人类互动的体系都必须有一套起码的规则和对权利的相互承认。”[28]威斯特伐利亚体系的维持在很大程度上就是依赖于三十年战争之后欧洲各国在《威斯特伐利亚和约》中确立的“一套促使该世纪后半期欧洲相对和平的规则”。此外,“《乌德勒支和约》《维也纳和约》《凡尔赛和约》等也都力图塑造一种稳定的现状,并确立一套相互承认的规则和权利”。这些条约及其确立的国际规则为欧洲各国解决争端、惩罚战败者和相互承认安全保障等提供了依据。[29]尽管这些国际规则并不能彻底消除战争,但它们却为战后新确立的国际体系维持相对和平的状态提供了重要保障。吉尔平不无遗憾地指出:“(不幸的是)霸权战争是国际体系发展和变革过程中起作用的和必要的组成部分。”“战争不仅导致体系中国家间领土的重新分配,而且还会形成一套新的体系规则。”[30]当然,反过来讲,国际规则有时候不仅不能确保国际和平,反而会诱发国际冲突甚至霸权战争,在国际权力分配发生巨大改变时尤其如此。在吉尔平看来,新兴国家对国际体系的挑战往往会从改变既有国际体系的规则开始。[31]围绕国际规则的斗争因此会直接关系到国际体系的稳定性。自由主义者相对而言更为乐观。基欧汉认为,即使在霸权缺位的情况下,只要有国际制度和国际规则,国家间就可以实现合作、避免冲突。他强调:“规则作为使合作合法化的象征,或是用来指导合作都是非常重要的。”[32]“如果一个国际组织能够启用一套规则体系,它就能促使各国政府即使不担心报复,也会意识到名誉的重要性,从而改变其行为方式。”[33]

最后，国际规则决定国家利益的实现。按照布尔的观点，国家间共同利益的实现依赖于国际规则。但国际规则除了有利于实现国家间共同利益，也会影响世界各国对各自特殊利益的追求。而这方面的影响显然是不平等、不确定的，这在很大程度上是由规则的非中性决定的。从马克思主义的观点来看，国际规则并不是国际社会所有成员追求共同利益的工具，而是居主导地位的国家追求自我特殊利益的手段。布尔承认马克思主义的这个论点"极具洞察力"。他说："显然，所有社会规则体系都浸透着规则制定者的特殊利益和价值观。由于在规则制定的过程中社会成员的影响力总是大小不一，因此历史上任何一个规则体系对社会统治者或主导者利益的服务都必然远胜于对其他社会成员利益的服务。"[34]受制于共同的国际规则，规则制定者和规则接受者从中受益的程度必然有别，并且往往更有利于前者。霸权稳定论把国际规则看作霸权国家为国际社会提供的一种公共产品。而霸权国家之所以愿意提供稳定、安全、秩序所需的国际规则，并容忍"搭便车"的行为，主要在于它希望能够从稳定的世界秩序中受益更多。[35]但是基欧汉认为，国际制度和国际规则一经确立便具有相对的独立性和自在性，并不随霸权国的衰落而丧失自身的稳定力和对国家行为的塑造力。因此，国际规则的制定者并不能确保国际规则一直会对自己更有利，国际规则即使对霸权国家自身利益的实现也具有很大的不确定性。美国在第二次世界大战以后确立的固定汇率规则曾使自己大为受益，但随着德国和日本经济的不断崛起，美国不但难以继续受益，反而受制于自己制定的这项国际规则。于是，美国将固定汇率改为浮动汇率，从而维持了相对于世界其他主要经济体的优势地位。霸权国家为了让国际规则对自己更有利就必须牢牢把握规则的制定权，而非霸权国家则必然致力于争夺国际规则的制定权。[36]正是在这个意义上，布尔认为，那些试图改变国际规则的国家可能并不是真的要推翻那些体现共同利益的国际规则，如限制暴力使用、要求协定得到遵守和尊重财产权等，而是要改变这些规则的地位，使之不再服务于现存社会主导成员的特殊利益。[37]从理性主义的视角来看，所有国家都希望国际规则对自己更有利，因此国际规则的制定权之争不可避免，是国家间利益之争的必然结果。

第三节　国际规则是如何形成和变革的？

国家既是国际规则旨在约束的客体，也是国际规则得以形成和发挥作用的主体。根据布尔的分析，规则并不是一种先天的客观存在，而是一种主观建构的产物。但规则又不仅是观念建构的产物，而且必须具有社会效力。为此，规则必须是制定出来的，必须得到传达，必须得到管理，必须得到解释，必须得到执行，必须得到合法化，必须能够适应变化的需要和环境，必须得到保护。[38]规则要具有社会效力就必须依赖制度。在现代国家中，最能让规则发挥社会效力的制度就是政府。政府制定规则、传达规则、管理规则、解释规则、执行规则、让规则合法化、让规则适应社会的变化并保护规则。[39]在国际社会中，最能让规则发挥社会效力的制度则是作为国际社会成员的主权国家，也就是说国家本身是国际社会中让国际规则发挥作用的主要制度。国家制定国际规则、传达国际规则、管理国际规则、解释国际规则、执行国际规则、让国际规则合法化、让国际规则适应变化并保护国际规则。[40]但跟国内规则的情形不同，国家是在无政府状态下，也就是在缺少最高权威的情况下，甚至是在缺少国家间团结的情况下，让国际规则发挥效力的。

国家是制定国际规则的主体，这并不是说国家是国际规则的唯一制定者，也不是说所有的国际规则都是国家制定的，更不是说所有国家都能（平等地）参与国际规则的制定。除了国家，任何其他国际行为体，包括个人、政府间组织、非政府组织、跨国公司等非国家行为体，也都是国际规则的制定者。例如，《日内瓦公约》作为约束战争和冲突状态下敌对双方行为规则的权威法律文件，就是让·亨利·杜南（Jean Henri Dunant）个人努力的结果。[41]国际规则有时候产生于习惯和先例，如国家间共处规则、大国间危机预防与管理规则。这些规则先是习惯，然后变成先例，再变成道义原则和规范，最后被纳入法律文件，成为国际规则。这个过程说明，国家作为国际规则的制定者有时候只是确认和批准某些国际规则，而不一定是创造国际规则。由于国家之间在实力和观念等方面存在很大差异，因此并不是所有的国家都是严格意义上的国际规则制定者。相比而言，只有主导国际体系的大国才是国际规则的主要制定者。但主导大国在制定国际规则的过程中往往并不是简单地将自己的意志强加于人，而是通过国际合作、借助国际制度等方式让其他国家也参与进来。因此，国际规则的制定是一个复杂的过程，没有统一的固定模式，国际规则的变革也是如此。其中，以主导大国为核心的单边机制、双边机制和多边机制，以国际组织为依托的多边机制，以区域合作为抓手的区域机制，以非政府组织、跨国公司和个人为主体的其他机制等，最能说明国际规则的形成和变革过程。

一、霸权主导机制

主导大国以单边方式制定和推行国际规则或许是历史上国际规则最初形成的核心机制。根据吉尔平的分析，波斯帝国据信可能是第一个立法者，它将治理国际经济关系的规则强加于其他国家，并对较小邻国间的争端进行调解。罗马帝国在地中海地区制定了自己的法典，并作为遗产给西方文明留下了第一部国际法。当代国际法则主要是西方文明施于世界的，主要反映了西方文明的价值观和利益。因此，吉尔平指出："尽管治理国家间行为的权利和规则总是不同程度地依赖于共识和相互利益，但权利和规则的首要基础是社会体系中主导集团或国家的权利和利益。"[42]强者制定规则的逻辑不仅适用于古代，也适用于当代；不仅适用于国内，也适用于国际。因为"在任何一个社会体系中，主导者总是伸张自己的权利，把规则强加于弱小的其他成员，以便谋取特殊利益"[43]。

为了更好地为自己的特殊利益服务，当代国际体系中的霸权国家依然倾向于通过单边方式制定和推行国际规则。例如，美国要求在该国上市的外国企业必须遵守其资本市场规则，包括公司上市资格、会计准则、财务信息披露准则等。由于美国市场的规模优势对他国企业极具吸引力，因此原本美国国内的资本市场规则就变成了被很多国家接受的国际规则。[44]不仅如此，美国还极力向他国推销自己的资本市场规则，尤其是会计准则，希望更多的国家都跟美国保持一致。这类规则的制定是一种典型的单边主义，不仅较为明显地表现在经济、贸易和投资领域，而且也同样体现在其他领域，如航海。第一次世界大战前，大多数航海规则都是海上霸主英国根据自己的航海习惯和先例确立的，相关的航海法和领水法主要反映的也是英国的价值观和利益。[45]第二次世界大战后，随着美国取代英国成为新一代海上霸主，相关国际规则的制定权发生了转移。

虽然霸权国倾向于用单边的方式为国际社会制定规则，但它们并不总是能够做到这一点。就像基欧汉所提醒的，“不要夸大美国制定和推行规则的容易程度。[46]”即使能够做到，单边方式往往也不是霸权国家制定国际规则的首选路径。毕竟，国际规则要让其他国家接受并因此发挥效力，必须具有足够的合法性。国际体系中的主导国家不仅致力于制定国际规则，而且必须致力于让国际规则合法化。而合法性的重要来源就是其他国家的认可。为此，霸权国家在制定国际规则的过程中需要尽可能地考虑和关照其他国家，特别是其他大国的利益和关切，而不是单枪匹马、我行我素。霸权国家不论实力多么强大，都不希望其他国家心不甘情不愿地接受自己制定的国际规则，而是希望通过合作和协商的方式促使其他国家心甘情愿地追随自己的领导。在很大程度上，国际规则的制定与变革总要以国家间共同利益和价值观为基础，离不开国家间合作，是国家间合作的产物。就像吉尔平所说的，“在某种程度上，权利和规则以共同的价值观和利益为基础，而且产生于国家间的合作行为。[47]”利用双边和多边机制因此就成了主导国家制定国际规则的主要路径。所谓双边机制，就是世界两个主要大国通过达成双边协定，形成一定的国际规则，然后再将国际规则逐步向世界其他国家推广。美国跟其他大国达成的各种双边自由贸易协定和投资协定就属此类。多边机制则是世界多个国家通过达成多边协定，形成一定的国际规则，继而接受其他国家的签署和加入使国际规则进一步合法化、普遍化。前文提到的《威斯特伐利亚和约》《乌德勒支和约》《维也纳和约》《凡尔赛和约》等都是大国通过多边方式制定国际规则的例证。双边机制和多边机制在很多情况下都是结合起来使用的。美国在第二次世界大战后崛起为国际体系的主导国，为我们提供了很多通过双边和多边方式制定和变革国际规则的经典案例。

在第二次世界大战后国际经济规则的制定过程中，美国充当了主导角色。富兰克林·罗斯福(Frankin Roosevelt)认为，要从根源上消除国际冲突，应建立一个国际贸易自由流通的体系，取消一切形式的贸易壁垒，实行无歧视贸易原则。为此，1943 年 4 月 7 日，美国发表了由财政部长顾问哈里·德克斯特·怀特(Harry Dexter White)拟订的战后国际金融货币方案，即“怀特计划”。“怀特计划”的指导思想是根据各国的经济实力决定其在国际金融货币体系中的相应地位，各成员国的权利与义务相等，基本方式是采取存款原则。该计划旨在凭借经济实力，由美国一手操纵和控制国际基金组织，建立美国对战后国际金融货币和贸易的领导权。但英国并不希望战后国际经济规则的制定完全由美国主导。因此，在同一天，英国提出由财政部顾问、著名经济学家约翰·梅纳德·凯恩斯(John Maynard Keynes)设计的战后国际金融货币方案，即“凯恩斯计划”。该计划的指导思想是英美共同掌握国际金融货币主导权，国际贸易的顺差国与逆差国共同承担调节国际收支不平衡的责任，基本方式是采取透支原则。“凯恩斯计划”旨在防止 20 世纪 30 年代经济危机时国际金融货币关系紊乱、贸易体系崩溃的局面重演，实际上是要求顺差国和逆差国共同负担调节国际收支平衡的责任，从而使黄金储备不足、国际贸易经常发生逆差的英国通过该计划能够继续保持国际金融货币的领导地位。经过长时间讨价还价之后，美国与英国达成双边协议，于 1944 年 4 月共同草拟了《专家关于建立国际货币基金的联合声明》。这个双边协议于 1944 年 7 月在布雷顿森林会议上变成了建立《国际货币基金组织》和《国际复兴开发银行》的《布雷顿森林协定》，从双边走向多边。[48]

在政治领域，美国也充当了主导角色，并且同样循着从双边到多边的方式完成了第二次世界大战后国际秩序的构建和政治规则的制定。这主要表现在美国主导促成了联合国的建立，并确立了联合国安理会的权威和大国决定的原则，从而确保了美国在政治领域的至上地位。为此，美国一方面与英国协调立场，借助苏联的潜在威胁，说服英国放弃有关在欧洲、美洲和太平洋成立三个区域理事会，并在此基础上组建世界最高理事会的设想，转而接受由美国提出的有关建立联合国的方案；另一方面，美国先是通过敦巴顿橡树园会议取得苏联对战后联合国组织机构的基本认可，随后又通过雅尔塔会议在安理会表决程序和联合国创始国问题上与苏联达成妥协方案。美国说服苏联接受中国跟美英法苏一道成为安理会常任理事国，实质性问题按照“大国一致原则”进行表决。同时，美国答应苏联，将乌克兰和白俄罗斯确认为联合国创始会员国。在这个过程中，美国还不断将政治领域制定规则的进程从双边扩展到多边。1943 年 10 月 30 日，美英苏中四国在莫斯科开会，签署《关于普遍安全的宣言》，为日后《联合国宪章》的制定确立了一些根本原则。1944 年 8—10 月美英苏三国参加敦巴顿橡树园第一阶段会议，就战后联合国的组织机构基本达成协议，但在安理会否决权和创始会员国资格的问题上没有达成协议。第二阶段会议由中美英三国参加，对联合国组织问题作了进一步讨论，通过关于建立普遍性国际组织的议案，规定了联合国的宗旨和原则，联合国大会、安全理事会、秘书处等主要机构的组织和职权，以及关于维护国际和平与安全和关于国际经济与社会合作的各种安排。它为 1945 年 4—6 月旧金山会议达成《联合国宪章》奠定了重要基础。旧金山会议达成的《联合国宪章》作为被世界上大多数国家认可的多边协议，为 1945 年 10 月 24 日联合国的正式成立铺平了道路。[49]

二、国际组织和区域合作机制

国际规则并不都是由主导大国制定的，普通大国甚至小国也能在国际规则的制定和变革中发挥重要作用。其中，国际组织和区域合作是非霸权国家参与国际规则制定的两个主要渠道。当然，霸权国家很多时候也会利用国际组织和区域合作制定和推行国际规则。第二次世界大战后，国际金融领域的很多规则都是由国际货币基金组织和世界银行制定的，国际贸易领域的很多规则是由《关税及贸易总协定》和之后的世界贸易组织制定的。尽管作为世界贸易组织前身的《关税及贸易总协定》不是正式的国际组织，但它却一直发挥着制定全球贸易规则的作用，世界贸易组织更是如此。而在整个布雷顿森林体系中，美国居绝对支配地位，因此国际组织在很大程度上也是霸权国家制定国际规则的主要渠道。同样，美国也在利用区域合作参与国际规则的制定。以美国为核心的《北美自由贸易协定》，以及美国一度积极倡导的《跨太平洋伙伴关系协定》和《跨大西洋贸易与投资伙伴关系协定》等，都是通过区域合作塑造国际规则的例证。[50]有所不同的是，霸权国以外的国家也在利用国际组织和区域合作参与国家规则的制定。尤其是它们能够借此创设出甚至有悖于霸权国利益的国际规则。

国际组织作为国家间互动的多边平台有时候能够独立发挥作用，成为国际规则的制定者，特别是在关系到全球大多数国家的问题上。[51]有关解决全球气候变化问题的国际规则就是在联合国框架下逐步确立的。1992 年达成并于 1994 年生效的《联合国气候变化框架公约》为全球气候变化治理机制和规则的形成奠定了重要基础，特别是它明确了解决全球气候变化问题的最终目标和指导原则，主要包括："公平原则""共同但有区别的责任和各自能力原则""预防原则""可持续发展原则""应对气候变化与国际经济、贸易体系协调原则"等。[52]这些原则的确立是发达国家和发展中国家两大阵营相互妥协的结果。此后，1997 年达成并于 2005 年生效的《京都议定书》为世界各国温室气体排放的行为确定了更为细致的规则，包括具有约束力的减排目标和时间表、灵活机制、资金和技术援助、履约和遵约等规则。《京都议定书》及其确立的减排规则同样也是在发达国家与发展中国家讨价还价的基础上达成的。尽管《京都议定书》在很多方面体现了美国的立场，但美国却因国内政治因素而于 2001 年 3 月宣布拒绝参加。美国不仅因此遭到很多国家诟病，而且还因其作为历史上和当时最大的温室气体排放国拒绝承担与其他发达国家具有可比性的减排义务而成为此后国际气候变化谈判的重要关切，明显在制定解决全球气候变化问题的国际规则的过程中丧失了其应有的领导地位。这一国际规则的制定过程尚未最终完成，但它却明确显示在事关世界大多数国家利益的问题上国际规则的制定权并非由霸权国垄断。

区域合作在制定和变革国际规则的过程中也在发挥愈来愈大的作用。不仅像美国这样的全球超级大国，而且像英法德这样的传统大国，像印度尼西亚、马来西亚、印度、南非、巴西和中国这样的新兴国家，也都希望通过区域一体化参与国际规则的塑造。除了美国主导的北美自由贸易区，欧盟、东盟、非盟、南方共同市场等区域合作机制都在不同程度上通过制定区域层次上的国际规则来塑造全球层次上的国际规则。欧盟不仅在区域一体化方面为其他地区树立了典范，而且作为一种"规范性力量"[53]在国际规则的制定方面也走在前面。欧盟在一体化过程中参与制定和推行的国际规则非常广泛，涉及国际贸易、国际投资、共同市场、货币与财政、文化、教育与科学研究、环境、社会福利、对外政策等各个领域。其中，有些规则与美国的同类规则并不一致，因此与美国形成某种竞争态势。例如，欧盟没有采纳美国的会计准则，而是实施经济合作与发展组织（OECD）的会计准则，并跟美国争夺在国际会计准则理事会中的影响力，希望未来统一的国际会计准则对自己更有利。[54]欧盟也没有采纳美国拟定的双边投资协定的谈判范本，而是使用自己的范本，希望能够在相对缺乏统一规则的国际投资领域发挥更大的影响。但欧盟与美国于 2012 年 4 月达成妥协，联合发布《国际投资的共同原则》，从而向国际投资领域统一国际规则的制定迈出了重要一步。[55]与欧盟相似，东盟作为主要由地区小国发起成立的区域组织也在参与国际规则的制定中表现活跃。就像时任马来西亚副首相慕沙希淡所概括的，"就是因为东盟，我们已经能够建立在我们之间维持和平与友好的根本性的基本规则。"它们包括："绝对不干涉彼此内政的原则；和平解决争端的原则；尊重彼此独立的原则；绝对尊重东盟每个国家领土完整的原则。"[56]在他看来，东盟不仅已经提出了这些"基本规则"，而且已经执行、接受了这些规则，更重要的是，已经离不开这些规则。在经济、安全和社会等多领域，东盟都致力于形成一套区域规则，并通过"东盟＋3"、东盟地区安全论坛、东亚峰会等机制，撬动地区和全球大国与其一道塑造地区和全球国际规则。

三、非政府机制

政府间国际组织和区域合作由于往往有全球或地区大国的参与而成为制定国际规则的重要机制。非政府组织、跨国公司甚至个人，有时候也能在国际规则的制定中发挥不可或缺的作用。历史上，反奴隶制运动就是最早由非政府组织发起的，该运动旨在通过组织跨国活动禁止奴隶制这个道义上不可接受的习惯，并制定相应的国际规则。其起源是 18 世纪 80 年代建立的致力于在美国、英国和法国废除奴隶制的各个协会。这些团体实力强大，迫使英国议会于 1807 年下令禁止英国公民从事奴隶贸易。在1814年《根特条约》中和在1815年维也纳和会上，国际社会再次斟酌废除奴隶制问题，并重申奴隶贸易活动是不人道的和不正义的。虽然非政府组织实力有限，当时没能制定出广为接受的国际规则，但它们的努力为后来奴隶制和奴隶贸易的最终废除奠定了重要基础。[57]目前，在海洋捕捞、海上排放、象牙贸易、物种保护等方面通行的国际规则大多是由非政府组织创设的。各种行业标准和评级体系主要是由各个领域最有影响力的跨国公司或行业协会制定的。像《日内瓦公约》与杜南个人的努力分不开一样，《全面禁止杀伤人员地雷公约》的签署则在很大程度上要归功于乔迪·威廉斯(Jody Williams)。后者作为国际禁止地雷运动的主要协调人让世界各国政府同意，使用、生产、储存和销售杀伤人员地雷是非法行为，并因此于1997年被授予诺贝尔和平奖。[58]尽管美国不愿作出让步，拒绝签署《全面禁止杀伤人员地雷条约》，但相关的国际规则已被世界上大多数国家接受。当然，不论杜南还是威廉斯，个人在制定国际规则方面的影响力离不开各种非政府组织和国际政府间组织的参与，其中国际红十字会和联合国的作用至关重要。同理，不论非政府组织还是跨国公司，它们最终也需要通过政府间组织才能把各种理念和方案确立为国际规则。因此，在很大程度上，以非政府组织、跨国公司和个人为主体的非政府机制只是国际规则制定与变革的辅助机制。

第四节　国家何以能够参与国际规则的制定与变革？

作为国际规则的主体，每个国家出于利己考虑都希望最大限度地影响国际规则的制定、传达、管理、解释、执行、合法化，并使其适应社会变化以及受到保护。但不同国家或同一国家在不同历史时期对国际规则的塑造能力却存在很大差异。重要的是，新建的国际规则能够为其他国家所接受。而其他国家之所以愿意接受，在很大程度上是因为它们对规则制定国的市场、技术、资本、政治支持和安全保护等存在依赖性，不遵守相关规则的机会成本很高。因此，比较而言，大国比小国、发达国家比发展中国家更有能力参与国际规则的制定与变革。正如前文所述，霸权国家往往是国际规则的主要制定者。但不论多么强大，霸权国家都不能垄断对国际规则的制定；不论多么弱小，国际体系中的非主导国家都可以在国际规则的制定和变革过程中有所作为。其中，最主要的根源在于，国际规则的制定能力取决于多种因素，主要包括整体实力、领域优势和创制能力等。

一、整体实力

强大的整体实力是确保霸权国家能够在大多数情况下主导国际规则制定与变革的根本。霸权国家国际规则制定权的来源首先是经济权力，包括市场规模、贸易结构、金融体系、开放程度、国际竞争力等多个方面；其次是政治和军事实力；再次是文化和价值观的影响力。美国之所以能够在第二次世界大战后在政治经济军事等各领域主导国际规则的制定，在很大程度上就是得益于其强大的整体实力。与之相比，苏联之所以没能跟美国一样成为国际规则的主要制定者，则主要在于其经济实力不仅远逊于美国，而且与自身的政治和军事实力不相称。就像基欧汉和约瑟夫·奈（Joseph Nye）所指出的，一国的军事实力像经济和政治实力一样也与决定国际规则的能力呈正相关关系，但第二次世界大战之后的苏联属于例外，因为“在国际货币领域，苏联的影响几近于零”，“其经济体制不允许它积极参与国际货币基金组织和关贸总协定规则之下的国际经济事务”。[59]

国际体系中的霸权国家不仅有能力和意愿制定管理国家间关系的核心规则，而且还有能力废旧立新，即废除本国反对的既有规则，设立符合本国利益的新规则。美国在1971年废除第二次世界大战后确立的金本位固定汇率规则，就是因为随着欧洲和日本经济实力的不断增强，该规则已不再符合美国利益。但美国之所以能够促成布雷顿森林体系的崩溃，则在于其整体实力的强大。对此，基欧汉和奈的分析是：“1971年，美国打破旧机制的规则，摆脱该机制对美国行使经济权力影响国际货币政治的限制。此时，它能够运用自己的基本经济力量——其强大的经济、对外贸易占国内生产总值的低比率及其绝对经济规模——和军事、政治影响，改变货币博弈的规则。美国暂停了美元与黄金的自由兑换，不再为兑换的要求所掣肘。”[60]跟霸权稳定论的解释相反，基欧汉和奈认为，美国让布雷顿森林体系于 1971 年寿终正寝的事实说明美国霸权并没有衰落。他说：“如果美国的地位真的如此衰落不堪，美国就没有能力迫使国际货币体系在 1971 年发生如此巨大的变革；美国关于未来体系的看法——最终导致了 1976 年修改《国际货币基金组织协定》条款的协议——也不会有如此关键性作用。”[61]

一般而言，在国际体系中总是强国制定规则，弱国遵守规则，一国整体实力的大小往往决定该国在国际规则的制定与变革中发挥多大的影响力，大多数国际规则因此都与国际体系中最强大国家的利益和价值观一致。同时，在国际体系中，权力越是集中在霸权国家手中，就越容易形成强规则；反之，权力越是分散，国际规则就越难以形成和执行。权力分配与规则制定之间的相关性在一定程度上符合现实主义的基本逻辑，即只要国际体系中的权力结构发生改变，国际规则的制定权就会发生转移，国际规则的变革就会随之发生。因此可以将既有霸权国家国际规则制定能力的衰落看作其霸权衰落的指示器，将新兴国家国际规则制定能力的提升视为其权力崛起的标志。

二、领域优势

一国在某一问题领域的独特优势也可以使该国参与相关领域国际规则的制定与变革。霸权国家往往在很多领域实力超强，但不可能在所有领域都占据绝对优势。诚然，霸权国家可以利用整体实力优势弥补个别领域的实力不足，从而在国际规则的制定中发挥主导作用。美国 1971 年面对欧洲和日本的挑战能够终止布雷顿森林体系中固定汇率的国际规则，在很大程度上就是利用其他领域的权力优势弥补了金融领域的相对衰弱，实现了国际规则的变革。但在某些领域，霸权国家的整体实力未必能够弥补它在该领域的不足，因此难以如愿以偿地制定相关国际规则。例如，美国在第二次世界大战后创设布雷顿森林体系的过程中，原本要建立一个国际贸易组织，在国际贸易领域制定国际规则，但相关努力却没有成功，取而代之的是《关税及贸易总协定》，将制定国际贸易规则的过程演变成一系列冗长的谈判。在一定程度上，美国在国际贸易领域的优势没能使其完成制定国际规则的愿望。而在霸权国家实力不占优势的领域,其他国家就有了参与国际规则制定的机会和可能。

强国制定规则的逻辑不仅适用于整个国际体系,而且适用于某一具体问题领域。霸权国家为整个国际体系制定规则,某一具体问题领域内的强国为该领域制定国际规则。例如,就像基欧汉和奈所指出的:"沙特阿拉伯、伊朗和科威特在石油问题上一言九鼎,但在海洋、世界粮食问题、有关制成品贸易的关贸总协定规则等国际机制问题上,这些国家就无足轻重了。"[62]在他们看来,不同问题领域有不同的权力结构,"(某一问题领域的)强国制定规则","在任一问题体系中,强国支配弱国,并决定游戏规则"。[63]苏珊·斯特兰奇(Susan Strange)把一国在某一具体问题领域的独特权力称为"结构性权力",即"形成和决定全球各种政治经济结构的权力","就是决定办事方法的权力,就是构造国与国之间关系、国际与人民之间关系或国家与公司企业关系框架的权力"。[64]在很大程度上,斯特兰奇所讲的结构性权力就是一国在某一具体问题领域制定国际规则的权力。一国如果在某个具体问题领域拥有规则制定的权力资源,就会试图在缺少既定国际规则的情况下制定相关规则,或在已有国际规则但于己不利的情况下改变国际规则。基欧汉和奈把领域优势看作问题结构模式解释国际机制变迁的自变量。该解释模式认为,如果一国在现行国际规则下的影响力和受益程度小于其改变国际规则的基本权力资源,该国就会在相应的问题领域谋求国际规则的变革。[65]

三、创制能力

一国为整个国际体系或某一问题领域管理国家行为和国家间互动而提出合理、可行的原则、规范、规则的能力,创设相关国际制度、引领区域合作、协调利益攸关方的能力,事关该国在制定和变革国际规则中的影响。这种能力可以被称为创制能力。国际规则是观念建构的产物,制定国际规则需要创造性。国际规则要发挥其应有的效力,就要有好的设计。正如奥兰·扬(Oran R. Young)所指出的,规则的设计要更容易遵守，更难遭到破坏，并且具有透明性。[66]他说："典型的生产过程包括获取原材料、产品的制造、运输和消费者的购买和使用。管制可以集中在这一连串行为的某一点，也可以针对所有环节，而对于规则制定来讲，这里就要考虑怎样制定才能最好地使规则得到遵守。"[67]他以《国际防止船舶造成污染公约》为例说明，为有效控制故意的海上石油污染行为，以设备标准为着眼点的新规则要远远好于基于排放标准的旧规则。扬在讨论国家的依规行为时还指出，有效的国际规则必须具有合法性，合法性越高，人们就越愿意遵守。[68]而要给国际规则赋予合法性，就必须使国际规则符合广为接受的国际原则和规范，将国际社会的共同利益与规则制定者的特殊利益有机结合起来。因此，国际规则的创制能力除了包括国家创造性地设计国际规则的能力，还包括提出各种国际原则和国际规范的能力。这种能力的大小主要是由他国的认可和接受程度来衡量的。原则和规范的吸引力越强，与之相应的国际规则就越容易被其他国家视为理所当然。与之相应，一国创设国际制度和引领区域合作的能力也为其参与国际规则的制定提供了更好的渠道和舞台。国际规则的创制能力还涉及与其他利益攸关方协调立场、促进合作的能力。基欧汉在讨论美国创建布雷顿森林体系的经验时指出："这些规则既不能由美国制定并强加给其他国家，也不会自己建立起来并得到执行。相反，要保持对制定规则过程的控制，需要慎重、连续地将干预和协商结合起来。"[69]国际规则大多是多国经过协商和妥协的结果，说服其他国家接受并支持某种国际规则的能力因此是必不可少的。

在一定程度上，国际规则的创制能力可以被纳入整体实力的范畴。但相对而言，创制能力与整体实力中的物质性因素有别，是一种非物质性实力。这里将其单列出来，主要是因为创制能力与整体实力并不存在必然的相关性。有些国家整体实力很强，但缺乏创制能力。历史上大多数帝国属于此类。它们并不在意国际规则的创建，主要依靠权力优势来维持对国际体系的统治，或通过领土控制和势力范围来与其他帝国相处。就像吉尔平所说的，"帝国之间极少有共同的价值观和利益，也基本没有提出什么规则或制度来处理它们的关系。[70]"第二次世界大战后的苏联尽管不属于此类帝国，却同样只拥有强大的整体实力，而缺少国际规则的创制能力，甚至没有意识到要把制定国际规则的问题提上日程。与之相反,有些国家尽管整体实力不够强大,却拥有很强的创制能力。历史上有过创建国际规则经验但后来实力衰落的大国皆属此类。第二次世界大战后的很多欧洲大国尽管实力不济,创制能力却并没有随整体实力的下降而丧失。与整体实力和领域优势相比,创制能力在国际规则的制定中是不可或缺的,属于必要条件。一国如果创制能力不强,即使拥有整体实力或领域优势,也很难在国际规则的制定中发挥重大影响。一国如果创制能力强,只要在某个问题领域拥有优势,就可以成为该领域国际规则的制定者,如果整体实力占优则可以成为整个国际体系的规则制定者。创制能力与整体实力和领域优势构成国家何以能够参与国际规则制定与变革的两种基本的要素组合。

小　结

国际规则作为一种对国家行为和国际互动有约束力的规定,很难跟相关的国际原则、国际规范和国际制度明确区分开来。因此,可以从狭义和广义两个角度来界定国际规则,在探讨国际规则的形成机制和创建能力时,切不可对国际规则仅作狭义理解。

国家之所以愿意积极参与国际规则的制定,并不仅仅在于国际规则对于世界秩序的维持、国际社会的形成和国际体系的稳定至关重要,更主要的还在于拥有国际规则的制定权可以获得额外收益,即国际规则的制定者在关照国家间共同利益的同时,可以更好地实现自身的特殊利益。因此,在国际体系中对国际规则制定权的争夺不可避免。

虽然在国际体系中总是强国制定规则,但由于国际规则的制定离不开国家间合作,因此,强国一般很少采用单边的方式制定国际规则。大多数情况下,主导大国都会选择双边和多边方式,并经常循着从双边到多边的路径,开展国际规则的制定与变革。霸权主导机制常常会涉及多边国际组织和区域合作,但国际组织和区域合作可以在没有大国参与,甚至在有违大国意愿的情况下参与国际规则的制定与变革。因此,国际组织和区域合作机制往往为国际体系中的非霸权国家所青睐。

国际体系中的霸权国家不仅因为国际规则的制定需要国家间合作,而且因国际规则制定权的来源多元性而不能垄断国际规则的制定。

霸权国家可能拥有整体实力,但不可能在所有问题领域都拥有优势,也未必拥有参与国际规则制定必不可少的创制能力。只要具备必要的创制能力,并且至少在某个问题领域拥有相对优势,非霸权国家就有参与国际规则制定与变革的空间。但由于在整体实力上处于劣势,非霸权国家不可能成为整个国际体系的规则制定者,而只能成为个别领域的规则制定者,或国际体系规则制定的积极参与者。

注释

1. Mark Amstutz, *The Rules of the Game*: *A Primer on International Relations*, Boulder: Paradigm Publishers, 2008.

2. Raymond Cohen, "Rules of the Game in International Politics", *International Studies Quarterly*, Vol.24, No.1, March 1980, pp.129—150.

3. 本章的主要观点最初发表于潘忠岐:《广义国际规则的形成、创制与变革》,载《国际关系研究》2016 年第 5 期,这里略有改写。

4. 主要参见 Hedley Bull, *The Anarchical Society*: *A Study of Order in World Politics*, New York: Columbia University Press, 1977, chapter 3; Robert Gilpin, *War and Change in World Politics*, Cambridge: Cambridge University Press, 1981, chapter 1; Robert Keohane, *After Hegemony*: *Cooperation and Discord in the World Political Economy*, Princeton, N.J.: Princeton University Press, 1984, chapter 6;[美]罗伯特·基欧汉、约瑟夫·奈:《权力与相互依赖》(第 3 版),门洪华译,北京大学出版社 2002 年版,第三章。

5. Bull, *The Anarchical Society*: *A Study of Order in World Politics*, p.52.

6. Stephen Krasner, "Structural Causes and Regime Consequences: Regimes as Intervening Variables," *International Organization*, Vol. 36, No. 2, Spring 1982, pp.185—205; Stephen Krasner, ed., *International Regimes*, Ithaca, N.Y.: Cornell University Press, 1986, p.2.

7. Keohane, *After Hegemony*: *Cooperation and Discord in the World Political Economy*, p.58.

8. Ibid., p.208.

9. Ibid., p.59.

10. Bull, *The Anarchical Society*: *A Study of Order in World Politics*, pp.64—68.

11. Friedrich Kratochwil, *Rules*, *Norms*, *and Decisions*: *On the Conditions of Practical and Legal Reasoning in International Relations and Domestic Affairs*, Cambridge: Cambridge University Press, 1989, p.72.

12. Ibid., p.10.

13. Nicholas Greenwood Onuf, *World of Our Making*: *Rules and Rule in Social Theory and International Relations*, Columbia: University of South Carolina Press, 1989, chapter 3.

14. Bull, *The Anarchical Society*: *A Study of Order in World Politics*, p.51.

15. Ibid., p.71.

16. Ibid., p.68.

17. Robert Keohane, *International Institutions and State Power: Essays on International Relations Theory*, Boulder, CO.: Westview Press, 1989, p.4.

18. Ibid., p.163.

19. Ibid., p.3.

20. Bull, *The Anarchical Society: A Study of Order in World Politics*, p.19.

21. Ibid., p.51.

22. Ibid., p.53.

23. Ibid., p.68.

24. Hedley Bull and Adam Watson, "Introduction", in Hedley Bull and Adam Watson, eds., *The Expansion of International Society*, Oxford: Oxford University Press, 1984, p.1.

25. Bull, *The Anarchical Society: A Study of Order in World Politics*, pp.9—10.

26. Ibid., p.13.

27. Gilpin, *War and Change in World Politics*, p.42.

28. Ibid., p.34.

29. Ibid., p.36.

30. Ibid., p.198.

31. Ibid., p.187.

32. Keohane, *After Hegemony: Cooperation and Discord in the World Political Economy* , p.237.

33. Ibid., p.239.

34. Bull, *The Anarchical Society: A Study of Order in World Politics*, p.53.

35. 参见潘忠岐:《国际政治学理论解析》,上海人民出版社 2015 年版,第 12 章。

36. 参见 Steven K.Vogel, "International Games with National Rules: How Regulation Shapes Competition in 'Global' Markets", *Journal of Public Policy*, Vol.17, No.2, May-Aug. 1997, pp.169—193。

37. Bull, *The Anarchical Society: A Study of Order in World Politics*, p.53.

38. Ibid., p.54.

39. Ibid., pp.55—57.

40. Ibid., pp.68—71.

41. 参见李增刚:《国际规则变迁与实施机制的经济学分析》,载《制度经济学研究》2005 年第 4 期。

42. Gilpin, *War and Change in World Politics*, p.35.

43. Ibid., p.36.

44. 参见李向阳:《国际经济规则的形成机制》,载《世界经济与政治》2006 年第 9 期。

45. William McFee, *The Law of the Sea*, Philadelphis: J.B.Lippincot, 1950, p.283.

46. Keohane, *After Hegemony: Cooperation and Discord in the World Political Economy*, p.138.

47. Gilpin, *War and Change in World Politics*, p.35.

48. 参见金卫星:《二战期间美国筹建战后世界多边自由贸易体系的历程》,载《史学月刊》2003 年第 12 期。

49. 参见徐蓝:《试论第二次世界大战后国际秩序的建立与发展》,载《世界历史》2003 年第 6 期。

50. 参见 Frederick M.Abbott, "NAFTA and the Legalization of World Politics: A Case Study", *International Organization*, Vol.54, No.3, Summer 2000, pp.519—547;

高程:《从规则视角看美国重构国际秩序的战略调整》,载《世界经济与政治》2013 年第 12 期。

51. 参见[美]迈克尔·巴尼特、玛莎·芬尼莫尔:《为世界定规则》,薄燕译,上海人民出版社 2009 年版。

52. 参见薄燕、高翔:《原则与规则:全球气候变化治理机制的变迁》,载《世界经济与政治》2014 年第 2 期。

53. 参见 Ian Manners, "Normative Power Europe: A Contradiction in Terms", *Journal of Common Market Studies*, Vol.40, No.2, June 2002, pp.235—258。

54. 参见吴大新:《中国如何获取国际经济规则制定权?——来自欧盟、美国的经验与启示》,载《山东社会科学》2013 年第 3 期。

55. 参见陈德铭等:《经济危机与规则重构》,商务印书馆 2014 年版,第 11 章。

56. 转引自 Amitav Acharya, "Collective Identity and Conflict Management in Southeast Asia", in Emanuel Adler and Michael Barnett, eds., *Security Communities*, Cambridge: Cambridge University Press, 1998, p.209。

57. 参见[美]卡伦·明斯特、伊万·阿雷奎恩—托夫特:《国际关系精要》(第五版),潘忠岐译,上海人民出版社 2013 年版,第 215—216 页。

58. 同上书,第 220—221 页。

59. [美]罗伯特·基欧汉、约瑟夫·奈:《权力与相互依赖》(第 3 版),第 140 页。

60. 同上书,第 148 页。

61. 同上书,第 150 页。

62. 同上书,第 52 页。

63. 同上。

64. [英]苏珊·斯特兰奇:《国际政治经济学导论——国家与市场》,杨宇光等译,经济科学出版社 1990 年版,第 29 页。

65. [美]罗伯特·基欧汉、约瑟夫·奈:《权力与相互依赖》(第 3 版),第 54 页。

66. [美]奥兰·扬:《世界事务中的治理》,陈玉刚、薄燕译,上海人民出版社 2007 年版,第 83—84 页。

67. 同上书,第 84 页。

68. 同上书,第 89—90 页。

69. Keohane, *After Hegemony: Cooperation and Discord in the World Political Economy*, p.143.

70. Gilpin, *War and Change in World Politics*, p.111.

第二章

中国参与国际规则制定的历史经验及其启示

中国在历史上曾积极参与国际规则的制定与变革。作为古代东亚国际规则的主要制定者,中国根据自身的领域优势和客观需要,开创性地推行和不断改进国际关系中的礼治,在传统东亚秩序的价值观构建和国际议程设定过程中发挥了主导作用,展现出中国具备强大的规则设计、规范创新、国际推广等国际规则创制能力。历史经验的现实启示是:中国应在逐步具备强大的综合国力和稳定的国内环境的基础上,进一步开展大国协商和合作;应采取和推广示范和示好的权力资源运用方式,减少示威方式,增进国际关系平等性;应从构建更加文明的国际规则的角度出发,推动礼治规则成为对现有国际规则的适当补充。

第一节　中国是古代东亚国际规则的主要制定者

古代东亚国际关系的历史实践表明,以中国中原王朝(China Proper)[1]为主体的地缘区域,可以说是传统东亚秩序中联结各国际关系行为主体的"中枢地区"(pivot area)[2]。古代东亚政权之间的互动往来基本都是围绕这个区域展开。从地理位置上看,各周边政权或与中国陆上接壤,或与中国隔海相望。但中国相对辽阔的疆土和并不发达的古代交通运输技术,在一定意义上隔绝了这些彼此之间距离很远的政权之间的联系,因而传统东亚秩序的国际关系实践基本都是围绕处在中枢区域的中国展开。

地缘政治上,传统东亚秩序具有国际行为主体众多、国际互动较频繁的特征。这些国际行为体的内部政治组织几乎都具有鲜明的等级制特征,行为体彼此在相互联系、相互交往、相互作用以及处理各种国际问题的过程中，在既有国际体系的基础上，能基本按照一定的原则、规范与机制行事，从而在相当长的历史时期内可以形成总体上相对稳定、和平、有序的状态。[3]与同时期世界上的其他地缘区域相比，东亚国际秩序的体系化程度一直保持在较高的水平，表现为国际秩序结构较稳定，单元性质变化较小，且作为权力中心的中国在维系国际秩序的过程中扮演着稳定器的角色。地缘经济上，传统东亚秩序中的行为体间维系着长期的经济贸易往来，并具有一定的相互依赖性。[4]其外在表现为中国主导各国普遍参与的朝贡贸易以及由此衍生出的各类非官方经贸往来形式，并在此基础上形成了一种互惠互利的地缘经济网络。[5]地缘文化上，传统东亚秩序拥有相对独立和排他的文明传统与文化渊源，其特征表现为儒家文化和佛教文化两大主导文化处于微妙的平衡之中。儒家文化在中、日、韩、越等国盛行千年，并在一定历史时期成为主导性的意识形态，其影响也播散于其他东亚国家；佛教文化则主要扎根于东南亚，受到传统东亚秩序中各种行为体不同程度的信奉。[6]

秦朝首次完成传统东亚秩序中枢区域的统一后，中国虽经历了多次政权更替、分合兴衰，但与周边政权相比，中国的人口数量和疆域面积始终具有明显优势。从人口数量看，中国的人口数量呈现波动式增长，其体量始终较周边政权具有十数倍乃至数十倍的巨大优势，千百年来都是东亚第一人口大国。[7]从疆域面积来看，中国也一直是传统东亚秩序中的佼佼者。虽然不少西部和北部政权的疆域面积有时也比较大，但和朝鲜半岛、日本列岛、中南半岛政权的面积比起来，中国还是优势明显。[8]以领土和人口为支撑，强大稳固的军事实力、经济实力、政治实力和文化实力便成为中国能长期占据东亚地缘政治格局主导地位，发挥东亚国际事务主导作用，以及对周边政权产生辐射性影响的坚固基石。这是中国成为古代东亚国际规则的主要制定者的必要条件。

从地缘政治、经济、文化的角度综合来看，结合中国自身的发展壮大历程，以中原王朝为主要政权形态的中国向来被认为是传统东亚秩序的中央国家（middle kingdom）[9]。中国不断遵循和利用这些地缘优势，成为联结各国的中心枢纽和各国学习仿效的对象，由中国积极主导、创设、维系的国际规则安排也逐步得到周边国家的认同和遵从。

第二节　中国对古代东亚国际规则的贡献：礼治原则的创建

在近现代国际体系中，霸权国家能够把持国际规则的制定权，在大多数时候主导国际规则的制定与变革，主要源于其强大的整体实力，包括经济、政治、军事、文化等方面，但不论多么强大的霸权国家，如英国、美国等，都不可能在所有问题领域都拥有领域优势。所谓领域优势，是指在某个具体问题领域的权力对比中强者拥有明显优于弱者的权力优势，弱者对强者存在难以摆脱的单向依赖。[10]传统东亚国际秩序的情形则不尽然。处在中枢区域、作为中央国家，中国在经济、政治、军事、文化等各方面都具备强大的整体实力，而且在价值观构建和国际议程设定等多个领域具备压倒性优势和国家自身利益需要，在开创性地推行和不断改进国际关系礼治的过程中发挥了主导作用，垄断了对古代东亚国际规则的制定。需要指出的是，中国在参与古代东亚国际规则制定与变革的过程中，并非选择单边主义的路径，将自己的意志强加于人，而是在较为尊重周边政权的同时，围绕中外双边关系，根据具体领域、具体议题和具体目标确定具体手段和方法。

所谓礼治原则，是指传统东亚秩序中由中国主导制定，并逐步被周边主要国家公认的、具有普遍礼仪意义的国际关系准则，也是指天下礼治的精神内涵和各国之间交往的重要规则，具体包含克己复礼、礼尚往来、失礼入刑三大原则。借用宋明儒学的核心语汇，天下礼的基本原则其实就是传统东亚秩序礼治的"理"（或曰"道"）。[11]近现代国际体系中国际法的成熟并非一蹴而就，天下礼也是如此，三大礼治原则的形成经历了漫长的发展历程，大约始于两汉，兴于唐宋，盛于明清。[12]

首先是克己复礼原则。在传统经学的认识中，礼是节制人性和实现仁爱的重要途径，这同样可以推广到国际政治领域。天下礼的基本原则中也包括"自律"与"互爱"两个维度，笔者称之为"克己复礼"原则。克己复礼语出《论语·颜渊》之《颜渊问仁》。子曰："克己复礼为仁。"[13]朱熹解克己复礼，认为克己是"克去己私"，但只有克制自己并不能实现仁爱，其过程中必须还要"复礼"，要树立"规矩准则"（《朱子语类》卷

41)。也就是说，为了实现仁爱，克己是反，复礼是正；克己是破除，复礼是建设。[14]从现代的视角来理解，克己是修身的途径，并不是禁欲或把欲望取消，而是有序地成就各种欲望和诉求，是要有内在的精神磨炼，让内在心灵变得和谐有序。复礼则是要把不正确的行为归复到符合礼的状态下，是要符合与时俱进的礼仪规范。所谓"一日克己复礼，天下归仁焉"，可以将之理解为如果一个人能够在一日做到克己复礼，增加了自己的仁，那么整个天下的仁便增加了，天下也就处于归仁的过程中了。这是一种动态化的过程，无论对个人还是天下，都是非常重要的为仁功夫。[15]在传统东亚秩序中，所谓国家的克己复礼，是指各个国家对自身行为要节制，既不能肆意妄为、贪小失大，也要对自身迈向更高的文明程度和更稳定和谐的国际秩序有所追求、有所贡献。在国际关系实践中，大国的克己复礼是指避免对于权力的滥用，不轻易使用武力和减少对小国的威胁；小国的克己复礼是指避免不顾全大局的骚扰和挑起威胁秩序的不必要纷争。此外，克己复礼不仅是为了实现国与国之间的互爱而作出的节制，这只是实现仁爱的消极选择。国家除了自身要克制之外，还要互相尊敬、有所谦让，想他国之所想、急他国之所急，这是实现仁爱的积极选择。克己复礼的礼治原则一般是在中国王朝更迭之后新王朝成立之时确立并受到推崇，因为中国的新政权尤其要借此礼仪原则以确立自身在国际政治领域的合法性。而中国在克己复礼方面作出的"以身作则"的表率同时也会在传统东亚秩序中起到示范作用，进而影响周边大国处理对外关系。

第二是礼尚往来原则。即使中国能对自己的行为十分节制，但如果中国无视和蔑视周边国家的生存需求和发展需要，那么整个东亚秩序自然便是支离破碎的。既然古代东亚各国能严于律己、以礼相待，那应该如何创建传统东亚秩序中各国的共有认同并实现有效的利益分配？社会学和人类学认为，礼能达到整合社会与实现行为体之间互惠互利的功能，推广到国际关系领域来看的话，要实现各国之间的彼此依赖、互利共赢，就需要各国普遍遵守"礼尚往来"的原则。礼尚往来语出《礼记·曲礼上》："礼尚往来，往而不来，非礼也；来而不往，亦非礼也。"《礼记》引孔子云："仁者，天下之表也；义者，天下之制也；报者，天下之利也。"将"报""仁""义"并列为治理天下的最高指导原则。对此，《礼记正义》中郑玄注曰："报，谓礼也。礼尚往来。"孔颖达疏曰："礼尚往来，相反报物得其利，故云'天下之利也'。"这样看来，礼尚往来便是指交礼双方之间的互动与回报，不仅有利于人际和谐，也有利于国家和天下之和谐。[16]在传统东亚秩序中，根据礼尚往来原则的指向，国家之间要进行互通有无的政治、经济、文化往来，这些往来要符合国家自身的身份和地位，也要满足彼此各自的利益诉求。中国等大国要虚心接纳小国的利益诉求，而且为了照顾小国利益，适当将满足自身利益的战略选择或权力运用方式进行调整，甚至作出必要妥协；小国则应努力提升国家实力和文明水平，避免提出不合实际的利益诉求，而使各方利益因此受损。需要强调的是，礼尚往来原则是存在于"大国—小国"和"主国—宾国"这两对交叉关系之中的，要理解礼尚往来的原则就必须将其放到礼治的情境化空间中去考量。大国小国之间、主国宾国之间最理想化的礼尚往来原则应当指向互惠的利益交换，理解这种利益交换就应当跳出经济利益、短期利益的思维桎梏——对于中国来说，主要的国家利益包括确保边境安宁，自身长期稳固的国际权威，以及整个东亚秩序的稳定和平；对于周边国家来说，主要的国家利益就是自身国际合法性得到他国的承认和尊重，以及实际的经济收益获得满足，即所谓"外邦入贡，乃彼之利。一则奉正朔以威其邻，一则通贸易以足其国"(《明史·唐胄传》)。这便能解释为何明朝在向外国颁布的外交文书中，反复提及"物轻"与"情厚"等意。[17]在明太祖看来，中国眼中的朝贡并不是经济剥削，而是希望能够维持与周边国家良好关系的一种手段。但是我们也知道，要实现利益交换和互惠互利，双方就必须要作出一定的妥协和让步，即具备所谓以退为进的礼让精神。对于中国来说，要满足周边国家的利益就需要提供更多的"回赐"，让周边国家获得实惠；对于周边国家来说，要满足中国的礼仪就需要承认中国在国际秩序中的主导地位。礼尚往来原则的复杂性可见一斑。

第三是失礼入刑原则。如果礼尚往来原则不被遵守，就会表现为国家之间的联系减少，各国在国际关系互动往来中的获益减少，东亚秩序的整合度降低；而如果克己复礼原则不被遵守，则会表现为国家发动战争的几率提高，国家之间的安全威胁增多，东亚秩序的稳定性受到挑战。若要抵消因前两种礼治原则不被遵守而造成的对传统东亚秩序稳定性与和平性的威胁,天下礼中“失礼入刑”原则的重要性就不可小觑。“失礼入刑”的出处主要包括“出于礼者入于刑”(《荀子·富国》)和“礼之所去,刑之所取,失礼则入刑,相为表里者也”(《后汉书·陈宠传》)。在古人看来,因为礼能以国家的强制手段(刑)作为实施的保证,礼也便具备了法典的权威。礼的法典权威依靠刑的强制力来维持,刑的实施又以礼的规定为根据。[18]古时“刑”的含义比现代法律上的刑罚广泛得多:一是来自上天的处罚;二是武力的征讨,其对象是失德的政治实体;三是官府对个人的处罚。[19]所谓“失礼入刑”指的就是在不同的情景下违背了礼就要相应地被处以刑罚。在国际政治领域,失礼入刑原则的贯彻,是指国家若违背了克己复礼和礼尚往来的礼治原则侵犯甚至侵略他国,并且不尊重甚至不承认中央国家的中央权威,甚至力图对传统东亚秩序的稳定发起挑战而“失礼”之时,中国便有履行维系国际秩序的义务,轻则对失礼的行为加以斥责、训诫并促使他国纠正错误行为,重则出兵征伐以作为惩罚的手段,[20]正所谓“礼乐征伐自天子出”(《论语·季氏》)。如果说天下礼中的克己复礼和礼尚往来原则是衡量传统东亚秩序中国家行为是非曲直的标准和正义的象征,那么失礼入刑原则便是以准战争和战争作为手段来使得国家行为从偏离良善和正义的轨道上重新返回,其核心是用道德与武力的合力促使相应国家重新遵守克己复礼和礼尚往来的原则,以此来维系秩序稳定。需要指出的是,失礼入刑的目标是以战止战、为了和平而战,在操作过程中讲究“先礼后兵”,其原则是“贵在中和,不争之争”,最终指向是“去刑归礼”。例如,在明朝统一的 262 年里(1382—1644 年),明朝在安全领域通过失礼入刑原则维系传统东亚秩序的情况主要有五次。其中一次是嘉靖年间和平解决“安南事件”;两次短期战争——永乐年间征讨安南(1406—1407 年)和万历年间援朝抗日的朝鲜壬辰卫国战争(1592—1598 年);两次长期战争——嘉靖末年至万历年间的中缅战争,以及长期与游牧区域的鞑靼、瓦剌等政权之间的边境战争和防卫战争。明廷处理失礼入刑的做法可以分为两种。“安南事件”的处理属于施行失礼入刑做法的第一种情形,即对程度较轻的失礼行为加以斥责、训诫并促使他国纠正错误行为。明朝与周边国家的战争则都可以归类为失礼入刑原则的第二种情形,即使用斥责、训诫等手段无法调节的失礼行为,通过出兵征伐作为惩罚的手段，相应国家失礼的行为表现为在地缘区域内挑起武装冲突、制造紧张局势，并和周边国家发生边境领土纠纷。至于朝鲜壬辰卫国战争，则是传统东亚秩序历史上较为少见的中国直接出兵援助一国抗击他国侵略的案例，反映了中国同时贯彻“以大字小”[21]和失礼入刑的礼治原则。

第三节　中国对古代东亚国际规则的贡献：天下礼制的推行

传统东亚秩序中也存在许多前现代国际制度，这些国际制度在运行原理、主要特征方面近似于近现代国际秩序中的国际制度，但也具备鲜明的东方特色——礼仪化。这些国际制度在实施过程中都是围绕着礼仪形式进行运作，主要包括在大部分历史进程中几乎贯穿始终的政治、安全、经济领域的册封制度、贡赐制度、和亲制度这三大支柱制度，以及在不同历史时期发挥着不同角色的朝觐、使行、附贡、会盟、交聘、纳质等制度。作为天下礼制的主要提供方，中国在国际议程设计和制度运行的过程中，始终秉持着“因国而异”的原则，充分根据周边政权的国体、政体、历史、文化特征而实施相应的礼制，得到了周边国家的广泛支持、拥护和内化。礼制的传承和发展具有很强的延续性和包容性，在东亚国家各个朝代通过礼典化形式得以确立制度形态，其具体实施过程在大量历史文献中都有记载。[22]天下礼制中的各种制度都有相对应的宾礼。例如，在《大明会典》(卷五十八《蕃国礼》)、《明集礼》(卷三十至卷三十二《宾礼》)、《明史》(卷五十六《礼十・宾礼》)中，都列举了明朝当时施行的宾礼仪节(但对礼制的具体表述略有不同)。它们与笔者所指涉礼制之对应关系为：“蕃国迎诏仪”及“蕃国受印物仪”(“遣使之蕃国仪”)对应册封制度；“蕃使朝贡仪”对应贡赐制度；“蕃王来朝仪”(“蕃王朝贡礼”)对应朝觐制度；“蕃国遣使进表仪”(“遣使礼”)对应使行制度，等等。[23]

学界对于传统东亚秩序中普遍遵行的国际制度的讨论，已经形成了一些成熟的观点，但目前并没有将国际制度和礼治联系起来。受到费正清等学者所谓“朝贡体系”之研究的影响，李云泉将朝贡一方的“称臣纳贡”和宗主一方的“册封赏赐”两大制度统合在“朝贡制度”这一概念下。[24]陈尚胜认为，“册封”和“朝贡”都是非常重要的制度安排，因此将这种综合两者的制度命名为“封贡”制度。[25]但事实上，“朝贡”和“册封”之间并非简单的对应关系和并行关系。前者侧重经贸领域的交往，后者强调政治领域的合法性构建。历史上一些时期就出现过朝贡和册封的分离。例如，根据《大唐六典》卷四《礼部》“主客司”条注“诸蕃”条目记载，达未娄、达垢、(倭)日本、真腊等多国都在有贡无封之列。[26]况且，传统东亚秩序中还存在其他许多规范和指导国际行为体行为的国际制度，仅以“朝贡制度”将之概括似有不妥。高明士认为，不论册封还是朝贡，都是传统东亚秩序中“礼”的范围，其核心在于维持“礼”的秩序。[27]黄枝连在研究中也将传统东亚秩序的运行机制称为“礼治体系”。笔者认为，与建立在国际法基础上的近现代国际制度和当代国际制度有所不同，传统东亚秩序的国际制度基本是在天下礼的克己复礼和礼尚往来原则下展开的。这些国际制度主要依靠中央国家来建立、运行和维系，并针对不同的时势和局势进行调整，其普遍特征就是将天下礼的精神和形式贯穿其中，实现了礼仪的象征性与工具性的统一。

所谓册封制度，是指古代中国授予周边国家合法性的制度化安排。根据《清史稿》志六十六《礼十・宾礼》中“敕封藩服礼”记载，中央王朝对于周边国家的册封义务就是“凡外邦效顺，俱颁册赐爵”。一般说来，周边国家君主在王朝更替、继承王位或国际关系改变的过程中会接受中央王朝封号，并使用中国年号、历法(称“奉正朔”)以示效忠和拥戴。册封制度在汉朝便已建立，在后世各个朝代得到不断完善和强化，其适用范围是整个传统东亚秩序。册封一般由中央王朝礼部主客司和鸿胪寺负责，必须伴有严肃、复杂的礼仪程序，体现了极强的政治含义。[28]

所谓贡赐制度，是指传统东亚秩序中中国与周边国家之间(或各周边国家之间)通行的官方贸易制度。藩属国遣使向中央王朝进贡方物，天子则以礼相待并进行回赐。[29]贡赐制度从汉朝开始便已施行，但具体安排会因中外各国外交政策变化等原因而呈现明显的时代性差异，[30]其适用范围是中国周边各个国家。贡赐贸易一直与制度化的复杂礼仪程序交融在一起，自宋朝开始便主要由中央王朝市舶司专门负责管理。[31]由于贡赐贸易一般通过“以物易物”方式进行，今人对古时往来货物较难估价，所以学界仍存在贡赐贸易是“厚往薄来”还是“等价交换”，[32]以及其政治意义和经济意义究竟孰重孰轻的争论。[33]但毫无疑问的是，贡赐制度是传统东亚秩序国际关系实践中极为重视的一环。

所谓和亲（又称“和戎”“和番”）制度，是指古代东亚政权之间，通过构建政治婚姻的方式以实现建立联盟、扩大贸易、避免战争等目的的国际合作机制。其主要形式一般为中原农业民族政权将宗室女儿以和亲公主身份嫁给游牧民族政权国君。[34]和亲始于汉朝，其后各种类型政权之间也会进行和亲（例如14世纪时，安南、占城、真腊之间）。[35]由于和亲双方的文化习俗差异往往很大，该制度所使用的礼节规范便显得十分多元，一般由和亲双方根据自身礼仪习俗共同制定和执行。[36]从性质、特征、功能等角度看，和亲制度在维系传统东亚秩序过程中也一直发挥着重要的稳定作用和调适作用。[37]

除此以外，还有以下几种次要礼制在一定的历史时期得到遵循：朝觐制度、使行制度、附贡制度等。

所谓朝觐制度，是指藩属国国王觐见中央王朝君主的制度安排。先秦时期的朝觐制度特指“朝、觐、宗、遇”这四种诸侯拜见天子的规范（所谓“君之礼”）。随着秦始皇统一天下，封建制废除，郡县制建立，古典的朝觐礼便不再存在。自匈奴呼韩邪单于觐见汉宣帝开始，外国君主朝觐天子制度于是形成，并在唐朝时发展到顶峰。《大唐开元礼》和《唐书·礼志》中都有关于“蕃主奉见”等礼仪的大量记载，[38]朝觐制度在元朝时还曾一度被重用。[39]此后，随着使行制度的逐步完善，君王朝觐的频繁性和规律性不再如从前，但有些外国国君恰恰因此将难得的朝觐当做与中央王朝对话的重要平台。[40]

所谓使行制度，是指东亚各国互派使节开展政治、文化交流活动的准外交制度。在“人臣无外交”的原则下，使节们起先充当的是天子或者国王私人代表的角色，任务是遵循固定化的礼仪程式向对方颁发诏谕或奉进表奏文本。其后该制度逐渐发展成为各国之间经济、文化交流重要的甚至唯一的载体和渠道。[41]早在唐朝时期，中央王朝就针对来自突厥、吐蕃、回纥的使节采取相应的礼节形式，东北亚的新罗、渤海、日本等国也纷纷效仿，[42]日本向中央王朝派遣的遣隋使和遣唐使更是以制度化而闻名。经过宋元的发展，使行制度在明清时期最为成熟，根据职责不同，使节的主要身份包括贺正旦国信使、告使、请使、报拜使等；[43]根据派出使节年代和去往地域不同，又分为朝天使、燕行使、通信使等。[44]

所谓附贡制度，是指在朝贡贸易官方贡赐往来（所谓“正贡”）之外发生的相对自由的经贸制度。贡使来华，随行往往会有许多商人，使团除带贡品以外，还附带有大量的附贡货物。这些附贡货物部分由官方给价收买，部分在朝廷专门指定的区域内进行交易。[45]该制度主要在明清时期盛行，由于它仍然是在贡赐制度之礼仪框架下展开，所以笔者也将其纳入礼制之范围。[46]

总之，天下礼制兼具系统性和灵活性，除了上文所述的主要礼制外，唐宋等朝代施行的会盟制度[47]、宋代盛行的交聘制度[48]、汉唐等朝代的纳质制度[49]也都属于礼制的范畴。就整体而言，礼制在漫长悠久的传统东亚国际关系史中被证明具有非常强的有效性。它们不但指导着古代中国与周边国家之间的对外战略和政策的制定，而且有效地解决了东亚地区的安全挑战和国家间冲突。[50]

第四节　中国参与国际规则制定的历史经验

中国积极参与古代东亚国际规则制定与变革的主要历史经验，是中国具备强大的国际规则创制能力。所谓创制能力，是指一国为整个国际体系或某一问题领域管理国家行为和国家间互动而提出合理、可行的原则、规范、规则的能力，创设相关国际制度、引领区域合作、协调利益攸关方的能力。与整体实力和领域优势相比，创制能力在国际规则的制定中是不可或缺的，属于必要条件。一国如果创制能力不强，即使拥有整体实力或领域优势，也很难在国际规则的制定中发挥重大影响。一国如果创制能力强，只要在某个问题领域拥有优势，就可以成为该领域国际规则的制定者，如果整体实力占优则可以成为整个国际体系的规则制定者。[51]这可以从三个方面来说明。

一是规则设计能力，主要表现是中国对“天下礼”体系的开拓性创造。“天下礼”的萌芽、发展和成型的历程就是传统东亚秩序“礼治化”的过程。在这个过程中，传统东亚秩序逐步形成了以“天下礼”为核心的有效的国际秩序治理模式，使得国际秩序的发展呈现稳定有序的特征。从空间的维度看，“天下礼”的适用范围是大部分古代东亚政权，而积极遵守“天下礼”的是位于中枢地区的中国和其他周边主要政权。但由于“天下礼”的施行必须依靠中央国家强大的国家实力和国家信誉作为保障，因此“天下礼”被采纳和施行的时间范围大致是在中国王朝统一的时期，合计近一千年。当然，这并不是说在中央国家的分裂时期不存在“天下礼”，而是由于分裂政权将取得中枢区域的最高政治权威和中国政权的正统地位视为主要政治目标，这会导致分裂政权之间进攻性战略行为出现的几率大为提高。[52]“天下礼”的礼节内涵和仪式形式之根本基础是中国国内礼仪思想和制度的发展。“天下礼”的渊源包括各国礼典、国际习惯和一般礼仪原则。“天下礼”的核心礼仪规范叫做宾礼，施行宾礼的过程具有庄重严密的一整套程序安排（譬如中国历朝对朝贡国家的贡期、贡道、贡物、朝贡规模等都有明确规定），这都详细记录在相关文献之中。自唐宋开始，“天下礼”在中国便实现了礼典化，由礼部统筹负责。这些成文的礼仪规范一方面是记录在“会要”等历朝历代的根本典章之中，例如《唐会要》《宋会要》《元经世大典》《明会典》《清会典》；另一方面则是记录在独立的礼仪典章之中，例如《大唐开元礼》《政和五礼新仪》《大金集礼》《明集礼》《大清通礼》。[53]其他东亚国家的相关政府部门也会据此制定本国的礼典，对如何实行宾礼进行进一步规范。例如朝鲜王朝的《国朝五礼仪》。[54]同时，中央王朝和周边国家也会在二十四史等官方文献中详细记录前朝实施“天下礼”的情况。在机构设置方面，东亚各国政府的核心中央机构（如中国历朝历代的礼部，以及清朝的理藩院等）负责管理和推行“天下礼”。这些机构不仅负责宾礼的制定和执行，[55]也负责转呈属国国王的奏疏，办理属国的册封、修贡、进贺、告丧等事务，[56]承担着外交部门的功能和角色。[57]

二是规范创新能力，主要表现是中国主导的礼治观念和天下礼制的演进。在古代东亚中外双边关系中，主要存在两种礼治观念的具体认同形式：一种是君臣认同，一种是“父子”“舅甥”式的拟血缘认同，[58]两者在很多历史时期内呈现“一体两翼”的特征。君臣关系是所谓公的关系，以施行王化治理；父子关系是所谓私的关系，以施行教化治理。以这两种君臣观念和拟血缘观念相结合的方式来维系天下秩序的做法，发端于汉代，并在此后一直得以维系。[59]随着中央国家的发展壮大，礼治观念结构的演进大致经历了三个历史阶段。在隋唐前，君臣认同和拟血缘认同在理论和实践中不断完善。[60]隋唐宋时期，中央国家与周边国家之间的互动明显增多，和亲礼制运用广泛，在东亚大国交往过程中，宗藩观念中的拟血缘认同观念占据观念结构中的主导地位。元明清时期，随着中央国家实力壮大和影响扩大，以及册封贡赐礼制发展成熟，东亚各国开始普遍遵循君臣认同式的礼治观念。天下礼制的演进与礼治观念的演进类似，也经过了三个阶段的演进，册封、和亲、贡赐三大礼制在不同时期的主导地位发生了一定变化。具体表现为：汉朝占据主导地位的是和亲礼制，册封和贡赐礼制初步形成；唐朝的和亲礼制依然是重要的国际制度安排，同时，册封礼制和贡赐礼制开始在国际舞台上为广大国家所接受；到了明清时期，册封和贡赐作为最重要的两大礼制，成为传统东亚秩序的核心国际制度，和亲礼制地位虽有下降但仍然在发挥一定作用。[61]

三是国际推广能力，主要表现是中央国家对天下正统的维系与礼治规则在国际层面的形成、内化、推广、变革之间相互促进。“天下正统”是传统东亚秩序的国际政治合法性的独特表现形式。东亚各国的国际合法性传承主要是围绕中央国家历代王朝的正统更迭展开。换句话说，中央国家的王朝正统是天下正统的根本基础。外国君主一旦接受册封礼仪，就代表该国接受了中国王朝规定的外交文书格式和外交礼仪，从而承认了中国的最高国际权威，并在一定程度上使自身的国内王朝正统得到确认。[62]建构和维系天下正统册封礼仪主要是在两种情形下展开，其礼制安排存在一定差别：第一种情形是“天下正统重塑期”的册封礼仪。具体是指中央国家的新王朝在继承国内正统的过程中对周边国家举行的册封礼仪，其目的一是为了巩固自身国内正统，二是为了在国际舞台上树立自身的全新权威。这个阶段的册封礼制特征是需要周边国家首先否认对中央国家原有王朝天下正统的承认，并且在适当时机向中国朝贡以显示尊重新的天下正统之态度，中央国家会根据周边国家表现出的意愿而择时加以册封。第二种情形是“天下正统维系期”的册封礼仪。在传统东亚秩序天下正统稳固时期，即大部分周边国家充分承认中央国家天下正统的情况下，需要通过中央国家以制度化的册封礼仪程序来展示中央国家自身权威并确认周边国家国内正统。朝鲜、琉球、安南等国尤其重视中央国家有规律的册封,因为得到中央国家承认的新皇帝的继位才能在国内获得稳固的合法地位,我们可以认为天下正统对于小中华区域国家王朝正统的维系效用很高。在东南亚各国政权看来,中国的册封对于本国现有王朝国内合法性的继承并无太大实际功效,但是受到中国册封的国家自身的国际地位可以得到保证和提高,有利于自己在曼陀罗区域内与其他国家在互动中掌握更大的话语权和国际权威。[63]

小　结

中国积极参与古代东亚国际规则的制定与变革,其现实启示主要在于如下几点:

首先,中国积极参与甚至主导国际规则制定的前提是具备强大的综合国力和稳定的国内环境。传统东亚秩序中,中国既处于地理位置的中枢区域,又是地缘政治、经济、文化领域的中央国家,以不断壮大的人口疆域优势促进综合国力的发展,从而成为国际规则的主要制定者。而中国不断推广到国际层面的礼治观念和做法,其本源就是维系国内政治、文化、社会稳定的礼治观念和做法,可以说礼治是当时国内秩序和国际秩序的重要稳定器。很显然,中国并没有采取单边行径和霸权主义做法的历史习惯,中国推行的礼治始终是建立在中外政权双边基础之上。但在如今的国际规则制定和变革过程中,中国需要适应现代国际关系环境,学会进一步开展大国协商与合作。

其次,中国对权力资源运用的礼仪逻辑至今依然适用,但需要进一步改进。中国的礼仪式权力运用方式可以划分为三种,分别是军事资源领域的示威方式、经济资源领域的示好方式、以及非物质资源领域的示范方式。礼仪逻辑下的示威权力使用方式既是中国将中央国家的巨大实力优势转化为最高国际权威的核心步骤,也是中国适当运用军事资源维系传统东亚秩序稳定的必要措施。"示好"和"示范"两种权力运用方式的命名显然是与克己复礼、礼尚往来的精神内涵相对应,前者尤指通过权力对他国互惠、予惠,后者尤指运用非物质权力资源构建和平、内敛的国际规范。由于古代游牧政权威胁巨大,中央国家主要对这些政权采取强制性较强的示威方式。在当代国际体系中,中国应当更多地采取和推广示范和示好的权力资源运用方式,减少示威方式,在参与制定国际规则的过程中,应强调平等性,淡化不平等性。

最后,礼治规则可以对现有国际法规则提供适当补充。在东西方国际秩序相遇时,曾爆发过碰撞和冲突剧烈的“礼法之争”,其导火索是18世纪初年康熙皇帝和罗马天主教教皇围绕中国天主教徒祭拜礼仪展开的针锋相对的“中国礼仪之争”。随着中国自身实力的衰弱、国内环境不稳定性加剧、周边国家势力全面崛起,传统东亚秩序的礼治在冲击面前逐渐崩溃。但当代国际关系实践的经验表明,“仁”“义”“礼”等中国传统思想和价值观在国际舞台上并没有过时,而是依然具备强大的文明内涵,例如可以以“仁”促进国际公平规范,以“义”促进国际正义原则,以“礼”促进新型大国关系。[64]我们需要承认,过去对礼在传统东亚秩序实践中的作用有过于放大不平等的一面,忽略了克己复礼和礼尚往来所倡导的包容、谦和、大度、互惠的价值内涵,而这些,正是当今在国际规则的制定与变革中值得中国积极倡导和推广的。

注释

1. 西方学界提出的“China Proper”概念主要是指中国本土汉族人口大量聚集、汉文化占统治地位的区域,例如清朝时期的“内地十八省”。参见 John K.Fairbank and Ssu-yu Teng, “On the Ch'ing's Tributary System”, *Harvard Journal of Asiatic Studies*, Vol.6, No.2, 1941, pp.135—246; M. Talor Fravel, *Strong Borders, Secure Nation: Cooperation and Conflict in China's Territorial Disputes*, Princeton, N.J.: Princeton University Press, 2008, p.48。

2. 哈尔福德·麦金德(Halford J.Mackinder)在1914年提出“枢纽地带/中枢地区”概念。参见[英]哈尔福德·麦金德:《历史的地理枢纽》,林尔蔚、陈江译,商务印书馆1985年版。

3. 关于国际秩序的概念分析及其与世界秩序、国际体系等相关概念的区分,参见潘忠岐:《世界秩序:结构、机制与模式》,上海人民出版社2004年版,第9—18页。

4. 王正毅:《世界体系论与中国》,商务印书馆2000年版,第276—286页;王正毅:《中国崛起:世界体系发展的终结还是延续?》,载《国际安全研究》2013年第3期。

5. [日]参见滨下武志:《近代中国的国际契机:朝贡贸易体系与近代亚洲经济圈》,朱荫贵、欧阳菲译,虞和平校审,中国社会科学出版社1999年版;[日]滨下武志、[日]顾琳、[美]马克·赛尔登:《中国、东亚与全球经济——区域和历史的视角》,王玉茹、赵劲松、张玮译,社会科学文献出版社2009年版。

6. 徐以骅、邹磊:《地缘宗教与中国对外战略》,载《国际问题研究》2013年第1期。

7. 参见葛剑雄:《中国历代人口数量的衍变及增减的原因》,载《党的文献》2008年第2期;[英]科林·麦克伊韦迪、理查德·琼斯:《世界人口历史图集》,陈海宏、刘文涛译,东方出版社1992年版,第二部分。

8. 宋岩:《中国历史上几个朝代的疆域面积估算》,载《史学史研究》1994年第3期。

9. Zhimin Chen and Zhongqi Pan, "China in It's Neighbourhood: A 'Middle Kingdom' not Necessarily at the Centre of Power", *The International Spectator*, Vol.46, No.4, December 2011, pp.79—96; Rhoads Murphey, *East Asia: A New History*, 3rd edition, New York: Pearson Education, 2004, p.2.

10. 潘忠岐:《广义国际规则的形成、创制与变革》,载《国际关系研究》2016年第5期。

11. 参见冯友兰:《通论道学》,载《中国社会科学》1998年第3期;王茂:《"道学"、"理学"称名考辨》,载《安徽史学》1987年第1期。

12. 陈康令:《试论传统东亚秩序的礼治:一种分析框架》,载《当代亚太》2015年第3期。

13. 参见熊燕军:《百年误读还是千年争论——也谈"克己复礼"的释义及其他》,载《孔子研究》2007年第4期。

14. 牟坚:《朱子对"克己复礼"的诠释与辨析——论朱子对"以理易礼"说的批评》,载《中国哲学史》2009年第1期。

15. 杜维明:《建构精神性人文主义——从克己复礼为仁的现代解读出发》,载《探索与争鸣》2014年第2期。

16. 黎虎:《周代交聘中的"礼尚往来"原则》,载《文史哲》2009年第3期。

17. 万明:《明代外交观念的演进——明太祖诏令文书所见之天下国家观》,载《古代文明》2010年第2期。

18. 陈启智:《孔子礼治思想评析》,载《东岳论丛》1987年第4期。

19. 金尚理:《失礼则入刑——略论先秦礼法制度及其对后世的影响》,载《中州学刊》1999年第6期。

20. 高明士:《天下秩序与文化圈的探索——以东亚古代的政治与教育为中心》,上海古籍出版社2008年版,第11页。

21.《左传·昭公三十年》有云:"礼也者,小事大,大字小之谓。事大在共其时命,字小在恤其所无。"

22. Jonathan Karam Skaff, *Sui-Tang China and Its Turko-Mongol Neighbors: Culture, Power, and Connections, 580—800*, New York: Oxford University Press, 2012, p.135.

23. 李云泉:《宾礼的演变与明清朝贡礼仪》,载《河北师范大学学报(哲学社会科学版)》2004年第1期。

24. 参见李云泉:《万邦来朝:朝贡制度史论》,新华出版社2014年版,绪论。

25. 陈尚胜:《试论清朝前期封贡体系的基本特征》,载《清史研究》2010年第2期。

26. 高明士:《天下秩序与文化圈的探索——以东亚古代的政治与教育为中心》,第45页。

27. 同上书,第24页。

28. 参见西嶋定生:《東アジア世界と冊封体制——六～八世纪の东アジア》,岩波講座《日本歷史》第二卷,东京:岩波书店1962年版;金子修一:《册封体制论与北亚细亚·中亚细亚》,载杜文玉主编:《唐史论丛(第十辑)》,三秦出版社2008年版,第199—205页。

29. 李叶宏:《唐朝贡赐贸易法律制度研究》,载《中共山西省委党校学报》2012年第3期。

30. 李云泉:《朝贡制度的理论渊源与时代特征》,载《中国边疆史地研究》2006 年第 3 期。

31. 何茂春:《中国外交通史》,中国社会科学出版社 1996 年版,第 289 页。

32. 全海宗:《清代韩中朝贡关系考》,全海宗:《中韩关系史论集》(金善姬译),中国社会科学出版社 1997 年版,第 207 页。

33. 章深:《宋朝与海外国家的贡赐贸易》,载《学术研究》1998 年第 6 期;祁美琴:《对清代朝贡体制地位的再认识》,载《中国边疆史地研究》2006 年第 1 期;庄国土:《略论朝贡制度的虚幻:以古代中国与东南亚的朝贡关系为例》,载《南洋问题研究》2005 年第 3 期;黄纯艳:《宋代朝贡体系研究》,商务印书馆 2014 年版,第 380 页。

34. 参见林恩显:《中国古代和亲研究》,黑龙江教育出版社 2012 年版,第 14—31 页;崔明德:《辽朝和亲初探》,载《民族研究》2004 年第 4 期;徐凡:《明朝与朝鲜的和亲外交起因探析——以"贡女"问题为中心》,载《宁夏大学学报(人文社会科学版)》2011 年第 1 期;参见宋超:《和亲史话》,社会科学文献出版社 2012 年版,第五章。

35. 梁志明:《试论古代东南亚历史发展的基本特征和历史地位》,载《东南亚研究》2011 年第 4 期。

36. 参见张正明:《和亲通论》,载《民族史论丛》第一辑,中华书局 1987 年版。

37. 参见王桐龄:《汉唐之和亲政策》,载《史学年报》1929 年第 1 期;邝平章:《唐代公主和亲考》,载《史学年报》1935 年第 2 期;刘兴成:《中国古代"和亲"类型新论》,载《北方民族大学学报(哲学社会科学版)》2013 年第 3 期。

38. 李无未:《中国历代宾礼》,北京图书馆出版社 1998 年版,第三章。

39. 李云泉:《宾礼的演变与明清朝贡礼仪》。

40. 葛兆光:《朝贡、礼仪与衣冠——从乾隆五十五年安南国王热河祝寿及请改易服色说起》,载《复旦学报(社会科学版)》2012 年第 2 期。

41. 刘为:《清代中期使者往来研究》,黑龙江教育出版社 2002 年版,序论。

42. 王海燕:《古代日本的都城空间与礼仪》,浙江大学出版社 2006 年版,第五章。

43. 杜慧月:《明代文臣出使朝鲜与〈皇华集〉》,人民出版社 2010 年版。

44. 参见葛兆光:《从"朝天"到"燕行"——17 世纪中叶后东亚文化共同体的解体》,载《中华文史论丛》2006 年第 1 期;徐东日:《朝鲜朝使臣眼中的中国形象——以〈燕行录〉〈朝天录〉为中心》,中华书局 2010 年版。

45. 廖大珂:《试论明朝与东南亚各国朝贡关系的性质》,载《南洋问题研究》1989 年第 3 期;晁中辰:《论明代的朝贡贸易》,载《山东社会科学》1989 年第 6 期;和洪勇:《明前期中国与东南亚国家的朝贡贸易》,载《云南社会科学》2003 年第 1 期。

46. 刘军、王询编著:《明清时期中国海上贸易的商品:1368—1840》,东北财经大学出版社 2013 年版,结语;岩井茂树:《十六世纪中国における交易秩序の摸索——互市の现实とその认识》,岩井茂树编:《中国近世社会の秩序形成》,京都:京都大学人文科学研究所 2004 年版。

47. 参见李无未:《中国历代宾礼》,第六章。

48. 参见吴晓萍:《宋代外交制度研究》,安徽人民出版社 2006 年版,第三章。

49. 参见方铁:《汉唐王朝的纳质制度》,载《思想战线》1991 年第 2 期;李大龙:《汉唐藩属体制研究》,中国社会科学出版社 2006 年版,第 501 页。

50. Zhang Yongjin and Barry Buzan, "The Tributary System as International Society in Theory and Practice", *The Chinese Journal of International Politics*, Vol.5, No.1, 2012, pp.3—36;李宝俊、刘波:《"朝贡—册封"秩序论析》,载《外交评论》2011 年第 2 期。

51. 潘忠岐:《广义国际规则的形成、创制与变革》。

52. 孟维瞻:《中国古代分裂格局中的"统一性规范"——以宋、明两朝历史为例》,载

《当代亚太》2012 年第 4 期。

53. 参见金毓黻:《中国史学史》,商务印书馆 2010 年版,第六章。这些礼典除了分门别类地对各种礼仪详加阐释外,还用大量篇幅追述了历代礼仪规范。李云泉:《宾礼的演变与明清朝贡礼仪》。

54. 参见韩永愚:《朝鲜王朝仪轨》(金宰民、孟春玲译),浙江大学出版社 2012 年版。

55. 尤淑君:《宾礼到礼宾——外使觐见与晚清涉外体制的变化》,社会科学文献出版社 2013 年版,第 41 页。

56. 郭松义等:《清朝典制》,吉林文史出版社 1994 年版,第 196—197 页。

57. John E. Wills, Jr., "Ch'ing Relations With the Dutch, 1662—1690", in John K. Fairbank, ed., *The Chinese World Order: Traditional China's Foreign Relations*, Cambridge, M.A.: Harvard University Press, 1968, p.255;黎虎:《汉唐外交制度史》,兰州大学出版社 1998 年版,第二章。

58. 高明士:《天下秩序与文化圈的探索——以东亚古代的政治与教育为中心》,第 6—8 页。

59. 同上书,第 6—11 页。

60. 李大龙:《不同藩属体系的重组与王朝疆域的形成——以西汉时期为中心》,载《中国边疆史地研究》2006 年第 1 期。

61. 陈康令:《传统东亚秩序的历史演进与礼治稳定——以"塔型结构"的建构发展为例》,载《国际关系研究》2015 年第 5 期。

62. 韩昇:《东亚世界形成史论》,复旦大学出版社 2009 年版,第 33 页。

63. 陈康令:《试析传统东亚秩序"礼治下的和平"》,载《国际观察》2015 年第 4 期。

64. 阎学通:《公平正义的价值观与合作共赢的外交原则》,载《国际问题研究》2013 年第 1 期。

第三章

美国参与国际规则制定的历史经验及其启示

美国成为世界霸主以及改变、塑造国际规则的历史是一个逐步的过程，在这个过程中，美国历经了从一个普通国家到崛起大国再到世界强权的过程。在国力上升的不同阶段，受制于自身实力、价值观念以及国际格局，美国推广自身价值观念和塑造国际政治规则的方式、手段也有所不同。美国在不同阶段参与国际规则制定的手段和方式形成了丰富的实践，为其他大国参与国际规则制定提供了可借鉴的经验。所以，分阶段总结美国参与国际规则制定的时间与历史经验尤为重要。

对于美国参与国际规则制定的实践，笔者拟从两次世界大战间歇期、第二次世界大战(以下简称“二战”)后、冷战后三个阶段来考察。通过对这三个阶段的考察可以发现，在美国崛起为世界霸权国的不同阶段，参与国际规则制定的形式不尽相同。两战间歇期的美国受制于自身能力，注重价值观推广和隔离美洲。二战后的美国注重大国协调和国际机制建设，在此之外，组建联盟，主导国际规则。冷战后，美国在西方主导的国际机制上作补充和修改，在新领域的规则创制上想要掌握主导权，又缺乏创新性，在旧机制面前缺乏主动性，体现了守成大国维护自身利益的特点。本章从美国参与国际规则制定的实践与历史经验入手，比较中美两国在崛起过程中参与国际规则制定面临的国际国内环境，在此基础上分析中国参与国际规则制定的现实条件、制约因素和可以吸取的经验教训。[1]

第一节　美国参与国际规则制定的实践与历史经验

美国参与国际规则的实践大体上可以分为三个阶段：两次世界大

战之间、二战后和冷战后。由于美国是一个以殖民地身份独立的国家，所以是参与国际政治的“后来者”。第一次世界大战(以下简称“一战”)之前的美国由于自身实力的限制，将注意力集中在美洲地区，提出“门罗主义”，以隔绝的形式将美洲变成自己的势力范围。此后，美国武力吞并西班牙在亚洲的殖民地菲律宾。这些行为在有限范围内变更了国际政治版图，但并没有对国际规则制定产生实质性的深远影响。美国真正登上制定和塑造国际规则的舞台是在一战以后，美国凭借一战战胜国的有利地位，开始在国际舞台上发声并宣扬自己的价值观和国际政治理念。美国参与国际规则制定的第二个阶段是在二战后，这一时期的美国作为西方阵营的主导者，开始创制以自身为核心的国际政治新格局。美国参与国际规则制定的第三个阶段是冷战后，因为冷战时期的国际规则开始不能适应时代发展的要求，出现了很多危机。美国的“一超”地位也随着全球性挑战的不断增加受到冲击，这迫使美国逐渐放弃完全以实力为基础塑造国际规则的手法，转而依靠国际制度和多边主义来巩固自身的霸权地位。

一、两次世界大战间歇期美国参与国际规则制定的政策实践与历史经验

两次世界大战间歇期的美国参与国际规则制定的实践主要体现在两个方面：一是托马斯·伍德罗·威尔逊(Thomas Woodrow Wilson)倡导的“十四点计划”，二是美国主导的华盛顿会议。“十四点计划”是美国参与国际规则制定的尝试，从中可以看出美国实际上提出了一整套国际政治价值理念。这些价值理念是对以往国际关系基础价值观念的颠覆，可以被视为参与国际规则塑造的实践。但由于美国实力的限制以及国内对美国卷入国际事务的排斥，“十四点计划”的内容难免狭隘，这些内容要么关涉美国的切身利益，如“航行自由”“贸易自由”以及“门户开放”，要么是难以兑现的观点宣扬，如“裁减军备”“民族自决”以及“国际联盟”。由于英法在“十四点计划”上分歧严重，美国又缺乏推行“十四点计划”的决心，因此“十四点计划”中的很多内容被删改和搁置。就美国参与国际规则塑造而言，“十四点计划”并没有取得预期的

效果。但就像有学者指出的，“虽然这次争霸的时机并不成熟，但是仅就这次政治沟通和互信而言，美国仍然是成功的，它为日后美国主导集体安全体系积累了互信和认可”[2]。这次实践实际上为美国在国际上树立了一定的威信，奠定了美国的大国地位。

两次世界大战间歇期美国参与国际规则制定的另一实践是美国发起和主导华盛顿会议。华盛顿会议的核心是远东太平洋问题。远东太平洋问题又以中国问题和太平洋问题为核心。在中国问题上，由于“后来者”的身份和在中国势力范围的有限，美国在会议上采取了拉拢中国、将中国问题国际化的方法试图改变列强在中国的格局。一方面，美国承诺帮助中国维护领土完整，获取中国在会议上对美国的追随；另一方面，将中国问题国际化，美国的议案将中国的“门户开放”从商业扩大到工业，从商埠扩大到中国全境，从“与中国有条约的各国”到“全体各国”，“它无异于事实上把中国国际化”。[3]在太平洋问题上，美国先是以裁军为名通过外交手段以及雄厚的经济实力迫使英日与之签订《五国海军条约》，规定英美日 5∶5∶3 的主力舰吨位比例。在这个问题上，美国并没有采取凭借经济实力批量造舰的“不经济”的手段，而是以此为后盾采用外交手段，以裁军的名义巩固自己在太平洋上获得的地位。然后通过外交手段拆解英日同盟。在英日都不愿结束英日同盟又不愿与美国对立的情况下，美国和法国加入英日同盟，签订《四国条约》，并规定“从本条约开始生效时，英日同盟应予以终止”[4]。美国通过扩大英日同盟，事实上消解了英日同盟的实际意义，特别是针对英日对美国在太平洋行动的意义。

通过这一时期美国参与国际规则制定的实践可以看出，一方面，由于在国际政治舞台上不能掌握绝对的议程设置权，参与具体国际规则制定和塑造的能力有限，美国非常看重价值观推广。通过价值观推广得到弱小国家的追随并获得作为大国的国际声誉。通过“门户开放”和“民族自决”等理论的宣扬，打破老牌强国在第三世界的独占，力图使这些地方自由化、开放化，以适应美国资本的输出和国际影响力的扩张。另一方面，由于美国在这一时期还没有上升为全球性的国家，美国的利益也没有辐射到全球，美国外交将议题和规则塑造的重点放在和自身相关的地区层面上。这主要体现在两战间歇期美国对欧洲问题的不介入和对远东太平洋问题的全面关注和有力介入上，海军裁军和门户开放就是这种倾向的具体表现。

二、二战后美国参与国际规则制定的政策实践与历史经验

美国参与国际规则制定的另一高峰是二战后，这一时期美国参与国际规则制定体现在三个方面：一是在国际安全规则的制定上，美国积极投身联合国的创建，发展同西方世界的同盟关系，以维护其所主导的国际秩序；二是积极构建国际货币基金组织，掌握国际金融规则的制定权；三是参与《关税及贸易总协定》(GATT)(后来发展为世界贸易组织)的创建，在国际贸易规则的制定中占据一席之地。

首先，美国通过创建联合国参与国际安全规则的制定。在国际安全规则的制定上，美国试图使联合国成为战后国际安全的基石。美国在创设联合国这一问题上体现出了相当的延续性，关于联合国的观念和设想一直可以追溯到威尔逊时期的国际联盟。国际联盟和联合国都是集体安全思想的重要实践。但是，富兰克林·D.罗斯福(Frankin D. Roosevelt)认识到“全体一致”原则可能使国际联盟瘫痪，因此美国决心用“大国协调”取代“全体一致”，把联合国安全理事会(以下简称“安理会”)作为世界安全的守护者。为此，美国需要和其他大国进行协调。

在设立联合国的问题上，美国不赞成英国设立地区性国际组织的想法。同时，利用苏联陷于战争无暇顾及战后世界政治安排的时机，向苏联推出自己的方案。美国学者威廉·麦克尼尔(William McNeill)认为：“当时，英国依赖美国和加拿大的生产，美国和加拿大的官员渐渐就对英国政府的政策行使起一种潜在的否决权。”[5] 苏联在欧洲的战争需要美国的策应。此外，苏联在二战后期更为关心的是苏联本身的安全问题以及苏联周边的势力范围，并不具备规划世界秩序的实力，建构世界秩序的热情也远不及美国。美国在战后不仅从硬实力上超过英国和苏联，而且提供的联合国创制方案也最为详细、具体、可操作，美国的方案对安理会、联合国表决、提案方式以及托管制度等都有详细的论述。经过美国的游说和硬实力展现，在联合国的大体框架上美英苏基本达

成一致，英国和苏联基本接受联合国是一个世界性组织、由安理会具体负责国际安全事务，对自身在联合国中的地位和作用也基本满意。

但是在关于中国的地位问题上，英苏与美国有不同的看法。鉴于中国在反法西斯战争中的作用以及当时的中美关系，美国极力将中国纳入“四警察”之中。但英苏认为美国不过是想在安理会中放置一个自己的“追随者”。所以，在同意美国关于联合国基本架构的前提下，英国和苏联不约而同地对美国关于中国的政策提出异议。英国外交大臣罗伯特·安东尼·艾登(Robert Anthony Eden)向罗斯福表示，他怀疑“中国本身是否会稳定，它完全有可能在战后要经历一场革命”，并且他“很不喜欢让中国人在太平洋到处乱撞的主意”。[6]但罗斯福在这一问题上毫不妥协，认为让中国成为“国际警察”有利于英美利益。对于苏联的疑虑，美国国务卿科德尔·赫尔(Cordell Hull)则对苏联外交部长莫洛托夫说：“将中国从四国协定中删去是不可能的，我国政府的态度是中国作为战时四强之一，将中国……排除出四国宣言将在太平洋地区造成严重的军事和政治的负面影响，这还会进一步使我国公众舆论四分五裂。”[7]可以看出，在创设联合国这一问题上，美国的态度十分明确。美国提出的方案具体而有可操作性，对国际秩序和大国游戏规则有清晰的预期，对自己的实力展现也毫无保留，对自己的利益有坚决的捍卫，包括在中国地位问题上的坚持。

其次，美国以组建联盟为手段捍卫自己主导的游戏规则。毋庸置疑，“国际联盟的失败和联合国效用的有限性，暴露了集体安全体系的缺陷”[8]。由于美苏的分歧，集体安全在战后不久就遭到挑战。集体安全处理的是来自内部的威胁和不稳定因素，而军事联盟面对的则是来自外部的威胁。由于美苏各筑壁垒，两个阵营界限分明，罗斯福在战前设想的集体安全很快落空。斯蒂芬·沃尔特(Stephen Walt)认为，“北大西洋公约组织(以下简称‘北约’)形成的第一个和最重要的原因是应对苏联的威胁”[9]。美国在意识到集体安全机制的理想性和局限性以后，开始在欧洲和亚洲逐渐建立起自己的军事联盟体系，以维护自己的霸权地位，这体现了美国的战略灵活性。以自身利益和共同威胁为基础，美国很快在欧洲组建了北大西洋公约组织，在亚洲组建了以双边条约为基础的军事同盟网络，从两个方向上对苏联和中国进行战略遏制。

尽管世界分裂为两大阵营，但美国通过同盟体系掌握着西方乃至整个世界的规则制定权。在欧洲，美国在相当程度上主宰了北约的组织架构设计和重要职位的人员任免，掌握着和苏联进行战略斗争的“度”，并以北约为基础发挥全球影响力。在东亚，美国通过双边条约体系塑造了东亚长期的地区安全结构，既在最大程度上遏制了中苏，也充分维护了美国自身在亚太的主导地位。

再次，美国主导国际金融贸易规则的制定。美国参与国际金融和国际贸易规则制定的具体实践分别体现在国际货币基金组织和《关税及贸易总协定》的创制上。一方面，美国竭力拆除英镑区，通过建立国际货币基金组织和“美元与黄金挂钩”等方式确立美元的中心地位；另一方面，美国致力于瓦解(英)帝国特惠制，用以《关税及贸易总协定》为代表的多边贸易规则取而代之，实现美国在国际贸易领域的利益最大化和美国国际贸易理念的伸张。

约翰·梅纳德·凯恩斯(John Maynard Keynes)有一句名言：“颠覆现存社会基础最精妙、最可靠的办法，莫过于摧毁它的货币。”[10]在国际金融方面，二战以前的英国占据优势地位。由于英镑的独特地位，许多国家的货币都与英镑挂钩，特别是英镑区国家。“英镑区是一个排他性的货币集团，英镑是区内的唯一主导货币。”[11]“英国虽然正在衰落，但是仍然具有相对强大的实力。美国的对外贸易虽然已占世界贸易总值的36.2%，但英国及英联邦的对外贸易仍占世界贸易的40%。英镑区的经济活动在世界经济中占有重要地位，英镑仍然是资本主义世界的一种主要国际储备货币。”[12]所有这些都限制了美国经济的扩张和发展，因此终结英镑的国际货币地位让美元取而代之是美国政策制定者的主要目标。

美国在战前以及二战的关键时期，通过《租借法案》大量消耗英国的黄金和美元储备，以便使英国战后在财政上继续依赖美国，迫使英国在战后国际货币秩序的安排上遵从美国的意愿。通过1947年的《英美财政协定》，美国同意向英国贷款，但英国需要实现英镑自由兑换。英镑的自由兑换使得其他国家的英镑持有者纷纷将英镑兑换成美元，导致英国外汇储备缩水。但美国没有效仿英镑区将黄金和美元放在英国指定银行的做法，而是通过设立国际机构——国际货币基金组织——

来结束战后国际金融领域的混乱局面。这一方面给了英国等其他大国表达自身利益和诉求的平台，另一方面也提高了新的国际金融秩序的合法性，体现了国际金融领域的现实和美国作为霸权国的气度。尽管美国选择通过国际组织来实现美国利益，但美国在战后的独特地位让美国实际上能够左右这些国际组织。

最终，美国通过《租借法案》和《英美财政协定》逐步颠覆英镑在国际金融领域的特殊地位；通过建立国际货币基金组织确立了美元作为世界货币的地位，并规定美元与黄金挂钩。通过这一系列步骤，美国逐渐结束了战后国际金融领域的混乱状态，“美国可以入不敷出，保持经常账户的赤字，而不用担心美元的贬值”[13]。此外，为满足其他国家对美元的大量需求，美元的特殊地位也使得大规模对外投资成为必然。

美国不仅在国际金融领域确立了美元的核心地位，保证美国的国际金融规则制定权，而且在国际贸易领域也确立了有利于自己的规则。20 世纪 30 年代的大萧条改变了英国人关于国际贸易的看法，“自由放任”和“全面开放”逐渐被贸易保护主义的思想所替代。“帝国特惠”就是在这样的背景下出现的。帝国特惠制与美国的利益不符，“它禁锢了这个已经是世界上最为强大的制造业国家的出口能力”[14]。

为了确立美国在国际贸易领域的地位以及在世界范围内推行美国的贸易理念，美国通过两步走逐渐瓦解了英国主导的帝国特惠制，树立了美国在国际贸易领域的中心地位。美国一方面将对英贷款与《租借法案》等相联系，迫使英国在帝国特惠制上作出让步；另一方面，推进《关税及贸易总协定》，以制度形式保证多边主义的自由贸易。为此，双方在战后进行了艰苦的谈判。英国认为，“特惠制是关税谈判整体的一部分，如果关税的水平处理法被抛弃，那么，特惠制的水平处理法也必须作废”[15]。英国坚持取消帝国特惠制的交换条件是美国大幅度削减关税。美国的政策则与英国针锋相对：美国坚持以美英就贸易政策达成协议作为对英贷款的附带条件，反对将财政援助与贸易谈判分离开来的任何企图。在英美双方分歧严重的节点，美国宣布停止向英国提供一切租借物资。这一举动加速了英国接受美国的要求，承诺尽早废除帝国特惠制。

除了瓦解帝国特惠制以削弱英国在国际贸易中的地位，美国也需要扩张自己的贸易以取代英国在国际贸易中地位。为了兑现英美谈判中英国对美国关税的关切,同时也是为了推进美国的贸易扩张,美国积极筹划国际贸易组织。以租借贷款为筹码,美国的"克莱顿计划"赢得了英国原则上的同意,美国取得初步胜利。但在此后的谈判中,特别是日内瓦会议上,美国同英国和其他英联邦国家的分歧严重,尤其是在"羊毛法案"上双方拒不让步,导致关税谈判无法推进。最终,美国作出妥协姿态,以杜鲁门否决"羊毛法案"以及"马歇尔计划"的出台来解决这一争端,"这之后,大部分国家包括英联邦南部自治领,就关税减让和国际贸易组织宪章基本达成一致"[16]。国际贸易组织基本为世界所接受,英国同意削减或取消英属殖民地和英联邦自治领所享受的特惠关税,这有利于扩大美国对上述市场的出口。美国实现了主要关切,英国也在形式上保持了帝国特惠制。尽管英国所享受的特惠关税由于种种原因仍然得以保留,但在日内瓦会议上英帝国特惠体系最终被打开了重大缺口,其完整性已不复存在,美国的国际贸易霸主地位也逐渐确立起来。

由于实力地位的变化,二战后初期美国参与国际规则制定的形式与两次世界大战间歇期相比已经有了明显的改变。

首先,在保证自身利益的前提下,美国注重大国协调与国际安全机制建设。二战结束之初,美国确实比较热衷于集体安全,在保证美国领导地位的前提下,致力于维护世界持久和平。在这个过程中,美国领导创建了联合国并设立以"大国协调"为原则的安理会,以中美英苏四国作为世界警察维护世界和平。尽管由于美苏之间存在误解、疑惧以及现实的利益冲突而导致战后的安全体制没有能在世界范围内发挥作用,但美国参与构建国际安全机制——联合国——的手段和方式值得借鉴。

其次,当国际安全机制运转出现问题时,美国采取联盟政策,维护自身的价值观和利益。在美苏协调变得难以实现以后,为了维护美国的国家利益,美国坚决地对苏联采取"遏制政策"。通过在欧洲构建以北约为核心的安全组织和在亚洲构建双边军事同盟,美国成功实现了拉拢追随者、排斥异己者(意识形态上的异己者),在西方世界范围内确立自己的霸主地位。美国一方面利用西方的政治军事资源与苏联对抗,另一方面利用来自苏联的军事威胁实现对欧洲的主导和控制。

再次,美国以实力为基础,另起炉灶,提供替代性国际规则,迫使衰落中的霸权国接受这些规则。在国际金融和国际贸易领域,美国都以自己的实力取代英国在世界上的霸主地位,并在不同程度上对国际金融和国际贸易规则进行了重塑。在这一过程中,美国一方面以实力相逼,另一方面提出了基于美国自身利益的替代性国际规则。在国际金融领域,代表美国利益的"怀特计划"在战前就进行了长期酝酿,体现出了充分的指向性和可行性。在国际贸易领域,美国针对"帝国特惠制"提出要建立"国际贸易组织"的设想和计划草案,并在与英国的交锋中,逐渐使世界上大部分国家接受美国的计划草案,为美国在世界范围内推行多边自由贸易提供了指导方向和制度保证。另外,对于即将被美国取代的世界霸主——英国,美国采取的政策相对容忍和克制。在实现自身利益最大化的前提下,给英国以尊严、实惠,力图将英国限制在美国主导的西方阵营中,并在其中为美国的国际战略服务。美国不希望与英国的谈判破裂,一旦英国另起炉灶,整个西方世界将会分裂,美国的世界领导者角色也将难以确立。

三、冷战后美国参与国际规则制定的政策实践与历史经验

苏联解体给整个国际政治形势带来了巨大变化,国际体系由两极体系向新的方向演变。在这种国际政治格局转换的时期,美国参与国际规则制定和国际规则重塑的实践值得深入探讨。冷战后美国参与国际规则制定和重塑主要体现在三个方面:国际安全规则重塑,例如美国同盟关系的转向(从传统同盟到临时同盟);国际金融与国际贸易规则的重塑,主要包括《跨太平洋伙伴关系协定》(TPP)和《跨大西洋贸易与投资伙伴协议》(TTIP)的建设以及国际货币基金组织(IMF)的改革;其他非传统安全领域的规则制定和塑造,主要涉及国际气候谈判等非传统议题。

首先,美国致力于对国际安全规则进行再塑造。在国际安全规则方面,由于苏联的解体,美国和整个西方世界面临着军事同盟向何处去

的问题。在美国看来,如何维护美国在西方世界的霸主地位以及如何将这种霸主地位扩展到全球是其面临的主要问题。要实现美国霸权国地位在世界范围内的真正扩张,美国需要重新发掘联合国的作用(冷战时期,由于美苏的争斗,联合国的作用大打折扣),并在形式和观念上重塑美国的同盟体系。只有这样,美国才有可能在新的世纪里继续维持霸权地位,为此美国采取了一系列具体行动。“1990年,伊拉克入侵科威特事件发生不久,美国总统乔治·H.W.布什(George H.W.Bush)和国家安全事务助理布伦特·斯考克罗夫特(Brent Scowcroft)在讨论美国的应对措施时,提出了‘寻求世界新秩序’”[17]的主张。这一概念主要是强调美国的领导作用、加强同盟友的伙伴关系、发挥联合国的作用,以及推动和“苏联”的合作等。美国希望联合国在更广泛的领域发挥作用,从而尽可能地减少美国主导建立“世界新秩序”的外部阻力。同年,美国在取得联合国安理会的授权后,领导多国部队对萨达姆·侯赛因(Saddam Hussein)领导的伊拉克进行了军事打击。这场海湾战争虽由美国主导,但在程序上完全经过联合国安理会的表决和授权。这体现了冷战后美国开始重视利用国际制度和国际组织来为自己的行动正名,为自己领导全球提供合法性。罗伯特·基欧汉(Robert Keohane)正确地指出:“霸权国所提供的是煞费苦心地通过多边国际机制而提供的物品:行为标准;有关其他行为者可能的行为模式的信息;以及为各国遵守规则而提供的手段。霸权的效应可能由于国际机制而得到加强。”[18]可以说,冷战后联合国在国际政治中作用和地位的上升,与美国重新审视多边主义和重新塑造国际规则有不可分割的关系。

除了有意识地强化联合国及其他国际机制的作用,美国还着力改造以美国为中心的同盟体系。冷战时期的同盟关系军事、政治色彩浓厚,冷战的结束要求美国及其盟友对各自的地位和作用进行重新定位。冷战以后,美国国内就是否要继续冷战时期的同盟关系展开了大讨论。但最终我们可以看到,美国在欧洲保留了北约(尽管对北约的功能和作用作了新的阐释),在亚洲保留了一系列双边军事同盟关系。与此同时,为应对传统同盟关系难以应付的一些新挑战,美国注意组建“临时同盟”以实现自己的战略目标。从本质上来说,美国最主要的关注是要防止欧洲和亚洲出现“占支配地位的大国构成对美国的威胁”[19]。美国通过巩固和维系传统同盟关系来实现对东亚和西欧的持久掌控，但由于苏联这个“共同威胁”的消失，联盟内部在许多问题上有不同意见。美国为了贯彻自身意志，在维系传统同盟关系的同时开始组建“临时同盟”。在针对阿富汗的反恐战争中，美国的传统盟友只起到了配角的作用，而巴基斯坦和乌兹别克斯坦却与美国结成了临时同盟，并发挥了更关键的作用。这说明“美国的同盟政策在冷战后向以‘实用主义’为核心理念的临时联盟政策转变”[20]。

其次，美国致力于对国际金融和国际贸易规则进行重塑。在国际金融和贸易领域，美国也不断地表现出重塑国际规则的意愿。冷战以后，美国的经济权势已经不能和二战后相提并论。2008 年的国际金融危机更使美国的经济权势面临严峻挑战。在西方主要国家面对国际金融危机陷入萧条之际，“在国际贸易投资格局的变化上，新兴经济体在相关领域的竞争力正在全面提升”[21]。所以，现有的国际金融贸易格局已经不能反映变化中的国际经济权势，新兴国家在国际发展、国际贸易和国际金融领域都有了更多的诉求。由于“制度的非中性”[22]，新兴经济体一方面在现有体制内要求更大的权力和更合理的代表性，如国际货币基金组织改革；另一方面也在现有体制之外寻求合作，如建立“金砖外汇储备库”。美国敏锐地意识到这些变化，并因此采取了一系列步骤试图重塑国际经济规则。在国际货币基金组织改革问题上，美国需要新兴经济体的合作来推进全球治理，同意就国际货币基金组织的份额问题进行讨论，提高新兴经济体的话语权。但这些调整仍然是非常有限的，因为美国仍然保有对国际货币基金组织决议的否决权。这体现了美国对自身利益的保护，也使国际货币基金组织的改革任重道远。美国以权势裹挟国际货币基金组织改革，体现了美国作为守成大国的保守性。

在国际贸易领域，由于世界贸易组织（WTO）在自由贸易谈判上停滞不前，世界主要经济区都将发展区域自由贸易放在了更重要的位置，美国也不例外。在亚洲，美国接手亚太小国发起的《跨太平洋伙伴关系协定》（TPP），试图将之发展为 21 世纪一个指标性的区域自由贸易协定。从重塑国际规则的角度来看，美国推行《跨太平洋伙伴关系协定》一方面是为了“维护自由资本主义模式的优势、平衡来自新兴经济体的竞争压力”[23]，另一方面也是为了确立更高的国际经济贸易标准，使美式规则能在未来相当长的时间内占据主导地位。但唐纳德·特朗普(Donald Trump)上台后美国宣布退出《跨太平洋伙伴关系协定》，这体现出美国在重塑国际规则上面临巨大的国内阻力。美国在塑造国际规则上越来越多地考虑“相对收益”，反映出美国在权势相对衰落时期的保守性和狭隘性。在欧洲，美国积极推进与欧盟的自由贸易协定，即《跨大西洋贸易与投资伙伴协议》(TTIP)。如果这一协议能成功，那么它在很大程度上会改变世界贸易规则、产业行业标准，挑战新兴国家，尤其是金砖国家间的“准贸易联盟”。客观上看，美国同时在亚欧两端开启《跨太平洋伙伴关系协定》和《跨大西洋贸易与投资伙伴协议》的谈判确实在一段时间内对新兴国家试图改造现有国际规则构成了压力。但《跨太平洋伙伴关系协定》的废止也说明，如果美国始终抱持保守和狭隘的态度，那么它在重塑国际贸易规则方面将面临巨大困难。

再次，美国还积极参与非传统安全领域的规则制定。除了在传统的安全和经济领域掌握国际规则的制定权，积极投身制定符合美国利益的国际规则。美国也参与和塑造一些涉及新兴议题或非传统议题的规则，包括气候变化、防核扩散、反恐、网络安全等。在国际气候变化方面，考虑到美国国内发展的需要，美国起初并不积极。“尽管《京都议定书》在很多方面体现了美国的立场，但是国内政治因素导致美国在2001年退出。”[24]在全球环境治理的早期阶段，协议和公约主要体现在原则层面，例如“共同但有区别的原则”，但具体落实相当困难。因此，美国并没有非常主动地参与国际环境规则的制定。随着气候谈判的深入，国际环境领域的宏观原则开始转向具体的政策规则，各国对于减排所应承担的义务开始明晰化。美国为了主导规则的制定并避免自身利益受到侵害，开始积极参与各类国际环境会议和谈判，并逐渐在大的立场方向上与欧盟站在一起。2007年以后，“共同但有区别的责任”开始受到越来越多的挑战，美国在此问题上与欧盟一致，多次强调要动态解释、修改或适用“共同但有区别的责任”。美国试图在责任问题上将国际环境治理的主要责任推向新兴大国(以中国、印度、南非、巴西为代表的“基础四国”等)。在具体谈判过程中，美国和欧洲鼓励发展中国家内部的多元化和对国际气候谈判的不同声音，美欧鼓励并支持“小岛国家联盟”“最不发达国家联盟”“雨林国家联盟”等国际气候临时联盟的部分关切，客观上起到了瓦解“立场相近国家”联盟的效果。在美国和欧洲的持续推进下，“共同但有区别的责任”这一原则实际上被逐渐弱化。在2015年的巴黎气候大会上，世界上190多个国家提交了各自的减排目标，中美也在其中。但在其后的融资方面，“虽然美国等发达国家的谈判代表在2009年集体承诺，在2020年之前每年为发展中国家提供1 000亿美元的资金，但并不愿意在2020年以后继续无限期提供每年1 000亿美元的融资”[25]。美国希望在非传统安全领域承担领导角色，但又不愿意为提供全球公共产品让步，说明美国在应对全球气候变化问题上始终有所保留。

在防核扩散领域，美国在冷战后加强了对国际核不扩散机制的重塑。国际核不扩散机制是美苏为维持核垄断，并限制削弱对手核力量而构建的。冷战以后，“美国参与国际核不扩散的重点发生了变化，由‘防核扩散’转变成‘反核扩散’，由全球范围转移到直接涉及美国利益的特定地区”[26]。由于美国在国际核不扩散机制中的关键地位，冷战后美国历届政府的核政策都备受关注，奥巴马政府“无核世界”的核战略在核不扩散机制的塑造中产生了重要影响。奥巴马政府将防止核扩散和核恐怖主义置于美国核战略的首要地位，并弱化核武器在国家安全战略中的地位，在削弱后的核力量水平上保持战略威慑和稳定。为实现这些战略目标，美国奥巴马政府积极主导和参与核安全峰会，力图最大程度地凝聚国际社会的共识并加强各国在核安全领域的合作，推动世界的终极无核化。奥巴马政府的核政策有利于核不扩散体制的维持。“美国在减轻核力量发展带来的经济负担的同时，不仅占领了道义高地还可以通过重塑国际核不扩散机制保证美国在这一领域的主导地位。”[27]当然，由于美国和俄罗斯坐拥巨大的核武库，“无核世界”在现在看来还遥遥无期。

在网络安全领域，美国也积极参与和塑造新的游戏规则。“斯诺登”事件对美国在网络安全领域的道德号召力是一次巨大的打击。不仅如此，“美国的理念”在迪拜国际电信世界大会上没能得到支持也对美国产生了很大冲击。这里“美国的理念”主要指“美国一直坚持多利益攸关方模式，认为互联网不能由各国政府控制，政府作用应限于国内公共政策的制定,也反对政府间国际组织介入互联网事务”[28]。为此,美国采取了一系列措施来巩固和加强其在网络安全领域的领导地位。2015 年,白宫出台新《国家安全战略报告》,强调美国致力于塑造网络安全全球标准。美国试图通过这一举措扩展自身的影响力,并寻求国际社会对其网络治理理念和政策主张的认同和支持。不仅如此,美国“意图将网络安全议题纳入既有军事同盟体系中”,包括在北约框架下和在美日安全磋商机制中加入网络安全内容。这些举措都是美国试图重整和主导国际网络安全规则的体现。

总体上,冷战后美国参与国际规则制定与塑造的实践活动,为我们理解大国参与国际规则的塑造提供了丰富的历史经验。

首先,美国擅长在现有国际机制的基础上作修改和补充,以保持国际体系和国际机制的连续性和一贯性。尽管冷战后的国际体系基本上是一个单极体系,但美国作为霸权国并不能真正做到“随心所欲”,在国际政治的各方面也遭遇到“软制衡”。“所谓‘软制衡’,实际上是指针对美国的超强实力和咄咄逼人的单边主义行径,世界各主要国家并没有直接挑战美国的军事优势地位,而是采取非军事手段拖延、阻挠和破坏美国的政策。”[29]任何国际规则都是各国实力对比和外交博弈的最终体现,因此,修改和塑造任何国际规则也都涉及国家利益的对冲。美国在推行其主导的新的国际规则时,注意保存现有国际规则并丰富发展国际规则也是出于减少阻力的需要。

其次,美国注重对新的、非传统议题和规则的研究、参与和领导。冷战后的国际规则主要由美国领导确立,现有国际机制和国际规则基本符合美国的国家利益。美国在传统议题上有较大的发言权,并对议程和话语拥有掌控力,但是在新兴的非传统议题及其规则制定上,美国并不占据领导地位。为了实现自己全方位的领导,同时也为保持其在其他领域已有的优势地位,美国热衷于参与非传统议题的规则塑造,并力图让这些新议题下的规则符合美国的战略意图和价值理念。

可以看出,作为守成大国,美国积极捍卫既有规则,维护自身既得利益,如在金融、贸易以及安全领域,不肯放弃领导地位。在新兴领域美国则想领导全球规则的制定,如环境、网络等议题,但却缺乏主动性和创造性,因此难以真正发挥领导作用。

第二节 比较中美参与国际规则制定的国际国内环境

中美两国同为大国，也都经历过大国崛起的过程，从事物的发展规律来看，两国面临的发展环境必然有相似之处。这种发展环境既指大国崛起面临的国际政治环境，也指各国处在上升期的国内政治环境。当然，由于中美是两个截然不同的大国，两国在崛起过程中面临的国际国内环境也必然有所差异。一个大国的崛起过程往往也是其参与国际规则制定的活跃期，在中国和美国崛起的过程中都表现出了这样的特点，但大国面临的崛起环境不同会影响到大国参与国际机制建设的意愿、能力和水平。

一、中美参与国际规则制定面临的国际国内环境相同点

首先，中美都经历过霸权国实力相对下降、崛起国实力上升的时期。一战之前，美国的工业产值已经超越主要大国跃居世界首位。尽管这一时期美国的世界领导力还没有确立，但在实力上已经有了明显的提升。德国的实力在一战前后也得到了很大发展。由于"群雄并起"，英国在这一时期的相对实力有所下降，但凭借英联邦的纽带和大英帝国广阔的殖民地，英国依然保有世界霸主的地位。一战前后与两次世界大战间歇期是国际格局的大变动时期，各大国力量此消彼长，彼此间争斗不断，美国的崛起和对国际规则塑造的参与都始于这一时期。中国参与国际规则制定的时期也是霸权国实力相对下降、崛起国实力上升的时期。1949 年以后，在中国与国际体系的关系中存在一种角色转变，即从"国际体系的挑战者"到"国际体系的参与者"。[30] 中国从 1972 年恢复联合国合法席位以后开始真正成为"国际体系的参与者"，但这种参与层次低、主动性差。中国真正成为国际规则的一个塑造者是在 20 世纪 90 年代以后，特别是 2000 年以后。20 世纪 70 年代，由于欧洲和日本的经济复苏，美国的经济霸主地位已经受到威胁，美国在经

济上的相对实力开始下降。2008 年的国际金融危机使美欧进一步衰落，包括中国在内的新兴国家取得相对发展，国际经济实力对比再次发生变化。美国虽然仍是世界头号强国，但已经不能恢复二战后美国相对于其他国家的绝对优势了。中美实力上升的初期对国际规则的塑造并不显著，面临的国际环境也颇为相似。

其次，已有国际规则和国际机制不能完全反映变化中的大国权力格局。对于美国来说，“1910 年，美国的工业产值已经相当于英国、法国和德国的总和”[31]，但此时的国际规则并不完全符合美国利益。面对被瓜分的世界，除了以武力在美西战争中夺取西班牙殖民地菲律宾外，美国不愿与其他殖民大国发生正面冲突。直到一战以后，美国所倡导的“门户开放”政策才在华盛顿会议上被付诸国际条约之中。在美洲，尽管美国早在 1823 年就以“门罗主义”在周边推行自己的意志，但也免不了和老牌强国的纷争。“1889 年美国和德国围绕萨摩亚岛屿以及 1895 年美国和英国围绕委内瑞拉边界划分问题，都曾经走到了战争的边缘。”[32]在国际金融领域，由于英镑区和帝国特惠制的存在，美元和美国的商业资本也很难获得全球性的扩张。“英镑区是一个排他性的货币集团，对急于要扩大美元国际使用范围的美国而言英镑区的存在无疑就像一个巨大而坚固的堡垒，让美元流通域的扩张止步城下无法再前进一步。”[33]帝国特惠制则阻碍了美国商品进入广阔的“帝国市场”。美国参与国际规则塑造的时代，既有的国际规则更符合欧洲的殖民大国，但在很多方面却并不符合新近崛起的美国、德国和日本的利益。

中国广泛参与国际规则制定和塑造的时期，同样也是国际政治规则急需改变以适应新形势的时期。中国广泛参与国际规则制定同中国政治经济实力显著上升基本同时发生，国际格局的变化也要求国际社会重新塑造已有的国际规则。2000 年以后，美欧虽然仍在经济领域占据主导地位，但对于很多全球性的问题，七国集团本身并不足以解决，二十国集团对国际治理的参与必不可少。以美欧为主导的国际金融和贸易体制在很大程度上不能反映发展中国家的利益和发展中国家在现有国际格局中的地位，这需要新兴国家推动现有国际规则的转型和重塑。国际货币基金组织的份额分配以及联合国安理会的改革等问题，都是现有国际机制需要充实重塑的具体方面。在这一问题上，“新兴国家从反对少数西方大国垄断国际事务、推动建立公正合理的国际秩序的目标出发,主张国际秩序的变革应体现国家平等原则,高度重视发挥联合国的核心领导作用”[34]。在安全领域,非西方大国对于美国分别在亚洲和欧洲主导的同盟体系也有不同看法,认为军事同盟是一种冷战思维,固化了同盟内和同盟外国家的区别。在众多问题上霸权国美国都很难自行其是,其他大国的合作对于美国领导的全球安全治理必不可少。

最后,美国国内在多大程度上参与国际规则制定的问题上看法不一致。在美国早期的对外政策争论中始终存在着“孤立主义”与“国际主义”之争,而在中国的外交方向上也存在“韬光养晦”与“有所作为”的程度之争。对美国孤立主义政策影响最大的表述来自乔治·华盛顿(George Washington)的《告别演说》,“他强调介入欧洲争端的危害,告诫美国人利用美国远离欧洲大陆的有利条件,避免卷入欧洲的政治与军事冲突,不与任何国家缔结纠缠不清的同盟”[35]。孤立主义的思想曾在美国长期盛行。“及至一战前后,一项主张美国应更多卷入国际事务的国际主义政策开始被提出,由此萌发了孤立主义与国际主义两种对立的外交政策主张之间的对立。”[36]在美国早期的外交政策中确实存在着孤立主义与国际主义的张力,国内政治中的不同主体对美国参与国际政治的程度有不同看法,但我们也应该看到,孤立主义与国际主义并不是绝然对立的。“美国历史上的孤立主义是针对欧洲而言的。实际上,美国并非避免卷入一切国际争端。它要求避免卷入的只是欧洲争端。”[37]美国从未停止对美洲和亚洲的干涉,美国试图绕开欧洲的大国纷争,沿太平洋构建自己的帝国。尽管存在不同的思潮,但美国最终的外交政策还是以实力为基础在孤立主义与国际主义之间寻求一种中间道路。

由于中国实力地位的上升,外部世界对崛起的中国未来的战略取向非常关心。在中国内部也出现了关于是否要坚持“韬光养晦”以及应该更为侧重“韬光养晦”还是“有所作为”的争论。2010年国务委员戴秉国指出:“国际上有些人说,中国有句话叫‘韬光养晦、有所作为’,猜想中国宣布走和平发展道路,是在自己还不强大的情况下施展的一种阴谋诡计。其实,这是无端猜疑。这句话是邓小平同志在上世纪80年代末、90年代初讲的,主要内涵是中国要保持谦虚谨慎,不当头、不扛旗、不扩张、不称霸，与走和平发展道路的思想是一致的。”[38]但在中国社会和中国的知识界中，关于“韬光养晦”与“有所作为”的争论却有很高的热度。有学者认为：“时代条件发生了变化，邓小平提出这一政策的国际背景今天已经发生了变化，我们应当自觉地加大透明度，在世人面前更多地主动展现改革开放的中国的形象，而不要总给人一种所谓隐藏不露的感觉。”[39]但也有观点认为：“尽管国际局势发生了翻天覆地的变化，但是中国的国际环境并没有得到根本的改善，从长远来看，中国与西方发达国家的差距将持续存在，中国应该继续秉持韬光养晦的战略方针。”[40]当然，从近几年来中国外交的实践来看，中国实际上采取了一种更灵活的策略。一方面，中国将韬光养晦（或者谦虚谨慎）主要用在处理和美国的关系上；另一方面，中国开始将韬光养晦与无所作为相区分，也不再将韬光养晦的对立面看作锋芒毕露，而是强调在谦虚谨慎的同时积极进取，积极投入到国际社会和国际政治游戏规则的制定当中去。可以看出，关于崛起国家对外政策路线选择上的争论在中美这样的大国中都同样存在。

二、中美参与国际规则制定面临的国际国内环境不同点

虽然中美在崛起过程中的处境有诸多相似之处，但双方在崛起过程中参与国际规则制定也面临着许多不同的环境和条件。

首先，中美所面临的霸权国其实力相对下降的程度有所不同。英国虽然在二战前都保持着世界霸主的地位，但在一战以前其实已经经历了比较严重的实力相对下降。在经济领域，19世纪下半叶，第二次工业革命同时在多个资本主义国家兴起，德、美、法等国体现出后发优势，在很多领域赶超英国。除了“培养出的科学家和技工的数量远逊于德国”，“英国工业作为一个整体已经不能跟上国际最优实践的步伐，因而也就不能再维持在制造业中的领导地位了”。[41]到1914年，德国工业产值上升为14.3%，仅次于美国的35.8%，这时德国已领先英国工业产值0.3%，美国的经济实力与英国相比则更为明显。在军事领域，特别是对维系英国海上霸权和殖民帝国至关重要的海军军备上，一战后英

国的相对实力也有明显的下降。英国在海军方面面临德国的激烈竞争，威廉二世的母亲写道："威廉的一个想法是拥有一支比英国海军规模更庞大、实力更强的海军。"[42]在20世纪初的国际海军激烈竞争中，直到第一次世界大战爆发，美国海军一直保持世界第三位的位置。第一次世界大战中，美国的战舰和海军作战人员的数量都有了极大增长，美国海军发展到了暂居世界第二位的水平。由于对海权和空权的重视程度的变化（英国在一战后认为空军建设的重要性要超过海军）以及"一战后萧条的经济状况和民众的厌战"[43]，英国在1920年前后对海军预算进行了大幅削减。由于英国在海军军备竞赛中的疲乏，海军的"两强标准"难以为继，《五国海军公约》不可避免。所以，无论在经济上还是军事上，英国在20世纪30年代之前的霸权相对衰落都是非常明显并难以挽回的。美国即使不是全面超过英国，也基本在综合实力上实现了与英国的"权力持平"。

对于中国来说，霸权国美国的相对衰落并没有在根本上改变美国的优势地位，而且很难预测美国的这种相对衰落是否将是持续的、线性的。在经济上，尽管国内生产总值超过全球50%的时代在美国很难重现，但美国仍然保持着国内生产总值（17 419 000美元，World Bank 2014）第一的地位，第二名的中国（10 354 832美元，World Bank 2014）和美国仍有不小的差距。其他排名比较靠前的国家如日本、德国都在4万亿美元左右，美国的优势地位还很明显。军事上，美国的军费总额连续多年相当于其后诸大国军费之和，加之美国庞大的核武库和先进的常规武器装备，美国的军事地位在相当长的一段时间内也难以撼动。此外，正如约瑟夫·奈（Joseph Nye）所说："尽管德国在1914年给英国造成巨大的压力（以工业实力而言已经超越英国），但美国在军事、经济和软权力等方面将继续领先中国数十年。"[44]在奈看来，纯粹物质主义的看法已经正确勾画出大国硬实力的全部，话语权、文化以及领导力是塑造未来世界的关键，而在这些"软实力"方面美国更是遥遥领先。

其次，中美面临的既有国际规则体系的可替代性及可操作性不同。一战以后，尽管欧洲各国疲惫不堪，但战前的国际政治经济格局基本没有发生剧烈的变化。英美依然在世界贸易中处于领先地位，英法是欧洲政治军事的主宰，欧洲列强的殖民体系也得以保存。1929年的经济危机发生以后，凡尔赛华盛顿体系的弊端开始显现，已有的国际规则体系受到严重挑战。“这场危机的第一个国际现象是1929年秋天美国完全终止了对欧洲的贷款，随之而来的是世界购买力的枯竭，并导致了价格的灾难性下跌，欧洲的债务国受到双倍打击。”[45]英国在1931年放弃金本位是这场危机的顶点，这个“榜样”很快为其他国家所效仿，欧洲国际政治进入了自1918年以来最黑暗的时期。没有外国贷款，每年还要支付大量的战争赔款，虚弱的德国注定难逃这次危机。英法美三国也在战债和赔款问题上针锋相对，随着1932年日内瓦裁军会议和1933年世界经济会议无果而终，欧洲原有的规则和秩序已经难以为继，战争不可避免地发生了。秩序和规则需要维护，而在金德尔伯格看来，“在1929年英国没有能力这样做，而美国不愿这样做”[46]。国际规则体系的可替代性已经非常明显甚至非常迫切。反观中国崛起并参与国际规则塑造的时期，尽管国际政治经历了冷战终结和2008年国际金融危机，以美国为代表的西方所主导的国际规则与秩序仍然能够正常运转，可替代性不高、紧迫性也不强。现有国际规则和国际秩序的代表性和合理性都有待改造，但是在替代性上国际社会并没有共识，非西方国家也基本没有实力和意愿来颠覆现有的国际规则体系，并提供替代性的、可操作的国际新规则。

最后，中美实现崛起的路径不同。美国的崛起伴随着两次世界大战并且美国都参与到战争之中，不仅如此，美国在两次世界大战之中都是战胜国并对整个战争的走向产生了决定性的影响。“在1917年的紧要关头，威尔逊公开表达了美国所能接受的战后和平安排”[47]，随着美国进一步介入战事，威尔逊越来越强调民主政府对战后和平成功的必要性。在二战之中，罗斯福试图通过与英国签订《大西洋宪章》将欧洲国家锁定在一个开放、接受管理的世界秩序上。二战胜利后，美国为应付与苏联关系的恶化又出台了遏制战略，并以自身实力为基础创建开放的世界贸易体系。美国崛起过程中参与国际规则制定的一系列行为都跟美国在战争中获得的实力、地位和荣誉密不可分。相比于美国，中国在崛起过程中并不具备在战争中获得国际地位和国际荣誉的机会，中国自1949年以来在体系层次上始终保持一种和平崛起的态势，也就不会拥有战争带来的独特优势，这也是中美两国在崛起过程中参与国际规则制定面临的不同情况。

第三节　中国参与国际规则制定的现实条件和制约因素

一、现实条件

首先，美国作为霸权国的相对实力下降，"一超多强"中的"一超"性质有所弱化。美国作为国际体系霸权国的地位一直备受关注，国际上关于"单极结构""多极结构"以及"单极—多极结构"的探讨，本质上都是对美国地位的探讨。美国在地缘政治、人口规模和科学技术上的全方位优势是其他大国很难赶超的，中国是最有可能挑战美国霸权地位的国家，但美国学者也认为："即使中国最终在国内生产总值上赶上美国，中美在其他力量能力——技术、军事和地理能力方面的差距，仍将继续保持下去。"[48]可以说，美国的单极霸权还将持续很长时间，但2001年的"9·11"事件也让我们看到了单极霸权的"短处"。"美国对实力的过分依赖、对单边行动的极度推崇、对绝对安全的执意追求，却严重背离了历史发展的客观要求。美国虽然实力超群，但在面对越来越多的类似恐怖主义袭击式的非传统安全和跨国威胁时，单边主义无以保障绝对安全"[49]，越来越多的全球事务是美国无法单独解决的。可以说，尽管不存在也难以出现制衡美国的大国联盟，但美国实力的相对下降以及国际事务的纷繁复杂已经弱化了美国的单极霸权。

其次，现有国际规则的有效性和合法性有待提高。现有国际规则在总体上促进了整个世界的发展，但也在许多方面存在有效性不足的问题。在安全领域，防止核武器扩散机制已经被一些国家所践踏，而大国则对发展核武器的国家采取双重标准，进一步消解了核不扩散规则的有效性和可信性。此外，在国际维和、制止地区冲突和内战上，现有国际机制也效果不彰。反映二战后基本权力格局的联合国的代表性和合法性也有待提高，联合国安理会改革在所难免，但要如何平衡南北方国家的发言权和代表性，还有争议。在国际金融领域，20世纪80年代的拉美债务危机和2008年的国际金融危机为国际社会指出了现有国际金融规则存在的漏洞和问题，也使大家开始质疑国际金融规则的有效性问题。现有国际规则在很多方面有效性不足，2008年国际金融危机暴露出现有国际金融体制在金融监管上的问题。罗伯特·考克斯(Robert Cox)认为："现行国际机制加强了发达国家对世界其他部分的统治，是不公正分配的结果，因而在道德上是应该受到谴责的。"[50]

再次，中国实力的相对上升和相关领域知识、人才的大量供给。2000年以后，中国的经济实力有了巨大的飞跃，国际地位也得到显著提高。中国开始在诸多领域成为国际社会的重要利益攸关方和不可缺少的"问题解决者"。鉴于地位和影响力的上升，中国开始提出自己的治理理念，如"和谐世界""新安全观""人类命运共同体"等。除了多年积累所获得的硬实力以外，中国参与国际规则制定和塑造的重要现实条件也体现在"软实力"上。中国在国际事务中的知识和人才供给也是中国参与国际规则制定的有利条件。世界卫生组织总干事陈冯富珍、世界银行前副行长首席经济学家林毅夫、联合国工业发展总干事李勇、国际货币基金组织副总裁朱民、国际电信联盟秘书长赵厚麟等都是中国在国际组织中人才供给的重要代表。一方面，这是中国国际地位提高的必然结果；另一方面，这些关键职位由中国籍人士担任，也为中国参与国际规则制定提供了更大的话语权和知识、技术支持。

最后，中国在融入国际体系和参与国际规则制定上已经积累了一定的经验。在长期的国际政治实践中，中国积累了相当多的国际经验。中国提出"和平共处五项原则"，这一原则在相当长一段时间里指导了中国处理同周边国家和其他大国的关系。中国在发展援助方面形成的经验、原则在同发达国家的"碰撞中"也逐渐出现同西方发达国家取长补短的局面。中国在南海同东盟各方订立了《南海各方行为准则》，参与了"大湄公河次区域经济合作"与各方一道为湄公河区域经济合作制定规则，促进区域的可持续发展。在国际货币基金组织、国际气候谈判以及治理国际恐怖主义和地区冲突中，中国都形成了具有自身特色的立场和原则，为国际规则的制定和执行注入了中国元素，并发出了中国声音。这些参与国际规则制定的经验，为中国进一步参与国际规则塑造提供了良好的基础。

二、制约因素

首先，中国参与国际规则制定在实力上受限明显。尽管中国的国家实力在近年有了巨大提高，但总的来说，中国现在并不是一个全球性的大国。全球性大国的利益遍布全球，需要拥有全球性的军事投放能力来保护本国利益，对其他地区的事务有浓厚的兴趣。目前，中国并不完全具备这些特点。重要的是，中国现今对深度卷入其他区域的国际事务持相当谨慎的态度，这也使中国在短期内难以成为一个全球性大国。兹比格纽·布热津斯基（Zbigniew Brzezinski）认为："即使到2020年，即使在最好的情况下，中国也不太可能在全球性大国的主要方面真正具有竞争力，然而，尽管如此，中国正在成为东亚地区占主导地位的大国。"[51]短期来看，中国仍将是地区性的大国，但国际规则的辐射范围往往很广，只有全球性的大国才能对国际规则的制定发挥最大的影响力，地区性大国的属性必然限制中国参与全球规则制定的水平。

其次，现有国际规则的广泛性、深入性和自我修复性也是中国参与国际规则制定的限制因素。任何对现有国际规则的改造不是源于现有国际规则的有效性不足问题，就是源于现有国际规则的"非中性"特征，但由于现有国际规则体系的广泛性和自我修复性，对国际规则有效性不足的改变比较容易达成，对国际规则"非中性"的改变则比较困难。英国学派在强调国际社会这一概念的时候，认为国际社会的主要特征是"一组国家（或在更一般的意义上说，一组相互独立的政治共同体）不仅在每方行为都是他方必要考虑因素的意义上组成体系，而且还通过对话和协商确立指导其相互关系的共同规则和制度，并承认维持这些安排符合它们的共同利益"[52]。也就是说，现有国际体系已经实现了从"礼俗社会"向"法理社会"的过渡，国际社会的核心支柱——国际规则和制度——也更多地是"有意识的组织形式"，具有相当的广泛性、自我修复性。中国参与国际规则制定面临着在部分程度上修改现有的由西方国家主导建立的国际体系的任务，但现有国际规则的这种特点使得中国参与国际规则制定和变革面临着很大的客观阻力。

再次，中国面临的复杂的周边地缘环境和领土争端也限制了中国参与国际规则的制定。中国的新疆毗邻阿富汗及中亚地区，这些地区的恐怖主义和极端主义猖獗，联动性、扩散性强，对中国西部的国家安全造成了很大的影响。在西南方向上中国同印度在战略上难以协调，在领土主张上也存在分歧。此外，中国在战略上还面临着美日同盟的高调态势。中国的周边地缘环境非常复杂，需要耗费大量的精力来处理这些复杂的地缘政治问题。地缘政治复杂意味着矛盾冲突点比较多，领土领海争端频仍，这都不利于中国在参与国际规则制定上获得更多的国际支持。

小　结

通过对美国在崛起过程中参与国际规则制定的研究，可以看出，美国在不同阶段参与国际规则制定的实践和策略有所不同。在大国崛起的初期，美国注重价值观推广，占据道德高地，努力塑造国家形象，增强作为大国的感召力。二战后是美国实力的鼎盛期，在这一阶段，美国注重大国协调和国际机制建设。除了以实力为后盾，美国在参与国际规则制定的过程中会提出合理、完备的方案，这些方案既反映了世界发展的基本形势也保障了美国的利益。在大国协调和国际机制难以发挥作用时，美国则组建联盟，主导国际规则制定。冷战后，美国在西方主导的国际机制上作补充和修改，在新领域的规则创制上想要掌握主导权，但在旧机制面前又缺乏主动性和创造性，体现了守成大国维护自身利益的特点。冷战后美国转变为守成的霸权国，参与国际规则制定的角色也由改革者、创新者转变为卫道士。

在分析美国经验以及中国参与国际规则制定面临的现实条件的基础上，我国参与国际规则制定和重塑可以吸取一些经验教训。在实力有限的情况下，中国应注重地区层面的议题设定与规则制定，巩固周边的战略环境，同时，通过“有节制的”和“有策略的”价值观推广提升国家形象。由于中国的主要利益在周边，主要实力辐射范围在周边，因此积极参与中国周边地区的国际规则制定符合中国的现实条件和国家利益，具有更大的可行性。制定地区行为准则就是一个比较好的切入点。另外，参与国际规则制定和塑造，掌握议程设置的话语权也需要有较好的国际形象和道德声誉。中国应该注重推进公共外交，并在地区和国际事务中按照是非曲直决定自身的政策，树立负责任的大国形象。

中国在现有国际规则制定中，如果主流渠道难以推进，可以从替代性的国际或地区规则供给开始，倒逼现有国际规则制定和改革。也就是说，在正面不通的情况下可以考虑从侧面供给规则。在国际金融领域，中国已经牵头成立了金砖银行和亚洲基础设施投资银行。这些做法在一定程度上团结了新兴大国，提升了新兴大国在国际金融领域的话语权，并以行动表达了对现有国际规则的不满，对于促进西方国家改革现有国际金融规则体系有推动作用。

中国应积极参与可以发挥作用的各种双边和多边国际规则制定实践，积累实践经验和相关业务人才。各种双边多边外交实践都是国际规则诞生的重要方式，这些双边多边外交也是新规则诞生的主要场所。中国应该注重参与多边规则制定的实践，切实维护自身利益，积累相关经验并培养出一批熟悉国际规则制定的人才。

中国应在维护和实现自身利益的同时，将短期利益与长远利益相结合，适当地和有选择地作出让步，推进国际和地区规则的创设，把握国际规则制定的主动权。

中国还应加强对新的、非传统国际政治议题的关注，在这些空白和规则不完善的领域中增强话语权，在新规则制定中占据一席之地。例如在国际气候变化和减排等领域，中国应该提供自己的原则和智慧，制定前瞻性的政策计划。此外，在一些国际经济、贸易、技术等新标准的制定上，中国也应该提前作好准备。

注释

1. 本章的主要观点最初发表于连波：《美国参与国际规则制定的历史经验及其启示》，载《美国问题研究》2018 年第 1 期，这里略有改写。

2. 宋徽：《美国对英战略与霸权转移》，载《美国研究》2015 年第 4 期。

3. 梁碧莹：《华盛顿会议与门户开放》，载《美国研究》1995 年第 2 期。

4. 方连庆：《华盛顿会议上英美日争夺远东和太平洋地区霸权的斗争》，载《政治研究》1986 年第 1 期。

5. [美]威廉·麦克尼尔：《美国、英国和俄国：它们之间的冲突与合作 1941—1946 年》（上），叶佐译，上海译文出版社 1978 年版，第 56 页。

6. The U.S. Department of State, ed., *Foreign Relations of the United States Diplomatic Papers*, 1943, Vol.3, pp.35—36.

7. Herbert Feis, "The China Tangle: the American Effort in China from Pearl Har-

bor to the Marshall Mission", *The Western Political Quarterly* Princeton N.J.: Princeton University Press, 1953, p.98.

8. 潘忠岐:《国际政治学理论解析》,上海人民出版社 2015 年版,第 217 页。

9. Stephen M.Walt, "The Ties That Fray: Why Europe and America are Drifting Apart", *The National Interest*, No.54, Winter 1998/1999, pp.3—11.

10. John Maynard Keynes, *The Economic Consequences of the Peace*, London: Macmillan, 1919, p.220.

11. 赵柯:《试论大国经济外交的战略目标——美国经济外交与大英帝国的崩溃》,载《欧洲研究》2014 年第 4 期。

12. 李世安:《布雷顿森林体系与特里芬难题》,载《世界历史》2009 年第 6 期。

13. 李向阳:《布雷顿森林体系的演变与美元霸权》,载《世界经济与政治》2005 年第 10 期。

14. 赵柯:《试论大国经济外交的战略目标——美国经济外交与大英帝国的崩溃》。

15. The U.S. Department of State, ed., *Foreign Relations of the United States Diplomatic Papers*, 1945, Vol.6, p.91.

16. The U.S. Department of State, ed., *Foreign Relations of the United States Diplomatic Papers*, 1947, Vol.1, pp.961—964.

17. 刘德斌:《国际关系史》,高等教育出版社 2003 年版,第 510 页。

18. [美]罗伯特·基欧汉:《霸权之后:世界政治经济中的合作与纷争》,苏长和等译,上海人民出版社 2006 年版,第 174 页。

19. [美]约翰·米尔斯海默:《大国政治的悲剧》,王义桅等译,上海人民出版社 2008 年版,第 157 页。

20. 李要伟:《冷战后美国同盟政策考察》,载《国际论坛》2003 年第 2 期。

21. 陈德铭等:《经济危机与规则重构》,商务印书馆 2014 年版,第 67 页。

22. 制度非中性指"同一制度对不同人意味着不同的事情。在同一制度下不同的人或人群所获得的往往是各异的东西,而那些已经从既定制度中、或可能从未来某种制度安排中获益的个人或集团,无疑会竭力去维护或争取之。"参见张宇燕:《利益集团与制度非中性》,载《改革》1994 年第 2 期。

23. 徐秀君:《TPP 谈判为国有企业立规则:一把双刃剑》,载《世界知识》2014 年第 16 期。

24. 薄燕:《原则与规则:全球气候变化治理机制的变迁》,载《世界经济与政治》2014 年第 2 期。

25. Gwynne Taraska, "US Priorities at UN Climate Talks: A Backgrounder", *Chinadialogue*, Del.2, 2015, https://www.chinadialogue.net/article/show/single/en/8378-US-priorities-at-UN-climate-talks-a-backgrounder.

26. 赵伟明:《美国的核不扩散政策》,载《国际观察》2001 年第 5 期。

27. 卓华:《美国核政策调整与国际核不扩散机制的前景》,载《太平洋学报》2011 年第 4 期。

28. 汪晓风:《美国网络安全战略调整与中美新型大国关系的构建》,载《现代国际关系》2015 年第 6 期。

29. Pape Robert Anthony, "Soft Balancing against the United States", *International Security*, Vol.30, No.1, 2005, pp.36—38.

30. 颜声毅:《当代中国外交》,复旦大学出版社 2011 年版,第 339 页。

31. 张爽:《美国崛起的若干历史经验及对中国的启示》,载《中国党政干部论坛》2014 年第 10 期。

32. 同上。

33. 赵柯:《试论大国经济外交的战略目标——美国经济外交与大英帝国的崩溃》。

34. 赵晓春:《国际秩序转型背景下的大国斗争刍议》,载《现代国际关系》2014 年第 7 期。

35. 刘军:《孤立主义及其对当代美国大战略的影响》,载《教学与研究》2011 年第 7 期。

36. 张也白:《孤立主义与美国对亚洲的干涉》,载《美国研究》1991 年第 3 期。

37. 同上。

38. 戴秉国:《中国坚持走和平发展道路》,载《红旗文稿》2011 年第 1 期。

39. 叶自成:《关于韬光养晦和有所作为》,载《太平洋学报》2002 年第 1 期。

40. 王辑思:《中国的国际定位问题与"韬光养晦有所作为"的战略思想》,载《国际问题研究》2011 年第 2 期。

41. Floud Roderick, *The People and the British economy*, *1830—1914*, New York: Oxford University Press, 1997, p.119.

42. John Keegan, *The Price of Admiralty*, New York: Penguin, 1988, pp.112—113.

43. Athur Herman, "The 'Myth' of British Sea power", *Orbis*, Vol.49, No.2, Spring 2005, pp.337—352.

44. Joseph S. Nye, "1914 Revisited?" *Project Syndicate*, January 13, 2014.

45. [英]爱德华·卡尔:《两次世界大战之间的国际关系(1919—1939)》,商务印书馆 2010 年版,第 107 页。

46. [美]查尔斯·P.金德尔伯格:《1929—1939 年世界经济萧条》,上海译文出版社 1986 年版,第 348 页。

47. [美]约翰·伊肯伯里:《大战胜利之后:制度、战略约束与战后秩序重建》,门洪华译,北京大学出版社 2008 年版,第 113 页。

48. [美]斯蒂芬·布鲁克斯、威廉·C.沃尔福斯:《新罗马帝国来临?美国政治学家评当今美国的霸权地位》,辛本健译,载《国际展望》2002 年第 16 期。

49. 潘忠岐:《"美国霸权治下的和平"与"新帝国论"的神话》,载《美国研究》2003 年第 3 期。

50. Robert Cox, "Social Forces, State and World Order: Beyond International Relations Theory", in Robert Keohane, ed., *Neorealism and Its Critic*, New York: Columbia University Press, 1986, pp.224—248.

51. [美]兹比格纽·布热津斯基:《大棋局:美国的首要地位及其地缘战略》,上海人民出版社 2007 年版,第 134 页。

52. Buzan Barry, "From International System to International Society: Structural Realism and Regimes Theory Meet the English School", *International Organization*, Vol.47, No.3, June 1993, pp.327—352.

第四章
中国对当代国际关系一般规则的理念贡献

新中国成立以来，中国历代领导人不仅开创性地走出了一条具有中国特色的外交道路，而且通过不断总结和归纳，提出了很多用于指导当代国际关系和中国外交的思想和理念。毛泽东、周恩来关于和平共处五项原则的理念，邓小平关于和平与发展是时代主题的理念，江泽民关于国际关系民主化、新安全观和国际政治经济新秩序的理念，胡锦涛关于和谐世界的理念，习近平关于中美新型大国关系和人类命运共同体的理念等，都不仅准确地把握住了时代潮流，顺应了天下大势，而且凝练地表达了在特定历史阶段中国有关处理国际关系的基本规则、规范和理念，并高屋建瓴地为中国的外交实践确立了指导原则。

第一节　和平共处五项原则

新中国成立后，为了维护世界和平，缔造一个和平的周边和国际环境，毛泽东和周恩来创造性地提出了"和平共处五项原则"，即互相尊重主权和领土完整、互不侵犯、互不干涉内政、平等互利、和平共处。和平共处五项原则既被中国用作推行外交政策的准则，也被中国明确宣称为重建国际秩序的指南。和平共处五项原则不仅被历代中国领导人所倡导和传承，而且被确立为构建人类命运共同体的基本原则。

和平共处五项原则的思想最初是由毛泽东阐发的。早在 1945 年 4 月，毛泽东在中共七大的政治报告中就明确指出："中国共产党的外交政策的基本原则，是在彻底打倒日本侵略者，保持世界和平，互相尊重国家的独立和平等地位，互相增进国家和人民的利益及友谊这些基础之上，同各国建立并巩固邦交。"[1] 1949 年 1 月 19 日，毛泽东在审阅中共中央关于外交问题的指示稿时明确指出:"不允许任何外国及联合国干涉中国内政。因为中国是独立国家,中国境内之事,应由中国人民及人民的政府自己解决。"[2] 1949 年 4 月,毛泽东在为中国人民解放军总部发言人起草的声明中进一步指出:"中国人民革命军事委员会和人民政府愿意考虑同各外国建立外交关系,这种关系必须建立在平等、互利、互相尊重主权和领土完整的基础上。"[3] 1949 年 10 月 1 日,毛泽东在开国大典上又庄严宣告:"凡愿遵守平等、互利及互相尊重领土主权等项原则的任何外国政府,本政府均愿与之建立外交关系。"[4] 毛泽东在阐述中国共产党和新中国的对外政策时,反复强调互相尊重国家主权和领土完整、不干涉内政、平等互利的重要性,从而为和平共处五项原则的正式提出作出了不可或缺的贡献。[5]

和平共处五项原则的首次提出是在 1953 年 12 月 31 日。周恩来在接见印度代表团时明确指出:"新中国成立后就确立了处理中印两国关系的原则,那就是互相尊重领土主权、互不侵犯、互不干涉内政、平等互惠和和平共处的原则。"[6] 和平共处五项原则第一次以国际条约的形式被确定为指导国家间关系的准则是在 1954 年 4 月 29 日中印签订的《中印关于中国西藏地方和印度之间的通商和交通协定》中。该协定明确宣布:"双方同意基于(一)互相尊重领土主权、(二)互不侵犯、(三)互不干涉内政、(四)平等互惠、(五)和平共处的原则,缔结本协定。"随后,周恩来在 1954 年 6 月访问印度和缅甸的过程中重申了和平共处五项原则。中印联合声明指出:"这些原则不仅适用于各国之间,而且适用于一般国际关系之中,它们将形成和平和安全的坚固基础。"中缅联合声明指出:"如果这些原则能为一切国家所遵守,则社会制度不同的国家的和平共处就有了保证。"[7] 和平共处五项原则逐步被国际社会接受为处理国家间关系的基本原则始于 1955 年 4 月的万隆会议。周恩来不仅通过提出"求同存异"打破了会议的僵局,而且提出应以和平共处五项原则为基础建立国家间的友好合作。他说:"在亚非国家中是存在有不同的思想意识和社会制度的,但这并不碍我们求同存异和团结";"五项原则完全可以成为我们中间建立友好合作和亲善睦邻关系的基础"。[8] 在周恩来的斡旋和感召下,万隆会议通过了以和平共处五项原则为基础的"和平相处十项原则"。

和平共处五项原则自提出之日起便成为中国处理国家间关系的指导原则，并被全国人民代表大会列入宪法，成为中国的基本国策。中国在与世界各国建立和发展外交关系的过程中，一直坚持和平共处五项原则。例如，1972年2月美国总统理查德·尼克松(Richard Mixon)访华，并与中国在上海发表《中华人民共和国和美利坚合众国联合公报》(以下简称《上海公报》)。该公报就明显体现了和平共处五项原则的精神。通过《上海公报》，中美两国向全世界宣布："中美两国的社会制度和对外政策有着本质的区别，但是双方同意，各国不论社会制度如何，都应该根据尊重各国主权和领土完整、不侵犯别国、不干涉别国内政、平等互利、和平共处的原则来处理国与国之间的关系。"中国的外交实践证明，只要遵循和平共处五项原则，即使社会制度和意识形态不同、历史文化传统和宗教信仰不同、经济社会发展水平不同的国家，也可以建立起相互信任和友好合作的关系。[9]

和平共处五项原则作为中国处理一切国家关系的基本准则和独立自主和平外交政策的基础，被历代领导人所倡导和传承。毛泽东强调说："应当把五项原则推广到所有国家的关系中去。"[10]邓小平在总结国际关系的历史经验时指出："处理国与国之间的关系，和平共处五项原则是最好的方式。……总结国际关系的实践，最具有强大生命力的就是和平共处五项原则。"[11]邓小平在1974年联合国大会发言中，特别强调了遵循"和平共处五项原则"发展国际政治经济关系的重要性。[12]冷战结束后，中国通过这五项原则，推动世界的多极化进程。针对西方质疑和平共处五项原则是否依然有效的各种论调，江泽民曾反驳说："只要世界上还存在国界，人们分别在各自的国家中生活，维护国家的独立和主权就是每个国家政府和人民的最高利益。"他因而指出："只有遵循互相尊重主权和领土完整、互不侵犯、互不干涉内政、平等互利、和平共处五项原则，严格遵行联合国宪章的宗旨和原则，世界各国才能真正和睦相处。"[13]因此，中国必须"始终把国家的主权和安全放在第一位"[14]。胡锦涛也一再强调和平共处五项原则是世界和平与安全的重要政治基础。他在和平共处五项原则提出50周年之际说："和平共处五项原则的诞生，是20世纪国际关系史上的一个创举，对人类和平与发展事业作出了重要贡献。半个世纪以来，和平共处五项原则经受了历史的考验，得到了国际社会的广泛认同，已经成为处理国与国关系的重要准则。在人类社会进入新世纪的今天，和平共处五项原则对于维护世界和平、促进共同发展，仍然具有重大的现实指导意义。”[15]习近平更是在纪念和平共处五项原则发表60周年的讲话中强调，提出和平共处五项原则是“国际关系史上的重大创举，为推动建立公正合理的新型国际关系作出了历史性贡献”。他还说：“60年来，和平共处五项原则不仅在中国、印度、缅甸生根发芽、深入人心，而且走向亚洲、走向世界，中国、印度、缅甸都为此作出了重要贡献。中方认为，总结国际关系实践，和平共处五项原则是具有强大生命力的。印方认为，如果和平共处五项原则在所有国家相互关系中获得认可，那么世界就几乎不会有任何冲突和战争。缅方表示，和平共处五项原则对一切国家都是适当的指导原则。”因此，习近平强调，要继续坚持和弘扬和平共处五项原则。[16]

和平共处五项原则最初是为处理中国与亚非新独立国家的关系而提出来的，但它提出之后很快就被中国领导人当作国家对外政策的基石和处理国与国关系的普遍准则。在当时，提出和平共处五项原则的意义不仅在于帮助中国更大限度地扩展影响力（尽管只局限于对一些第三世界国家）和团结第三世界（“三个世界”的划分和“两个中间地带”思想的提出也是中国在这一时期对世界秩序的思想贡献），而且在于在美苏维持主导地位的前提下，为亚洲、非洲和拉丁美洲新独立的发展中国家提供了一种替代意识形态，这种意识形态为冷战期间第三世界的“不结盟运动”和发展中国家提出的“国际经济新秩序计划”奠定了重要基础。新中国成立之初，中国主要是作为现行世界秩序的反对者出现的，中国对国际规范的意象也是以反对面目出现的，如反对“殖民主义、帝国主义和霸权主义”，当然还有“修正主义”。在江忆恩提及的五种主要国际规范（主权、自由贸易、核不扩散和军备控制、民族自决权和人权）中[17]，中国在参与世界秩序第一阶段唯一真正内化的大概只有主权原则。与大多数新独立国家不同的是，中国并不甘于受当时国际体系和世界秩序的摆布，虽然无力改变自身的国际地位和国际权力分配格局，但中国却在观念层面上迈出了重要一步，提出了至今仍然指导包括中国在内很多国家外交实践的和平共处五项原则。经过60多年的历史考验，事实证明，和平共处五项原则是具有强大生命力的政策、原则和规范，是中国在最困难时期对管理国家间关系基本规则的有力贡献。

和平共处五项原则作为一种开放包容的国际法原则，集中体现了主权、正义、民主、法治的价值观，因此是构建人类命运共同体的重要指导原则。正如习近平指出的："和平共处五项原则精辟体现了新型国际关系的本质特征，是一个相互联系、相辅相成、不可分割的统一体，适用于各种社会制度、发展水平、体量规模国家之间的关系。"因此，1955年，万隆会议通过的十项原则是对和平共处五项原则的引申和发展。20世纪60年代兴起的"不结盟运动"把和平共处五项原则作为指导原则。1970年和1974年联合国大会通过的有关宣言都接受了和平共处五项原则。和平共处五项原则为当今世界一系列国际组织和国际文件所采纳，得到国际社会广泛赞同和遵守。和平共处五项原则已经成为国际关系基本准则和国际法基本原则。为此，习近平强调，世界各国必须继续坚持和弘扬和平共处五项原则。他说："新形势下，和平共处五项原则的精神不是过时了，而是历久弥新；和平共处五项原则的意义不是淡化了，而是历久弥深；和平共处五项原则的作用不是削弱了，而是历久弥坚。"[18]

第二节　和平与发展是时代主题

改革开放后，为了更好地争取和平的国际环境，一心一意地搞现代化建设，邓小平开创性地提出"和平与发展是时代主题"的判断。这一理念不仅直接用于指导中国的改革开放和社会主义现代化建设，而且成为中国确立独立自主的和平外交政策的重要依据。"和平与发展是时代主题"的理念为历代领导人所倡导和传承，是处理当代国际关系和构建人类命运共同体的重要前提。

邓小平提出"和平与发展是时代主题"的理念，是他依据马克思主义的世界观与方法论，结合中国社会主义现代化建设的基本国情，分析国际关系中战争因素与和平力量此消彼长的发展趋势的过程中逐步形成的。早在1977年，邓小平就讲道："可以争取延缓战争的爆发。"尽管邓小平当时并不认为世界大战是可以避免的，并因此提醒要为战争作准备，防备别人早打、大打，但他认为战争是可以推迟的。1977年12

月28日，邓小平在中央军委全体会议上指出："国际形势也是好的。我们有可能争取多一点时间不打仗。因为我们有毛泽东同志的关于划分三个世界的战略和外交路线，可以搞好国际的反霸斗争。另一方面，苏联的全球战略部署还没有准备好。美国在东南亚失败后，全球战略目前是防守的，打世界大战也没有准备好。所以，可以争取延缓战争的爆发。"[19]党的十一届三中全会确立了改革开放的大政方针，并使"解放思想、实事求是"的思想路线得以恢复。在邓小平倡导的"解放思想、实事求是"思想路线的指引下，党和国家的工作重心从"以阶级斗争为纲"转移到了"以经济建设为中心"上来。邓小平通过冷静观察国际局势的发展变化，突破性地提出，世界和平力量的增长超过了战争因素的增长，因此，在较长时期内不发生大规模世界战争是可能的。1982年邓小平讲道："战争的因素在增长，但制约战争的因素也在增长。"[20]1984年10月31日，邓小平会见缅甸总统吴山友时指出："国际上有两大问题非常突出，一个是和平问题，一个是南北问题。还有其他许多问题，但都不像这两个问题关系全局，带有全球性、战略性的意义。现在世界是北方发达、富裕，南方不发达、贫困，而且相对地说，富的愈来愈富，穷的愈来愈穷。"[21]1985年3月4日，邓小平在会见日本代表团时进一步明确指出："现在世界上真正大的问题，带全球性的战略问题，一个是和平问题，一个是经济问题或者说发展问题。和平问题是东西问题，发展问题是南北问题。概括起来，就是东南西北四个字。"[22]这个判断是邓小平对新时期时代特征和主题的高度概括，是对"和平与发展是时代主题"思想的完整阐释。1987年5月，邓小平进一步指出："对于总的国际局势，我的看法是，争取比较长期的和平是有可能的，战争是可以避免的。"他还说："一九七八年我们制定一心一意搞建设的方针，就是建立在这样一个判断上的。"[23]邓小平提出的"和平与发展是时代主题"的理念不仅改变了中国长期以来对世界局势的传统看法，而且为中国的改革开放和外交实践奠定了重要的思想基础。

于是，"和平与发展是时代主题"的理念在1987年党的十三大上第一次被正式写入决议，成为指导中国内政与外交的基本方针。党的十三大报告指出："十一届三中全会以来，我们党在对社会主义再认识的过程中，在哲学、政治经济学和科学社会主义等方面，发挥和发展了一系列科学理论观点。”其中，包括“关于和平与发展是当代世界的主题的观点”。此后，历次党的代表大会都会重申“和平与发展是时代主题”的基本判断。1992年，党的十四大报告指出：“和平与发展仍然是当今世界两大主题。发展需要和平，和平离不开发展。”1997年党的十五大报告指出：“和平与发展已成为当今时代的主题，世界格局正在走向多极化，争取较长时期的国际和平环境是可能的。”2002年，党的十六大报告指出：“和平与发展仍是当今时代的主题。”2007年，党的十七大报告指出：“和平与发展仍然是时代主题，求和平、谋发展、促合作已经成为不可阻挡的时代潮流。”2012年，党的十八大报告指出：“当今世界正在发生深刻复杂变化，和平与发展仍然是时代主题。”

在邓小平关于“和平与发展是时代主题”的理念指导下，中国逐步形成了独立自主的和平外交政策和走和平发展道路的战略选择。正是基于“和平与发展是时代主题”的理念，中国才把外交政策的根本宗旨和主要目标确立为维护世界和平，促进共同发展。邓小平明确指出：“中国对外政策的目标是争取世界和平。在争取和平的前提下，一心一意搞现代化建设，发展自己的国家，建设具有中国特色的社会主义。”[24]为此，邓小平提出，必须把独立自主当作中国对外战略的根本原则。他在1982年党的十二大开幕词中说：“中国的事情要按照中国的情况来办，要依靠中国人自己的力量来办。独立自主，自力更生，无论过去、现在和将来，都是我们的立足点。”[25]1985年6月，邓小平在中央军委扩大会议上的讲话中进一步明确指出：“过去有一段时间，针对苏联霸权主义的威胁，我们搞了‘一条线’的战略，就是从日本到欧洲一直到美国这样的‘一条线’。现在我们改变了这个战略，这是一个重大的转变。”这就是“我们奉行独立自主的正确的外交路线和对外政策”。[26]邓小平还强调：“中国的对外政策是独立自主的，是真正的不结盟。中国不打美国牌，也不打苏联牌，中国也不允许别人打中国牌。”[27]由此，坚持独立自主的和平外交政策成为中国对外交往的重要方针。

同样，正是基于“和平与发展是当今时代主题”的理念，中国提出要坚定不移地走和平发展道路，既通过维护世界和平来发展自己，又通过自身的发展来促进世界和平。在和平与发展的时代，求和平、谋合作、促发展成为世界各国人民共同奋斗的目标。良好的国际环境为中国提供了重要的战略机遇期。随着改革开放的不断深入,中国更加积极主动地融入国际体系,不断由世界秩序的反对者和革命者变成建设者和利用者。为了消除国际上的“中国威胁论”,中国明确提出了“和平崛起”的设想。[28]2004 年 4 月 24 日,胡锦涛在博鳌亚洲论坛的开幕式上正式提出中国要走“和平发展道路”。他说:“中国的发展离不开亚洲,亚洲的繁荣也需要中国。中国将坚持和平发展的道路,高举和平、发展、合作的旗帜,同亚洲各国共创亚洲振兴的新局面,努力为人类和平与发展的崇高事业作出更大的贡献。”[29]2005 年 3 月 5 日,温家宝在政府工作报告中进一步指出:中国“将坚定不移地走和平发展道路,坚持独立自主的和平外交政策,奉行互利共赢的开放战略,同世界各国一道,为促进人类文明进步,增进各国人民的福祉和建设一个持久共同和平、共同繁荣的和谐世界而不懈努力”。2005 年 12 月,中国政府发表《中国的和平发展道路》白皮书,更加全面地阐释了中国坚持走和平发展道路的决心。[30]

“和平与发展是当今时代主题”的理念不仅是中国外交实践的重要指南,而且是中国提出构建人类命运共同体的重要思想基础。任何世界秩序都需要解决世界的和平与发展问题。冷战结束以来,尽管国际关系中的不公正不平等现象仍很突出,全球性挑战层出不穷,各种地区冲突和局部战争此起彼伏,不少国家的民众特别是儿童依然生活在战火硝烟之中,不少发展中国家人民依然承受着饥寒的煎熬,但和平、发展、合作、共赢已经成为当今世界的时代潮流,“国际社会日益成为你中有我、我中有你的命运共同体”[31]。因此,习近平 2015 年 9 月 26 日在联合国发展峰会上的讲话中强调:“环顾世界,和平与发展仍然是当今时代两大主题。要解决好各种全球性挑战,包括最近发生在欧洲的难民危机,根本出路在于谋求和平、实现发展。面对重重挑战和道道难关,我们必须攥紧发展这把钥匙。唯有发展,才能消除冲突的根源。唯有发展,才能保障人民的基本权利。唯有发展,才能满足人民对美好生活的热切向往。”[32]进而,习近平 2015 年 9 月 28 日在联合国大会一般性辩论的讲话中提出,要“携手构建合作共赢新伙伴,同心打造人类命运共同体”[33]。

第三节　国际关系民主化、新安全观与国际政治经济新秩序

冷战结束后，面对全新的国际环境，江泽民明确提出建立公正合理的国际政治经济新秩序的理念，呼吁世界各国顺应世界多极化和经济全球化的发展潮流，尊重和维护世界多样性，倡导各国发展模式多样化，推进国际关系民主化，倡导新安全观。这些理念不仅直接用于指导中国妥善处理复杂多变的国际形势，而且帮助中国全面展开伙伴关系战略，为中国的和平发展赢得了重要的战略机遇期。江泽民关于建立公正合理的国际政治经济新秩序的理念是对老一辈革命家相关思想的继承和发扬，并为随后中国领导人进一步提出构建和谐世界和人类命运共同体的理念奠定了重要基础。

早在1991年，江泽民在庆祝中国共产党成立七十周年大会上的讲话中就提出要建立公正合理的国际政治经济新秩序。他说："我们要同世界各国和各国人民一道，为在和平共处五项原则的基础上建立国际政治经济新秩序，作出积极的贡献。"[34] 1992年在党的十四大报告中，江泽民进一步提出关于建立国际政治经济新秩序的初步构想。他说："根据历史经验和现实状况，我们主张在互相尊重主权和领土完整、互不侵犯、互不干涉内政、平等互利、和平共处等原则的基础上，建立和平、稳定、公正、合理的国际新秩序。"[35] 1995年，江泽民在联合国成立50周年特别纪念会议上，全面阐述了国际政治经济新秩序的内涵。他指出："半个世纪的经验和教训，联合国宪章的宗旨和原则，和平与发展的时代主题，向我们提出庄严而迫切的要求。"为此，我们"要创造安全可靠、长期稳定的国际和平环境"，"要恪守以主权平等和互不干涉内政为核心的国际关系准则"，"要建立互利互补、共同发展的新型国际经济关系"，"要造成自主选择、求同存异的国际和谐局面"，"要共同对付人类生存和发展面临的挑战"。接着，江泽民强调："我们认为，各国人民所期待建立的国际政治经济新秩序，应该包括上述内容。"[36] 2000年，在联合国千年首脑会议上，江泽民进一步指出："延续近半个世纪的冷战已经结束，国际局势总体上趋于缓和，世界多极化和经济全球化的趋

势正在迅速发展，……追求和平与发展是世界各国人民的共同愿望，也是我们这个时代的主题。但是，不公正不合理的国际政治经济旧秩序还未得到根本改变，要解决和平与发展这两大战略性问题，建立公正合理的国际政治经济新秩序，仍然任重道远。”[37] 2002 年，在德国外交政策协会的演讲中，江泽民全面阐释了有关建立公正合理的国际政治经济新秩序的具体路径。他首先强调：“维护世界和平、促进共同发展的正确途径是：顺应时代潮流和各国人民的意愿，因势利导，积极推动建立公正合理的国际政治经济新秩序。”接着，他指出要积极推动建立公正合理的国际政治经济新秩序，各国政府和人民应该在以下方面共同作出努力：“积极推动世界走向多极化，尊重各国和各国人民的意愿和利益”；“推进国际关系民主化，凝聚各国人民的力量解决面临的突出问题”；“尊重世界多样性，保证各国和睦相处、互相尊重”；“正确引导经济全球化，促进各国实现共同发展”；“树立以互信、互利、平等、协作为核心的新安全观，努力营造长期稳定的和平国际环境”。[38]

江泽民关于建立公正合理的国际政治经济新秩序的理念特别强调，要超越冷战思维，顺应世界多极化和经济全球化的发展趋势，反对一切形式的霸权主义和强权政治，让新的世界秩序以“和平、稳定、公正、合理”为基本指向。江泽民认为，建立公正合理的国际政治经济新秩序必须以和平共处五项原则为基础，坚持国际关系民主化。所谓国际关系民主化，就是“全球性问题需要各国共同解决，全球性挑战需要各国合作应对。……各国的事情要由各国人民作主，国际上的事情要由各国平等协商。在事关世界和地区和平的重大问题上，应该按照联合国宪章的宗旨和原则以及公认的国际关系基本准则，坚持通过协商谈判和平解决争端”[39]。江泽民提倡：“无论是维护世界和平，还是促进共同发展，都要在国际事务中提倡和贯彻民主原则。”[40] 只有推进国际关系民主化，才能凝聚各国人民的智慧和力量，解决人类共同面临的全球性问题，维护世界和平，促进共同发展。江泽民认为，建立公正合理的国际政治经济新秩序必须用新安全观取代旧安全观。他说：“历史告诉我们，以军事联盟为基础、以加强军备为手段的旧安全观，无助于保障国际安全，更不能营造世界的持久和平。这就要求必须建立适应时代需要的新安全观，并积极探索维护和平与安全的新途径。”江泽民进而指出:“我们认为,新安全观的核心,应该是互信、互利、平等、协作。”[41]江泽民还强调:“和平不能依靠武力来实现,更不能依靠军事同盟来维持。打破国际战略平衡,发展尖端武器系统,只会引发军备竞赛,危害世界和平。强化和扩大军事同盟,只会制造更多不稳定因素,损害国际安全。任何国家都不能把自己的安全建立在损害他国安全利益的基础之上。摒弃冷战思维,破除唯武器论,各国各地区树立并贯彻以互信、互利、平等、协作为核心的新安全观,才能确保世界的和平、稳定、繁荣。”[42]另外,江泽民认为,要建立公正合理的国际政治经济新秩序必须主要依靠发展中国家。他把发展中国家看作维护世界和平、推动建立公正合理的国际政治经济新秩序的主力军。他说:“第三世界虽然面临不少困难,但仍然是国际舞台上的一支重要力量。第三世界国家地大物博,人口众多,具有巨大的发展潜力。他们占联合国成员国的绝大多数,是霸权主义和强权政治、不公正不合理的国际政治经济旧秩序的最大受害者,是反对霸权主义、维护世界和平、推动建立公正合理的国际政治经济新秩序的主力军。”[43]

江泽民提出建立公正合理的国际政治经济新秩序,既是对时代潮流的顺应,也是对中国老一辈领导人要变革国际秩序的相关思想的传承。冷战结束后,国际社会呼唤新的、更加公正合理的国际秩序。就像江泽民反复指出的:“世界要和平,人民要合作,国家要发展,社会要进步,是我们这个时代的潮流。”[44]“中国人民和各国人民都渴望世界持久和平,渴望过上稳定安宁的生活,渴望建立公正合理的国际新秩序,渴望实现国际关系的民主化,渴望促进共同发展和共同繁荣,共创人类美好的未来。”[45]因此,江泽民提出建立公正合理的国际政治经济新秩序的理念,迎合了时代的需要。同时,从毛泽东到邓小平,中国老一辈领导人一直致力于变革不公正、不合理的国际秩序。尽管毛泽东和邓小平本人并没有直接阐述理想的国际政治秩序应该是什么样的,但他们都非常强烈地感觉到要变革旧的国际秩序,建立新的国际秩序。毛泽东倡导和平共处五项原则,并提出“三个世界”的理论,其中就有重构国际秩序的涵义。邓小平 1988 年在会见印度总理拉吉夫·甘地时指出:“世界总的局势在变,各国都在考虑相应的新政策,建立新的国际秩序。”“世界上现在有两件事情要同时做,一个是建立国际政治新秩序,一个是建立国际经济新秩序。”[46]

中国坚信，新的世界秩序必须顺应时代发展的潮流，包括世界多极化、经济全球化、文化多样化和社会信息化等趋势，必须坚持和平共处五项原则，推进国际关系民主化，让新安全观取代旧安全观。因此，胡锦涛指出，要“推动建设持久和平、共同繁荣的和谐世界”，必须“在国际关系中弘扬民主、和睦、协作、共赢精神，政治上相互尊重、平等协商，共同推进国际关系民主化；经济上相互合作、优势互补，共同推动经济全球化朝着均衡、普惠、共赢方向发展；文化上相互借鉴、求同存异，尊重世界多样性，共同促进人类文明繁荣进步；安全上相互信任、加强合作，坚持用和平方式而不是战争手段解决国际争端，共同维护世界和平稳定；环保上相互帮助、协力推进，共同呵护人类赖以生存的地球家园”。[47]习近平指出，要“打造人类命运共同体”，我们需要“建立平等相待、互商互谅的伙伴关系。……大国之间相处，要不冲突、不对抗、相互尊重、合作共赢。大国与小国相处，要平等相待，践行正确义利观，义利相兼，义重于利”。我们需要“营造公道正义、共建共享的安全格局。……摒弃一切形式的冷战思维，树立共同、综合、合作、可持续安全的新观念”。我们需要“谋求开放创新、包容互惠的发展前景。……大家一起发展才是真发展，可持续发展才是好发展。”我们需要“促进和而不同、兼收并蓄的文明交流。……只有在多样中相互尊重、彼此借鉴、和谐共存，这个世界才能丰富多彩、欣欣向荣”。我们还需要“构筑尊崇自然、绿色发展的生态体系。……实现世界的可持续发展和人的全面发展”。[48]

第四节　和 谐 世 界

21世纪以来，中国明确提出要在国内建立和谐社会，并把这种理念外化到国际层次，提出建立和谐世界的明确主张。胡锦涛明确提出，中国高举和平、发展、合作的旗帜，奉行独立自主的和平外交政策，坚定不移地走和平发展道路，坚持实施互利共赢的对外开放战略，以合作谋和平、以合作促发展，推动建设一个持久和平、共同繁荣的和谐世界。和谐世界理念既为中国坚持走和平发展道路确立了外交方针，也为处理国家间关系和推进国际秩序向更加公正合理的方向发展指明了方向。这一理念是对和平共处五项原则、和平与发展是时代主题和建立公正合理的国际政治经济新秩序等理念的继承和发扬，并为人类命运共同体奠定了重要的理论基础。

2005年4月22日，在亚非峰会上胡锦涛首次提出了和谐世界的概念，他呼吁亚非国家“推动不同文明友好相处、平等对话、发展繁荣，共同构建一个和谐世界”[49]。2005年7月1日，中俄两国签署关于21世纪国际秩序的联合声明，双方一致承诺将“建设发展与和谐的世界”[50]，和谐世界的理念开始逐渐进入国际社会的视野。2005年9月15日，在联合国成立60周年首脑会议上，胡锦涛发表题为《努力建设持久和平、共同繁荣的和谐世界》的重要讲话，系统阐述了建设和谐世界的重要思想，明确向国际社会提出建设和谐世界的倡议。他说：“历史昭示我们，在机遇和挑战并存的重要历史时期，只有世界所有国家紧密团结起来，共同把握机遇、应对挑战，才能为人类社会发展创造光明的未来，才能真正建设一个持久和平、共同繁荣的和谐世界。”为此，他提出，世界各国应“坚持多边主义，实现共同安全”；“坚持互利合作，实现共同繁荣”；“坚持包容精神，共建和谐世界”；“坚持积极稳妥方针，推进联合国改革”。胡锦涛呼吁：“在人类漫长的发展史上，各国人民的命运从未像今天这样紧密相连、休戚与共。共同的目标把我们联结在一起，共同的挑战需要我们团结在一起。让我们携手合作，共同为建设一个持久和平、共同繁荣的和谐世界而努力！”[51]此后，胡锦涛在国内外各种重大场合积极倡导和强调中国的和谐世界理念。特别是，在2007年党的十七大报告中，胡锦涛指出：“共同分享发展机遇，共同应对各种挑战，推进人类和平与发展的崇高事业，事关各国人民的根本利益，也是各国人民的共同心愿。”因此，“我们主张，各国人民携手努力，推动建设持久和平、共同繁荣的和谐世界”[52]。在2012年党的十八大报告中，胡锦涛进一步强调：“人类只有一个地球，各国共处一个世界。历史昭示我们，弱肉强食不是人类共存之道，穷兵黩武无法带来美好世界。要和平不要战争，要发展不要贫穷，要合作不要对抗，推动建设持久和平、共同繁荣的和谐世界，是各国人民共同愿望。”[53]

胡锦涛关于和谐世界的理念是一个完整的体系，涉及政治、经济、文化、安全和环境五大领域。在政治领域，和谐世界的理念认为，各国应相互尊重、平等协商，共同推进国际关系民主化。国家不分大小、强弱、贫富，都是国际社会平等成员，都应受到国际社会尊重。各国应该遵循联合国宪章确定的宗旨和原则，恪守国际法和公认的国际关系准则，在国际关系中弘扬民主、和睦、协作、共赢的精神。各国人民都有自主选择社会制度和发展道路的权利。在经济领域，和谐世界的理念认为，各国应相互合作、优势互补，共同推动经济全球化朝着均衡、普惠、共赢的方向发展。努力建立公正、公开、合理、非歧视的多边贸易体制，使经济全球化成果惠及世界各国。在文化领域，和谐世界的理念认为，各国要相互借鉴、求同存异，尊重世界多样性。不同文明间要进行对话和交流，消除意识形态偏见和隔阂，共同促进人类文明繁荣发展。在安全领域，和谐世界的理念认为，各国应相互信任、加强合作，坚持用和平方式而不是战争手段解决国际争端，共同维护世界和平稳定。在环境领域，和谐世界的理念认为，各国应相互帮助、协力推进，共同呵护人类赖以生存的地球家园。世界各国应站在人类根本利益的高度，提倡创新发展模式，走可持续发展道路，促进人与自然和谐发展。因此，中国2005年发表的《中国的和平发展道路》白皮书和2011年发表的《中国的和平发展》白皮书反复强调："人类只有地球一个家园。建设一个持久和平、共同繁荣的和谐世界，是世界各国人民的共同心愿，是中国走和平发展道路的崇高目标。中国认为，和谐世界应该是民主的世界，和睦的世界，公正的世界，包容的世界。"中国郑重承诺，"坚持和平、发展、合作，与各国共同致力于建设持久和平与共同繁荣的和谐世界"[54]。

胡锦涛关于和谐世界的理念是对中国老一辈领导人和平外交思想的进一步发展和提升。建设和谐世界的理念，首先是对和平共处五项原则的继承和发扬。和平共处五项原则是建设和谐世界的基本原则，没有这一原则，或不遵守这一原则，世界就不会太平，战争的爆发就难以避免。建设和谐世界的理念，其次是对"和平与发展是时代主题"的继承和发扬。胡锦涛指出："要和平、促发展、谋合作是时代的主旋律"；"同时，世界和平与发展这两大问题还没有得到根本解决"。[55]因此，要维护世界和平，创造安宁、幸福的环境，必须在国际关系中弘扬民主、和睦、协作、共赢精神，世界各国一道携手建设持久和平、共同繁荣的和谐世界。建设和谐世界的理念，再次是对建立公正合理的国际政治经济新秩序思想的继承和发扬。建设和谐世界，是推进国际关系民主化，让国际政治经济新秩序更公正更合理的目标。推进国际关系民主化，建立公正合理的国际政治经济新秩序则是建设和谐世界的前提和主要途径。因此，胡锦涛指出："应该以平等开放的精神，维护文明的多样性，促进国际关系民主化，协力构建各种文明兼收并蓄的和谐世界。"[56]

胡锦涛关于和谐世界的理念为中国坚定不移地走和平发展道路确立了外交方针。正如《2010年中国的国防》白皮书所讲的："中国坚定不移地走和平发展道路，对内努力构建社会主义和谐社会，对外推动建设持久和平、共同繁荣的和谐世界。"在国际上，致力于跟世界各国一道构建持久和平、共同繁荣的和谐世界，已经成为中国坚定不移地走和平发展道路的题中应有之意。因此，2011年《中国的和平发展》白皮书提出："中国将坚定不移地走和平发展道路，努力实现和平的发展、开放的发展、合作的发展、和谐的发展。"为此，中国将"争取和平的国际环境发展自己，又以自身的发展促进世界和平；依靠自身力量和改革创新实现发展，同时坚持实行对外开放；顺应经济全球化发展趋势，努力实现与各国的互利共赢和共同发展；坚持和平、发展、合作，与各国共同致力于建设持久和平与共同繁荣的和谐世界"[57]。在和谐世界思想的指导下，中国的经济实力不断增强，在国际舞台上积极参与，大力开展多边外交，倡导国际关系民主化和发展模式多样化，国际地位和影响力大幅攀升，已成国际体系中负责任的重要参与者、建设者和贡献者。不仅如此，胡锦涛关于和谐世界的理念还为世界各国解决各种全球性问题，推进国际秩序向更加公正合理的方向发展指明了方向。尽管和平与发展是当今时代的主题，但诸如恐怖主义蔓延、核武器扩散、生态环境恶化、国际犯罪猖獗、人口膨胀、毒品泛滥、贫困失业、疾病流行、国际信息安全等全球性挑战也在威胁着国际社会的和平与安全。而面对所有这些全球性挑战，不仅任何一个国家都无法独善其身，而且任何一个国家都不能独立解决。世界各国只有通力合作、同舟共济、协调行动才能解决。因此，求和平、促合作、谋发展已成为世界发展的潮流。作为中国的理念，"建设持久和平、共同繁荣的和谐世界"，"为世界上所有爱好和平的人们提供了宝贵的精神力量"。[58]

胡锦涛有关和谐世界的理念为习近平提出构建人类命运共同体的

理念提供了重要的理论和思想来源。习近平不仅继承了毛泽东、邓小平、江泽民、胡锦涛等老一辈领导人的重要思想，而且在此基础上创造性地提出了构建人类命运共同体的设想。习近平在纪念和平共处五项原则发表60周年的讲话中强调，要继续坚持和弘扬和平共处五项原则，“推动建设持久和平、共同繁荣的和谐世界”。[59] 2015年9月28日，在联合国大会全面阐释其人类命运共同体思想的时候，习近平指出：要尊重世界的多样性，“只有在多样中相互尊重、彼此借鉴、和谐共存，这个世界才能丰富多彩、欣欣向荣”；同样，只有通过人与自然的和谐相处，才能“实现世界的可持续发展和人的全面发展”。[60]在很大程度上，习近平有关人类命运共同体的理念使胡锦涛有关和谐世界的理念有了更为具体的目标和实现路径。正如任思奇和邓若玉所指出的，习近平提出的人类命运共同体的理念比之于和谐世界这一宏伟愿景的整体性和抽象性，显得更为具体，它依托“一带一路”倡议，“勾画出了一条从区域命运共同体到人类命运共同体的人类未来文明的渐进式发展路径”，从而使和谐世界的实现有了阶段性目标和明确的可操作性。[61]因此，人类命运共同体的理念又把和谐世界的理念向前推进了一步。

第五节　新型大国关系与人类命运共同体

党的十八大以来，习近平结合中国的具体国情和国际地位，旗帜鲜明、系统完整地提出了人类命运共同体的理念，号召世界各国紧密团结，携手构建合作共赢新伙伴，同心打造人类命运共同体。习近平高举和平发展与合作共赢的大旗，创造性地提出要与美国共建新型大国关系，致力于不冲突、不对抗，相互尊重，合作共赢。党的十八大报告明确提出，要在中国共产党成立一百年时全面建成小康社会，在新中国成立一百年时建成富强民主文明和谐的社会主义现代化国家。为此，习近平提出旨在实现中华民族伟大复兴的“中国梦”，并强调“中国梦”与世界各国人民的美好梦想相通。习近平的人类命运共同体思想为新时期中国积极开展大国外交，推动世界秩序向更加公正合理的方向发展提供了重要的指导方针。

2012年，党的十八大报告明确提出人类命运共同体的概念，该报告指出:“合作共赢,就是要倡导人类命运共同体意识,在追求本国利益时兼顾他国合理关切,在谋求本国发展中促进各国共同发展,建立更加平等均衡的新型全球发展伙伴关系,同舟共济,权责共担,增进人类共同利益。”[62]如果说党的十八大报告中,人类命运共同体的概念还仅限于用来解释“合作共赢”的内涵,那么此后习近平在不同场合对人类命运共同体的阐释便使之逐步形成了一个完整的理念体系。2013 年 3 月 24 日,习近平在俄罗斯发表演讲时明确表示:“这个世界,各国相互联系、相互依存的程度空前加深,人类生活在同一个地球村里,生活在历史和现实交汇的同一个时空里,越来越成为你中有我、我中有你的命运共同体。”[63]随后,在博鳌亚洲论坛 2013 年年会上,习近平强调:“人类只有一个地球,各国共处一个世界。共同发展是持续发展的重要基础,符合各国人民长远利益和根本利益。我们生活在同一个地球村,应该牢固树立命运共同体意识,顺应时代潮流,把握正确方向,坚持同舟共济,推动亚洲和世界发展不断迈上新台阶。”[64]2015 年 3 月 28 日,习近平再次在博鳌亚洲论坛年会上提出“通过迈向亚洲命运共同体,推动建设人类命运共同体”的设想,并强调构建命运共同体必须坚持四项原则:各国相互尊重、平等相待;坚持合作共赢、共同发展;坚持实现共同、综合、合作、可持续的安全;坚持不同文明兼容并蓄、交流互鉴。[65]2015 年 9 月 28 日,在联合国大会一般性辩论的演讲中,习近平更加系统、完整地阐释了人类命运共同体思想。他说:“当今世界,各国相互依存、休戚与共。我们要继承和弘扬联合国宪章的宗旨和原则,构建以合作共赢为核心的新型国际关系,打造人类命运共同体。”[66]在 2016 年新年贺词中,习近平进一步表示:“我衷心希望,国际社会共同努力,多一份平和,多一份合作,变对抗为合作,化干戈为玉帛,共同构建各国人民共有共享的人类命运共同体。”[67]

习近平不仅号召世界各国“携手构建合作共赢新伙伴,同心打造人类命运共同体”,而且为我们描绘了有关人类命运共同体的理想图景和实现路径。他说:“和平、发展、公平、正义、民主、自由,是全人类的共同价值,也是联合国的崇高目标。”[68]为了实现这些目标,世界各国必须同心协力构建以合作共赢为核心的新型国际关系,打造人类命运共同体。习近平指出,为了打造人类命运共同体,世界各国要致力于“建立平等相待、互商互谅的伙伴关系”，“营造公道正义、共建共享的安全格局”，“谋求开放创新、包容互惠的发展前景”，“促进和而不同、兼收并蓄的文明交流”，“构筑尊崇自然、绿色发展的生态体系”。习近平还指出，政治上，要建立平等相待、互商互谅的伙伴关系，就必须坚持主权平等的原则，“坚持多边主义，不搞单边主义”；“奉行双赢、多赢、共赢的新理念，扔掉我赢你输、赢者通吃的旧思维”；“以对话解争端、以协商化分歧”；走出一条“对话而不对抗，结伴而不结盟”的国与国交往新路。安全上，要营造公道正义、共建共享的安全格局，就必须放弃弱肉强食的丛林法则和穷兵黩武的霸道做法；“摒弃一切形式的冷战思维，树立共同、综合、合作、可持续安全的新观念”；充分发挥联合国及其安理会在止战维和方面的核心作用；统筹应对传统和非传统安全威胁。经济上，要谋求开放创新、包容互惠的发展前景，就必须“打造兼顾效率和公平的规范格局”；致力于实现“大家一起发展”的“真发展”和“可持续发展”的“好发展”；秉承开放精神，推进互帮互助、互惠互利。文化上，要促进和而不同、兼收并蓄的文明交流，就必须坚持“相互尊重、彼此借鉴、和谐共存”的原则；文明之间要对话，不要排斥；要交流，不要取代；尊重各种文明，平等相待，互学互鉴，兼收并蓄，推动人类文明实现创造性发展。生态上，要构筑尊崇自然、绿色发展的生态体系，就必须在利用自然、改造自然的同时呵护自然；牢固树立尊重自然、顺应自然、保护自然的意识；坚持走绿色、低碳、循环、可持续发展之路。[69]习近平不仅为打造人类命运共同体提出了“五位一体”的总布局，而且还通过中国的外交实践勾画了从双边、地区和全球层次入手打造人类命运共同体的路线图。近几年来，中国已经同阿拉伯国家、拉美国家、非洲国家、东盟国家等结成各种形式的命运共同体，并提出“迈向亚洲命运共同体”“打造周边命运共同体”“同心打造人类命运共同体”的战略设想，甚至还提出“各国应该加强沟通、扩大共识、深化合作，共同构建网络空间命运共同体”。[70]

习近平在阐述人类命运共同体理念的同时，强调要建立“不冲突、不对抗、相互尊重、合作共赢”的新型大国关系，建立以合作共赢为核心的新型国际关系，走出一条“对话而不对抗，结伴而不结盟”的新路，并确保旨在实现中华民族伟大复兴的“中国梦”与世界各国人民的美好梦想相通。正如外交部长王毅指出的：“构建人类命运共同体，是在洞察国际形势和世界格局演变大趋势的基础上，对人类社会发展进步大潮流的前瞻性思考，与构建新型国际关系的主张一脉相承、互为补充。”“新型国际关系侧重回答中国主张构建一种什么样的国家关系；命运共同体则进一步回答中国追求建设一个什么样的世界”[71]，二者是密不可分的。党的十八大报告明确提出“两个一百年”的奋斗目标。为此，习近平提出实现中华民族伟大复兴的“中国梦”。如果说“中国梦”是中国人对中华民族的梦想，那么“共有共享的人类命运共同体”就是中国人关于整个世界的梦想，或称之为中国人的“世界梦”，[72]二者同样是密不可分的。

习近平关于人类命运共同体的理念既是对中国外交实践的一种总结和提炼，也是对中国老一辈领导人外交思想的进一步发展和提升。打造人类命运共同体，必须继续坚持和弘扬和平共处五项原则，紧紧抓住和平与发展的时代主题，让国际政治经济新秩序不断完善，并推动建设持久和平、共同繁荣的和谐世界。人类命运共同体的理念与和平共处五项原则、和平与发展是时代主题、建立公正合理的国际政治经济新秩序和建设和谐世界等理念是密切相关、一脉相承的。它不仅为新时期中国积极开展大国外交提供了重要的指导方针，而且“超越了意识形态与现实博弈，为国际关系发展提供了新理念、开辟了新愿景”，“为世界和平发展提出了中国路线图”。[73]正如习近平所指出的，“世界那么大，问题那么多，国际社会期待听到中国声音、看到中国方案，中国不能缺席”，中国提出并践行人类命运共同体的理念必将对国际秩序的发展产生深远的影响。

小　　结

新中国成立以来，中国历代领导人结合中国的具体国情和国际地位，通过总结和概括具有中国特色的外交道路，明确提出了用于指导国际关系和中国外交的各种规则、规范和理念。从和平共处五项原则到“和平与发展是时代主题”，再到国际关系民主化、新安全观和国际政治经济新秩序，从和谐世界到中美新型大国关系和人类命运共同体，中国对国际关系一般规则的理念贡献不仅一脉相承，而且创造性地为国际和平与发展的实现指明了道路。

新中国成立之初,中国在国力微弱的情况下提出至今仍然指导包括中国在内很多国家外交实践的和平共处五项原则。历史证明,和平共处五项原则是具有强大生命力的政策、原则和规范,是中国在最困难时期对管理国家间关系基本规则的有力贡献。中国在 20 世纪 80 年代明确把国际政治的时代主题界定为和平与发展,既是对当时世界秩序的一种客观反映,也是对未来世界秩序的一种主观预期。这个论断不仅帮助中国在国内迅速实现了由以军事建设为中心向以经济建设为中心转变,在国际上争取实现和维持国际社会的长期和平环境,而且对于整个发展中世界充分利用和平契机,缩小南北差距,实现更公正、更合理的国际政治经济新秩序提供了指南,进一步肯定和支持了 20 世纪 70 年代以来发展中国家不断推动的国际经济新秩序计划。

在很大程度上,国际关系民主化、新安全观和国际政治经济新秩序的理念,帮助中国在冷战后时期赢得了难得的战略机遇期,使中国不仅能够有效应对各种国际挑战,逐步形成战略伙伴关系网,而且为人类社会走向和谐世界和命运共同体指明了方向。继此,中国又提出建设和谐世界和人类命运共同体的理念。从和谐世界到人类命运共同体,中国不断提升致力于构建公正合理的国际政治经济新秩序的理念。推进国际关系民主化、构建和谐世界和人类命运共同体的倡议反映了国际社会对和平、稳定、民主、公正、互利、合作的热切追求,符合世界各国人民的共同利益和发展需求,体现了人类对当前世界潮流的关切和对世界美好前景的展望,从而为推动国际秩序朝着更加公正合理的方向发展奠定了坚实的理念基础。

注释

1. 毛泽东:《毛泽东外交文选》,中央文献出版社、世界知识出版社 1994 年版,第 43 页。
2. 同上书,第 78 页。
3. 同上书,第 85 页。
4. 同上书,第 116 页。
5. 李爱华:《毛泽东对和平共处五项原则的重要贡献》,载《国际关系学院学报》2004 年第 5 期。
6. 周恩来:《周恩来外交文选》,中央文献出版社 1990 年版,第 63 页。

7. 中央文献研究室:《周恩来年谱》上卷,中央文献出版社 1997 年版,第 392—393 页。

8. 周恩来:《周恩来外交文选》,第 122 页。

9. 李勤:《和平共处五项原则的形成、发展及现实意义》,载《中国纪念馆研究》2014 年第 2 辑。

10. 毛泽东:《毛泽东外交文选》,第 165 页。

11. 邓小平:《邓小平文选》(第三卷),人民出版社 1993 年版,第 96 页。

12.《邓小平在联大第六届特别会议上的发言》,载《人民日报》1974 年 4 月 11 日。

13. 江泽民:《江泽民文选》(第三卷),人民出版社 2006 年版,第 110—111, 108 页。

14. 同上书,第 535 页。

15.《胡锦涛主席和温家宝总理就和平共处五项原则创立 50 周年分别同印度总统和总理互致贺电》,载《人民日报》2004 年 6 月 29 日。

16. 习近平:《弘扬和平共处五项原则　建设合作共赢美好世界——在和平共处五项原则发表 60 周年纪念大会上的讲话》,载《人民日报》2014 年 6 月 29 日。

17. Alastair Iain Johnston, "Is China a Status Quo Power?" *International Security*, Vol.27, No.4, Spring 2003, pp.5—56.

18. 习近平:《弘扬和平共处五项原则　建设合作共赢美好世界——在和平共处五项原则发表 60 周年纪念大会上的讲话》。

19. 邓小平:《邓小平文选》(第二卷),人民出版社 1983 年版,第 77 页。

20. 同上书,第 416 页。

21. 邓小平:《邓小平文选》(第三卷),第 96 页。

22. 同上书,第 105 页。

23. 同上书,第 233 页。

24. 同上书,第 57 页。

25. 同上书,第 3 页。

26. 同上书,第 127—128 页。

27. 同上书,第 57 页。

28. 郑必坚在博鳌亚洲论坛上发表讲演《中国和平崛起新道路和亚洲的未来》时,首次提出"和平崛起"概念。参见,郑必坚主编:《中国和平崛起的道路》,中央党校出版社 2003 年版。

29. 胡锦涛:《中国的发展　亚洲的机遇——在博鳌亚洲论坛 2004 年年会开幕式上的演讲》,载《人民日报》,2004 年 4 月 25 日。

30. 中华人民共和国国务院新闻办公室:《中国的和平发展道路》白皮书,2005 年 12 月。

31. 习近平:《弘扬和平共处五项原则　建设合作共赢美好世界——在和平共处五项原则发表 60 周年纪念大会上的讲话》。

32. 习近平:《谋共同永续发展　做合作共赢伙伴——在联合国发展峰会上的讲话》,载《人民日报》2015 年 9 月 27 日。

33. 习近平:《携手构建合作共赢新伙伴　同心打造人类命运共同体——在第七十届联合国大会一般性辩论时的讲话》,载《人民日报》2015 年 9 月 29 日。

34. 江泽民:《江泽民文选》(第一卷),人民出版社 2006 年版,第 164—165 页。

35. 同上书,第 243 页。

36. 同上书,第 478—481 页。

37. 江泽民:《江泽民文选》(第三卷),第 107—108 页。

38. 同上书,第 473—475 页。

39. 同上书,第 474 页。

40. 同上书,第 110 页。

41. 江泽民:《江泽民文选》(第二卷),人民出版社 2006 年版,第 313 页。

42. 江泽民:《江泽民文选》(第三卷),第 307 页。

43. 江泽民:《江泽民文选》(第二卷),第 373 页。

44. 江泽民:《江泽民文选》(第三卷),第 296、307、472 页。

45. 同上书,第 296—297 页。

46. 邓小平:《邓小平文选》(第三卷),第 282 页。

47. 胡锦涛:《高举中国特色社会主义伟大旗帜　为夺取全面建设小康社会新胜利而奋斗——在中国共产党第十七次全国代表大会上的报告》,2007 年 10 月 15 日,人民出版社 2007 年版。

48. 习近平:《携手构建合作共赢新伙伴　同心打造人类命运共同体——在第七十届联合国大会一般性辩论时的讲话》。

49. 胡锦涛:《与时俱进,继往开来,构筑亚非新型战略伙伴关系》,载《人民日报》2005 年 4 月 23 日。

50.《中华人民共和国和俄罗斯联邦关于 21 世纪国际秩序的联合声明》,2005 年 7 月 1 日。

51. 胡锦涛:《努力建设持久和平、共同繁荣的和谐世界——在联合国成立 60 周年首脑会议上的讲话》,载《人民日报》2005 年 9 月 16 日。

52. 胡锦涛:《高举中国特色社会主义伟大旗帜　为夺取全面建设小康社会新胜利而奋斗——在中国共产党第十七次全国代表大会上的报告》。

53. 胡锦涛:《坚定不移沿着中国特色社会主义道路前进　为全面建成小康社会而奋斗——在中国共产党第十八次全国代表大会上的报告》,2012 年 11 月 8 日,人民出版社 2012 年版。

54. 中国国务院新闻办公室:《中国的和平发展道路》白皮书,2005 年 12 月 22 日。中国国务院新闻办公室:《中国的和平发展》白皮书,2011 年 9 月 6 日。

55. 胡锦涛:《努力建设持久和平、共同繁荣的和谐世界——在联合国成立 60 周年首脑会议上的讲话》。

56. 同上。

57. 中国国务院新闻办公室:《中国的和平发展》白皮书,2011 年 9 月 6 日。

58. 吴绮敏、吴刚、赵成:《和谐世界:共赢发展的中国贡献》,载《人民日报》2012 年 11 月 4 日。

59. 习近平:《弘扬和平共处五项原则　建设合作共赢美好世界——在和平共处五项原则发表 60 周年纪念大会上的讲话》。

60. 习近平:《携手构建合作共赢新伙伴　同心打造人类命运共同体——在第七十届联合国大会一般性辩论时的讲话》。

61. 任思奇、邓若玉:《习近平"命运共同体"思想探源》,载《人民论坛》2016 年 2 月 11 日。

62. 胡锦涛:《坚定不移沿着中国特色社会主义道路前进　为全面建成小康社会而奋斗——在中国共产党第十八次全国代表大会上的报告》。

63. 习近平:《顺应时代前进潮流　促进世界和平发展——习近平在莫斯科国际关系学院的演讲》,载《人民日报》(海外版)2013 年 3 月 25 日。

64. 习近平:《共同创造亚洲和世界的美好未来——在博鳌亚洲论坛 2013 年年会上的主旨演讲》,载《人民日报》2013 年 4 月 8 日。

65.《习近平出席博鳌亚洲论坛 2015 年年会开幕式并发表主旨演讲》,载《人民日报》2015 年 3 月 29 日。

66. 习近平:《携手构建合作共赢新伙伴　同心打造人类命运共同体——在第七十届联合国大会一般性辩论时的讲话》。

67.《国家主席习近平发表二〇一六年新年贺词》,载《人民日报》2016 年 1 月 1 日。

68. 习近平:《携手构建合作共赢新伙伴　同心打造人类命运共同体——在第七十届联合国大会一般性辩论时的讲话》。

69. 同上。

70.《习近平出席第二届世界互联网大会开幕式并发表主旨演讲》,载《人民日报》2015 年 12 月 17 日。

71. 王毅:《2015,中国特色大国外交的全面推进之年——王毅部长在 2015 年国际形势与中国外交研讨会开幕式上的演讲》,2015 年 12 月 12 日,http://www.fmprc.gov.cn/web/wjbz_673089/zyjh_673099/t1323795.shtml。

72. 阮宗泽:《人类命运共同体:中国的"世界梦"》,载《国际问题研究》2016 年第 1 期。

73. 钟声:《同心打造人类命运共同体》,载《人民日报》2015 年 12 月 23 日。

第五章

中国与中美新型大国关系的国际规范

2010 年 5 月，在中美战略与经济对话期间，时任国务委员戴秉国提出，中美应“开创全球化时代不同社会制度、文化传统和发展阶段的国家相互尊重、和谐共处、合作共赢的新型大国关系”[1]。2012 年 2 月，时任国家副主席习近平访美，首次明确提出构建中美新型大国关系的主张。2013 年 6 月“庄园会晤”时，国家主席习近平进一步阐述中美新型大国关系的理念，时任美国总统贝拉克·奥巴马(Barack Hussein Obama)同意建立“新的合作模式”。在中美战略与经济对话成果清单中连续三年都出现了“中美新型关系”的表述。从 2010 年中国提出与美国构建新型大国关系至今，中方主要聚焦于“不冲突不对抗、相互尊重、合作共赢”的宏观原则上，而美方倾向于以问题导向为主，对中国的主张持怀疑态度。直至 2017 年初，美国国务卿雷克斯·蒂勒森(Rex Tillerson)代表新上台的特朗普政府在访华期间明确表示，美国要同中国本着“不冲突不对抗、相互尊重、合作共赢”的精神发展对华关系。尽管他并没有直接使用“中美新型大国关系”这个词，但他的表态却在很大程度上表明美国政府的态度发生了有利于中美构建新型大国关系的转变。

中国积极倡导和推行的中美新型大国关系的理念，是一种新的国际规范，在国际体系层次和中美双边互动层次上都具有非常重要的意义。鉴于中美两国在经济、军事和非传统安全等领域具有高度的相互依赖性，构建中美新型大国关系是现实可行的。[2]但同时，由于两国作为国际体系中占主导地位的大国与上升中的大国，具有非对称性，分别是最大的发达国家和最大的发展中国家、后现代国家与正在争取实现富强民主文明和谐的社会主义现代化的国家，因此，中美新型大国关系的构建也面临着诸多障碍。要让中美新型大国关系的国际规范指导两国关系的发展，并产生其应有的体系性意义，双方需要正确认识构建中美新型大国关系的各种有利条件和障碍，并作出正确的路径选择。

第一节　中美新型大国关系的规范创新：体系层次

中美新型大国关系的构建，主要依托权力与制度规则的塑造。“现实主义范式认为，国际行为体按照权力规则进行互动形成国际体系的权力结构；自由主义范式认为，国际行为体按照制度规则进行互动形成国际体系的制度结构。”[3]权力规则是制度规则的基础，制度规则必须基本反映权力规则的现实才能稳定运转。通常而言，制度规则要滞后于权力结构的变动。中美权力转移的趋势，客观上需要在整个国际体系、地区和两国之间形成配套的制度架构。中美新型大国关系的理念涉及体系层面的结构安排和国家层面的战略互动，是一种全新的国际规范。

无论正在衰退的国家是否采取可能导致大战的行动，极性都会在其中发挥作用。[4]传统上对国际体系的管控模式主要分为单极主导、两极分治和多极协调。这三种体系性安排都主要依托大国对彼此的制衡战略。在多极体系中，大国主要通过外部联盟的方式来实行制衡；在两极体系中，则流行大国之间通过军备竞赛进行内部制衡；在单极体系下，大国主要依靠权力中心的自然成长实现对非霸权国的制衡。[5]而中美新型大国关系的规范试图开创的是一种新的体系安排，即两极引领—多极共治模式。相比而言，这种模式更有助于减少大国冲突、提升战略互信、维护地区稳定、促进全球治理。

单极主导模式显然不适合被用于管理中美关系。其原因主要有三：第一，单极主导模式聚焦于以海权力量和经济财富高度集中为特征的跨地区的海洋体系，[6]认为陆权强国的崛起和发展海权就是对霸权国的挑战和导致体系不稳定的根源，这与中国的防御性战略不符。中国不是要颠覆既有的国际秩序和规则，更不会与美国争夺地区和全球霸权。第二，美国自冷战结束以来，不断将安全、政治、经济战略重心向亚太转移，中国的“一带一路”倡议在一定程度上是规避与美国的正面对抗，为体系内的和平崛起提供必要的资源、市场和稳定的战略环境。单极主导模式是一种结构性的静止的僵化诠释，不能反映中美战略转型和互动博弈的动态形势。第三，霸权理论的基本命题是：单极强国能够迫使国际体系和国际秩序最大程度地符合自身的意愿和利益，不情愿将制度和秩序中的收益分享给他国，尤其是崛起大国。但美国的相对衰落，加之新兴大国的群体性崛起，已经使既有的制度性安排越来越不符合体系结构的客观变化。尤其是唐纳德·特朗普(Donald Trump)上台后，美国为国际社会提供安全、经济等领域公共产品的能力和意愿都有所下降。因此，单极主导模式不具备可行性与合法性。

两极分治模式同样不适合于中美关系。其弊端则主要有四点。第一，虽然出现战略误判的可能性较低，但两强彼此的过度反应也可能酿成重大国际危机乃至战争，美苏对抗中的柏林墙事件和古巴导弹危机就是证明。第二，两极分治容易导致全球经济、军事、政治、安全等形成泾渭分明的两大阵营，不利于全球化的正向发展和全球治理的展开。第三，中美两国在经贸、政治、文化、安全等多领域处于深度相互依赖关系，与冷战时期美苏对彼此的消极相互依赖(在防止彼此全面核大战、核不扩散方面有共同利益)截然不同。第四，中国的军事性崛起只是为经济、制度、道义崛起进行保驾护航，没有能力也没有意愿将体系性霸权国作为崛起的战略目标。因此，当美国试图用“两国集团”(G2)来定义中美关系时，中方明确回绝了这一概念。

多极协调模式之所以也不适合于中美关系，是因为它有致命的缺陷。第一，多极均势主要取决于大国之间权力大体均等的情势，[7] 而从21世纪以来的国际格局看，中美的权力差距在缩小，中美与其他主要大国的差距在拉大，大国权力增长的比率不同，削弱了多极协调模式的效果。第二，多极协调模式的首要目标是防止地区或全球性霸权国的崛起，只能降低国家的死亡率，但不能消解大国的战略对抗和地区紧张局势。第三，多极协调过于依赖实际或潜在的战争手段，不利于持久和平，而如果放弃该手段，又不能发挥对于整个现代国家体系的功能。[8] 第四，即使有欧盟这样具有高度合作性与包容性的地区性组织，但由于欧盟形成和发展的条件过于苛刻(美苏/美俄对抗下的抱团取暖、共同的历史文化传统、地缘临近、领导人的外交谋划等),这种模式也很难推广到整个国际体系。因此,中美新型大国关系不能完全依托多极协调框架的构建来实现。

中国提出的新型大国关系规范,不会对既有的均势思想持完全否定态度,不管国家之间的均势是正式规则,还是没有理论根据的具体做法,某种形式的均衡都是国际秩序的重要组成部分。[9]然而既有的大国关系理论缺少对较为和平时期的考察,[10]体系的维护是许多国家一系列行动的非意图性结果,每一个国家都试图在现行制衡下实现自身利益最大化。[11]中美新型大国关系,不是要构建"两国集团"或"中美共治"。中国作为新兴国家、发展中国家和亚洲负责任的大国这三重身份,在亚洲、非洲、南美洲有广泛的影响。美国则是西方发达国家、基督教世界和美洲代言人,在除非洲以外的主要地区都有重大号召力。因此,中美关系的好坏,关系着整个世界秩序的稳定与否。中美虽然存在短时间内难以根除的结构性矛盾,但中国之所以提出与美国共建新型大国关系,虽然首先是为了实现本国的成功崛起和捍卫国家利益,但同时也是力求实现体系内的全面崛起,减少甚至避免对既有体系性权力、制度、观念结构的颠覆。此外,中国还要促进国际体系和国际秩序的平稳发展与渐进式变革,既不是要挑战由美国主导建立的国际制度与秩序,也不是为了"搭便车"、逃避大国的国际责任,更不是为了实现扩张和称霸。

中美新型大国关系规范想要开创的是一种两极引领—多极共治的模式。所谓两极,是鉴于中美两强的政治经济实力,理应承担比其他大国更多的国际责任,提供负责任的公共产品。两极的引领,意指中美关系应该避免热战和冷战,不冲突不对抗。这既综合了两极均势的稳定性特点,也避免形成美苏对抗性质的两极分治,而是引导国际政治、经济等各领域实现良性发展,通过自身的大国影响力起到示范效应。中美关系的发展不会形成 G2 局面,而是需要其他主要大国也承担必要的国际责任和义务,共同实现全球与地区事务的治理,因此需要其他多极强国共同合作,从而综合了多极均势有助于防止称霸的优点。总之,这种模式有助于实现国际体系中权力、制度、秩序、观念的配套生成。中国发起的"一带一路"、亚投行、丝路基金、金砖五国、亚太区域全面经济伙伴关系等，以及对联合国、国际货币基金组织等既有国际组织的建设性意见，都是力求实现全球、地区组织和制度的包容性与可持续性，降低准入门槛，鼓励其他大国、中等强国和小国的积极参与，共同分享中国的崛起红利。而2008年国际金融危机以来，美国推卸责任的倾向越发明显，尤其是特朗普上台以来的“美国优先”政策更是表露无疑。新型大国关系的构建，需要中美通力合作，实现两极引领—多极共治的模式。这种治理方案充分考虑到美国担忧中国崛起的不确定性、大国权力增长的不平衡性和既有国际制度的惯性。从权力结构视角看，它符合基本的国际体系权力构成；从制度和秩序层面而言，这样的体系性布局，为国际法、国际组织、外交等方面的制度建设提供权力基础，有利于形成稳定的国际秩序。

第二节　中美新型大国关系的规范创新：双边层次

中国提出构建中美新型大国关系的规范，不仅要实现权力的和平转移，而且还要实现中美两国的合作共赢。尽管很多学者将修昔底德陷阱的逻辑应用于中美关系，但仅根据中美权力差距缩小、中国对国际体系和国际秩序具有改良目标这两个变量，不能得出中美必然陷入权力冲突乃至战争的结论。历史上不乏权力转移和平过渡的例子，如19世纪上半叶法国追随英国的战略倾向，欧洲地区的战略主导权从法国向英国转移；1871年至20世纪初，德国的崛起没有引发英国明显的制衡行为，形成了和平的权力转移；19世纪末开始，英美之间也实现了和平的权力交接；苏联建国后直到二战爆发前，崛起为世界前三的工业强国，是与其他主要工业大国和平权力转移的案例；冷战期间，苏联陆权和海权的全面崛起，以及核武器规模的不断扩大，实现了与美国较为和平的权力转移；冷战结束至今，中美正在进行的权力转移，也没有打破和平局面。当然，权力的和平交接并不是建立中美新型大国关系的最终目的。所谓新型就是要超越既有的大国关系理论与历史经验，如果只是仿效历史上其他强国间的权力转移，那么中美关系是不需要用“新型”来定义的。中美新型大国关系的规范意味着，中国不是要与美国进行权力交接并取而代之，而是与美国共同实现良性的战略互动，在双方权力差距缩小的情况下，促进双边、地区和全球性的战略、经贸、能源、科教、文化等领域的合作共赢，使中国的崛起不但惠及自身，也能惠及美国的国家建设，实现中美双赢，减少因美国霸权衰落而带来的国际秩序的震荡。

建立中美新型大国关系的规范，首先要求中美双方在战略取向上实现良性互动。这主要体现在三个方面。一是在进攻性/威慑性/防御性战略取向的选择上，中美应实现良性互动。如果中美两国都采取进攻性战略，那么极有可能造成常规战争乃至核大战。但鉴于中美处于战略性相互依存的状态，这种可能性极小。如果中美同时采取威慑性战略，则容易诱发激烈对抗的冷战，增大双方正面冲突的可能性。而如果中美都采纳防御性战略，则会对两国关系的稳定性发挥重要作用。按照中美新型大国关系的规范，所谓“不冲突不对抗”，就是要中美双方采取防御性战略取向，避免选择进攻性战略和威慑性战略。二是在是否维持现状的取向上，中美应实现良性互动。如果中美都不考虑对方的战略诉求，单边改变不合理的国际现状，就容易造成地区和全球治理的失序，不利于两国关系的稳定。如果两国彼此尊重对方的安全和战略利益，通过友好协商来改良不合理的国际现状，维持现状中的积极因素，那么就会形成良性的地区和全球秩序。三是在联盟/准联盟/中立/不结盟/非结盟的战略取向上，中美应实现良性互动。美国的联盟战略作为常量，难以在短期内发生根本变化。1980 年中国没有与苏联续签《中苏友好同盟互助条约》，此后也没有与其他国家缔结新的盟约。鉴于国际体系联盟的可获性较低，中国周边缺少有效结盟的客观条件，加之美国对同盟体系的垄断性和联盟固有的缺点——担心被抛弃或被牵连，基于均势逻辑的联盟战略逐渐淡出中国的外交选项，基于维护国家自主性逻辑的非结盟[12]战略，才是中国外交的必由之路。由于美国坚持用联盟战略来制衡中国崛起，中国排除结盟选择，坚持独立自主的和平外交政策，因此，建立中美新型大国关系，应管控中美两国因第三方因素（美国的盟国与中国在领土、资源、安全等方面的纷争）而发生冲突乃至战争。

建立中美新型大国关系的规范，其次要求中美两国在实力、地理、决心、利益和目标等领域维持一定的战略平衡。实力平衡，主要涉及两国对特定的军事技术或武器的占有能力的平衡。[13]通常认为，进攻占优有助于战争爆发，而防御占优有利于实现大国和平。然而，在某些条件下，掌握有进攻性能力的现状强国在面临侵略者时反而能降低而不是增加战争的风险。当现状强国拥有某种进攻性能力时，对侵略者的威慑就更有效。进攻性力量掌握在一个现状强国手中可能会带来更多的和平，而不是战争。[14]美国部署国家和地区导弹防御系统，在韩国、日本等地兜售萨德反导系统，是要用防御性武器来瓦解中国对美国的核打击能力，不利于中美之间的战略稳定。中美新型大国关系的规范要求双方坚持"不冲突不对抗"的原则，因此两国有必要维持战略实力的平衡。中美两国只要能够在和平时期将他国的防御性武器(或政策)与进攻性武器(或政策)区别开来，以及在危机事态下认定防御性态势比进攻性态势占据优势，那么安全困境就可以得到有效缓解。[15]

地理平衡，主要涉及两国在发展陆权与海权的过程中地缘空间的平衡。地理位置对国家行为的影响，主要是通过影响权力投送的效能发生的。[16]有学者认为，有大规模陆军的国家比具备大规模海军和经济财富的霸权国更具威胁，因为前者可以轻易侵略和占领陆地接壤的别国。[17]但也有学者认为，只有主导性海洋大国，而不是以陆军和陆权主导的大陆性国家，才具备安全盈余，因此海权主导国有时也会打破大国战略地理结构的稳定性。根据大国所处的相对地理位置，可以将国家粗略划分为陆权主导国、海权主导国和陆海复合型强国。美国是典型的海权主导国，中国则在很大程度上属于陆海复合型强国。中国提出新型大国关系规范的题中应有之意就在于，中美双方应保持海权与陆权关系的稳定与良性互动，降低中国地缘战略转型和美国转向亚太所带来的负面影响。

决心平衡，主要涉及两国的战略观念和认知。埃弗拉认为，"国际结构经常是良性的，但关于权力结构的认知往往是恶性的"[18]。无论是大国之间的实际权力对比状况是什么，还是本国的实际威胁来源是什么，都要通过国家决策阶层的认知过滤，"这些认知因素构成部分行为的近因，其他层次的分析无法直接说明这些认知因素是什么"[19]。杰维斯认为，不仅负反馈会导致均势，而且决策者对可能的负反馈的认知也会导致均势，因此国家将采取克制的态度，主动寻求均势，并会采取防御姿态，期待对手效仿。[20]领导人对权力对比的认知，有时要比权力对比的实际态势更为重要。当领导人感觉本国正处于不可逆转的衰退中时，往往会成为大战或引发大战危机的始作俑者。中美新型大国关系的规范就是要双方在战略心理上避免形成自我实现的预言。

利益平衡，主要涉及两国对核心国家利益的关注程度。在新古典现实主义者看来，国家选择制衡还是追随的主要动因是利益偏好，即相关国家的决策者认为哪一个更符合本国的战略利益。[21]一战之前英德之间存在紧密的经济相互依赖关系，虽然没有阻止英国制衡德国和两国海军军备竞赛，也没有阻止两国走向战争，但却使英国在战前没有在德国与法俄可能的军事冲突中表现出明确的干预态度。冷战时期美苏两国尽管缺少经贸领域的相互依赖，但在避免核大战与实现核不扩散的问题上有着高度一致的战略共识，因此美苏即使在冷战最高峰的古巴导弹危机中，也成功阻止了毁灭性的核大战。尽管中国不会因为与美国的利益互惠而采取对美追随政策，但考虑到中美彼此在安全、经贸、政治等多领域存在诸多的共融性利益，很显然要比一战前的英德和冷战期间的美苏关系更有可能建立“相互尊重、合作共赢”的新型大国关系。根据新型大国关系的国际规范，中美在安全和经济领域的战略性相互依存，会积极影响中美两国的战略偏好，以及两国战略均势中的信号接收与反馈，在是否采取制衡行为以及军事冒险的战略决策中发挥中介变量的作用。

目标平衡，主要涉及两国对长期战略目标的界定和对彼此战略意图的把握。摩根索将国家的基本战略目标分为：现状政策、帝国主义政策和威望政策。美国在一些领域会持进攻性政策来实现维持现状、对外扩张或提升国际威望的目标，中国则基本是采取防御性政策来实现维持合理现状和改良不合理现状的目标。但是，国家目标和意图都具有不确定性。[22]中国提出构建中美新型大国关系规范的主旨，就是要减少这种不确定，尤其是避免国内因素对两国战略目标和战略意图可能形成的掣肘或曲解。在中美这样的大国当中，塑造战略目标的国内压力有时候要超过国际压力。[23]例如，随着美国国内两党竞争的极化趋势，特朗普上台以来引起的美国社会各界的政治分裂，对美国的国际战略目标和中美关系的走向会产生不可估量的影响。中国也应避免国内民族主义等其他思潮和言论绑架政府对美战略目标。实现中美彼此战略目标的相容性和互惠性,这是构建成熟的中美新型大国关系的重要支点。

第三节　中美新型大国关系的规范践行:条件与障碍

中美构建新型大国关系的国际规范,在践行过程中既不乏有利条件,也面临各种障碍。

有利条件主要有以下四个方面。

第一,战争和经济制裁等手段不能有效改变中美权力转移的基本态势。从历史上看,战争并不是解决大国权力转移问题的有效手段。拿破仑战争、普法战争、日俄战争和两次世界大战都没有解决权力转移所引发的问题。法国在1815年被第七次反法联盟击败了,胜利者剥夺了法国的征服成果,但直到1870年普法战争前,法国总体上都一直维持着对英国的权力优势。德国在普法战争后取得了对法国的优势地位,阿尔萨斯和洛林的割让促进了德国的崛起,但是在战后的25年时间里,法国的权力依然高速崛起。俄国在1904—1905年的日俄战争中遭到惨败,但是战后它相对日本的权力优势不断扩大。德国的权力只是在一战和二战结束初期,由于大规模领土的损失而暂时性地权力衰退,20世纪30年代和60年代后两度超过英法,在总体实力上成为仅次于美苏的第三大国。战争并不能解决权力转移问题,在核大战打不起来的情况下,大多数战争并不会很大程度上削弱战败国的基本权力资源:国内生产总值和人口。即使大规模的国内生产总值和人口损失也能很快恢复,苏联在二战中损失约2 500万人,但是在1956年它的人口快速反弹超过了战前水平。

从现实角度出发,唯一能减少中国长期权力的战争结果是永久性的分割、解体或征服领土。但是征服和控制大规模人口是很困难的,在中美之间发生征服性战争不符合两国的战略实力与战略意愿。随着核武器发展到大国之间的相互确保摧毁阶段,中美间发生核大战或大规模常规战争的可能性大大降低。中国拥有第二次核打击能力,不仅有助于中国的安全关切,而且降低了中国抢先对美国发动第一次核打击的可能性。中国对美二次核打击能力的不断成熟,有助于中美两国在冲突升级时更不倾向于使用第一次核打击来维护自身安全。

经济制裁不能有效制衡中国崛起的原因是,首先,即使中美处于非对称相互依赖,在经济上损害中国的政策也会伤害到美国的经济,这是美国遏制苏联时不会出现的情况。美国和中国在经济上处于相互确保摧毁的关系:彼此能通过对方发动的经济战而报复对方。其次,如果美国禁止中国对美出口、美国对华直接投资、美国农产品和高技术对中国出口,这样的经济战将不会发挥作用。只有当这个受制裁国家的所有贸易伙伴都一致对其进行制裁时,或者通过国际组织的支持实行多边制裁,才会更有效果和更为持久。如果说冷战期间,中国与其他大国有低度的依赖关系,使它很难成为一个经济战的目标,那么当今中国巨大的经济规模和与他国的高度相互依赖性,仍旧使它很难成为经济战的目标。再次,对中国进行经济战是一种自我实现的预言,正如约瑟夫·奈所说:把中国变成一个敌人的最好方式就是用对待敌人的方式去对待它。[24]

第二,中美关系具有高度的相互依存性。从历史层面看,一战之前的英德关系虽然保持了经贸领域的深度相互依存,但缺乏军事安全领域的相互依存关系,故没有阻止两国开战。而二战之前英德经贸领域的相互依存关系薄弱,在安全领域的相互依存关系较一战之前略有提升但程度仍旧太低,所以最终德国对英宣战。冷战期间美苏主要是避免核大战和大规模常规战争的消极相互依存关系,而在非安全领域,则基本上是社会主义和资本主义两个平行世界,缺少依存关系,故美苏之间虽没有爆发热核战争,但进行了代理人战争。所以,当大国只是在经贸领域处于相互依存时,对大国战争的爆发基本没有多少制约作用;而当大国在安全领域依存关系极高但在其他领域较弱时,只能避免大国之间的大规模战争和实现消极防御性的合作关系,而不能实现积极性的合作关系。而中美是在安全、经济等各领域处于战略性相互依存关系,超越了历史上的传统大国关系;中美实现持久稳定的和平关系,有助于中国的和平崛起、美国延缓霸权衰落趋势和地区秩序的建构。故中美避免正面冲突升级、实现预防性合作的可能性要优于其他大国关系案例，这也为中美新型大国关系的建立提供了重要理论论据。

从现实层面看，中美在经贸领域、军事安全领域、非传统安全领域有着广泛的战略性依存关系。在经济领域，两国在贸易、投资及人员往来均创历史新高。双边贸易额2018年已经达到6 300多亿美元，2024年有望超过1万亿美元。中国对美国的投资已经超过美国对中国的投资。2016年，中国已成为美国在亚太地区的第一大旅游目的地，美国位居中国入境旅游客源国的第三位。在军事安全领域，两国都需要保持朝鲜半岛实现无核化，都反对日本成为有核国家，都支持中国与周边国家和平解决海上争端，都受益于该地区的经济开放性并希望保持和平的发展环境。[25]在应对伊核、叙利亚等重大国际地区热点问题上，中美也达成了一定的合作共识。在非传统安全领域，中美围绕气候变化等全球性挑战也开展了卓有成效的合作。

第三，中美战略沟通不断深入。中美两国元首多次进行战略沟通，从“庄园会晤”到“瀛台夜话”，从“白宫秋叙”到“西湖漫步”，为中美构建新型大国关系指明了方向，确立了原则。中美之间军事沟通的渠道保持畅通。军事领域的对话沟通机制主要有：中美军事热线，中美海上军事安全磋商机制，中美副外长级战略安全、多边军控和防扩散磋商，国防部副部长级防务磋商，中美司局级军控与防扩散磋商，中美退役高级将领会谈，中美军控、裁军与防扩散研讨会等。这些保持畅通的磋商机制，很大程度上避免了中美之间发生“擦枪走火”的事件。中美战略与经济对话和中美人文交流高层磋商，分别举行到了第八轮和第七轮，卓有成效。在第八轮中美战略与经济对话中，双方认识到，结构性改革对保持两国经济持续增长的重要性。双方同意，加快推进双边投资协定谈判，力争早日达成一个互利共赢的高水平协定。在已经进行七轮的中美人文交流高层磋商机制中，从最初的四大领域，发展到教育、科技、文化、体育、妇女、青年、卫生七大领域，磋商成果由13项增至400多项。这些沟通机制也有助于中美新型大国关系规范的落实。

第四，中国没有挑战美国霸权的意愿。一战爆发前夕，德国需要与英国、奥匈帝国联手制衡俄国的崛起，如果英国站在德国一边，德国就会获得大陆霸权，德国就可能利用整个欧洲的资源来对付英国，英国的安全就会受到大陆霸权的威胁。如果英国阻止德国在欧洲大陆称霸，也不符合德国的安全诉求。同样的逻辑适用于二战前夕的英德关系。中国对美国并不构成像英德之间那样的安全威胁。中美核力量的相互确保摧毁能够减轻类似英德关系中的安全困境。

冷战时期美苏的超级大国竞争与中美未来的竞争有重大区别。苏联地跨亚欧，它同时威胁到欧洲和亚洲地区的国家，因此，美国在亚洲和欧洲同时联合盟友来遏制苏联扩张。而中国是亚洲国家，其权力不太可能威胁欧洲。大部分欧洲国家不太会在遏制中国的行动中扮演角色，很可能保持观望。苏联对美国的主要地缘战略威胁是征服和主导欧亚大陆的经济—工业资源，控制波斯湾地区的原油储备。欧洲和波斯湾连同日本、苏联和美国构成了冷战期间的五大权力中心，如果苏联通过征服或政治—军事恐吓成功主导欧洲和波斯湾地区，那么它就可以控制世界上五大权力中心的三个，这对美国而言是重大的权力转移情形。故美国非常担忧苏联在 1979 年进入伊朗之后继续进军沙特。尽管中国对海湾石油严重依赖，但中国在实际的军事投送能力、中东国家支持的可获性以及战略意愿方面都使之不可能挑战美国在该地区的战略地位。

中国并没有对美国构成苏联那样的同等威胁。美国和苏联同时在欧洲、亚洲和中东地区展开竞争，中美很可能只在亚洲和中东进行烈度相对较低的竞争。此外，美苏冷战涉及高强度的意识形态之争，使之像地缘政治一样发挥着重要作用。彼此意识形态的这种不相容性，强化了零和博弈的竞争本质，促使双方冲突升级。中美之间的确有意识形态差异，但没有影响到两国的深层次关系。最后，苏联和它的盟国在冷战期间与西方国家少有经贸往来，双方的精英缺少沟通，更不必说普通公众。反之，中国不但深深融入世界经济中，采用了外向型的市场经济发展模式，也与西方的精英们往来密切。在实际的权力博弈中，中国既缺少大国施展权力的安全盈余，也缺少进攻性的战略意愿。

不利因素也主要有四个方面。

第一，中美关系深受台海问题和第三方因素影响。中美双边关系，最大的障碍在于台湾问题。一旦出现"台独"势力崛起、中国与美国的盟国在地区安全和领土争端问题上冲突烈度上升，美国将面临卷入战争和同盟承诺受损的两难选择。美国出于地缘战略的考虑，一直没有放弃对台湾的协防和武器出售，1996 年的台海危机险些引发中美军事冲突。中国对台湾主权的合理诉求与美国对台湾地区的同盟承诺是结构性矛盾，双方都很难从各自立场上妥协退让。在中日钓鱼岛争端上，美国坚持的原则立场是：钓鱼岛主权保持中立；钓鱼岛的施政权归属日本；钓鱼岛争端和平解决。而在这立场背后则是《美日安保条约》第五条对日本施政范围内的领土享有安保义务。考虑到钓鱼岛主权不可分割，领土争议是一种零和博弈，即一方领土之所失即为另一方领土之所得，再考虑到中日领土的结构性矛盾、中美权力政治的结构性矛盾，以及美日同盟对美国战略的束缚，中日冲突的可能性始终存在，而美国卷入中日冲突的可能性也不能被排除。朝鲜拥核虽已成事实，对美国在东北亚的盟国安全产生战略威胁，但考虑到大国对地区安全秩序的主导和示范效应，如果中美不能起码在名义上反对朝鲜拥核、扩大核武器规模，那么会导致其他国家相继研发核武器，产生大规模的核扩散效应，挑战中美维护地区稳定的共同战略利益。

第二，美国在核武器与空间武器技术的研发与部署方面，也可能单方面改变中美之间的攻防平衡。“萨德”入韩，是奥巴马政府留下的政治遗产，特朗普执政后在此问题上改变立场的可能性较低，这也是美国单方面改变与中国在军事安全领域上的攻防平衡的典型案例。在国际安全领域，美国加快调整其国家战略威慑体系以寻求绝对安全，确保美国在全世界的领导地位。美国空间威慑体系中反导防御系统的发展降低了军备竞赛的稳定性，容易逼迫中国发展进攻性核武器、天基防御武器、空间进攻力量。美国自退出《反弹道导弹条约》以来，固执地坚持其反导防御立场，逼迫中国升级突防能力，诱发进攻性战略武器的纵向扩散，推动了自身攻防对比向进攻占优的方向变化，加剧了中国的不安全感。这些有可能导致潜在的中美核领域与空间领域的军备竞赛。

第三，中美彼此缺少战略互信，在经济、安全、人权等领域的冲突有升级风险。中美在构建新型大国关系的过程中，面临的最关键问题是彼此能否增信释疑。如果大国对彼此形成战略误判，那么合作性领域也会被解读为带有冲突意味，而原本的冲突则会夸大升级。有学者认为，“无论正在崛起的国家是怀有侵略意图还是仅仅具有寻求安全的动机，都会发出和解的信号，以便为本国的不断壮大争取时间”[26]。这与美国对中国崛起的疑虑很贴切，中国也无法单纯通过外交声明来让美国相信中国崛起的和平意图。美国所担忧的不是现在的中国，而是未来崛起之后中国的意图和战略，认为中国未来的目标和意图会比现在更加广泛。中国将会做历史上其他大国做过的事情：不仅对国际环境作出反应，而且还要以有利于自身国家利益的方式塑造国际环境。因此，美国在承认中美大国关系相比历史上大国关系的特殊性的同时，也认为在中国崛起难以阻挡的情况下，对中国的战略意图走向感到疑虑和恐惧。经贸领域互为第一大和第二大贸易伙伴的关系能否成为新型大国关系构建的正能量，取决于两国彼此对这种依赖关系的战略认知。当两国感到彼此安全度很高时，会增强和平趋势，但是当两国非常缺乏安全感时，这些因素就会造成有损于和平的影响。

第四，中国崛起与美国霸权守成的结构性矛盾。主导型权力是稀缺资源，中国崛起所带来的权力扩展必然会导致美国在国际权力结构中相对份额的减少。中美分别作为陆海两栖强国与海权主导国，相互之间有着潜在的地缘冲突升级风险。在美国看来，中国可以部署海上力量来对抗美国在东亚的海上优势，正如一战前德国按照马汉海权的理论要求发展海军，对英国在北海构成了严重威胁一样。[27]朝鲜战争和越南战争都可以被视为中国陆权优势对美国海权优势的抵消。美国至多只愿意承认中国在东亚大陆具有陆权优势，并不愿意看到中国崛起后扩张海权。在美国看来这是对它在西太平洋海上霸主地位的挑战。而陆海两栖强国想要对抗海权主导国，就必然要发展相应的海权力量，海权主导国要想对抗陆海两栖强国也要发展相应的陆权力量。中国制衡美国海权的主要方式是内部制衡（发展自身海权力量），而美国制衡中国陆权的主要方式是外部制衡（陆上结盟）。这种结构性矛盾尽管正是新型大国关系规范所要规避的，但它无疑会阻碍这一规范的践行。

小　结

中国明确提出构建中美新型大国关系的理念，就崛起国与霸权国的相处之道而言，是要倡导一种全新的行为规范。该理念大致反映了国际体系中主要大国之间的权力分配状况，旨在在道义上建立制高点，在军事安全上避免与美国的冷战甚至热战，跨越“修昔底德陷阱”，与美国在双边、地区和全球领域开展有效的制度合作，实现体系内全面崛起，打破传统的大国崛起模式。新型大国关系的国际规范，在体系层面上可以打破三种传统的大国治理模式，实现中美两极引领—多极共治模式；在国家互动层面上，可以加强中美关系的战略稳定性，在战略实力、战略地理、战略决心、战略利益、战略目标等方面保持平衡。中国与美国构建新型大国关系，要争取两国共同维持国际体系的总体均势、避免和管控危机、限制或遏制相互之间的战争、相互尊重各方的核心国家利益、实现“大国一致”的联合共管行动，在目标上超越共处目的，包括政治和战略合作、社会和经济合作。[28]

因此，要让新型大国关系的国际规范落到实处，必须选择切实可行的构建路径，主要应从以下几个方面着手。第一，保持中美军事安全领域的攻防平衡态势。美国不应对中国的战略核力量现代化进程感到疑虑，甚至采取反制措施。正如苏联拥有二次核打击能力加强美国安全一样，中国发展和完善二次核打击能力就会减少对美国展开第一次核打击的可能性，从而有助于大国和平和体系稳定。此外，中国应推动建立和平、合作、和谐开发空间的国际机制和法律框架，坚决反对美国的空间霸权，强化和平开发、利用空间的能力，转变攻防对比态势，促进防御占优，抑制空间军备竞赛和空间武器化的步伐。第二，中美应尊重各方的利益空间，不挑衅对方的利益底线。中国要明确界定在朝鲜半岛、钓鱼岛、台湾地区、南海以及西藏问题上的利益红线，并跟美国一道确立在亚太地区的行事规则。第三，避免中美彼此认知威胁的恶性循环，产生自我实现的预言。过于轻信战争一触即发和否定战争可能性都会成为大国政治的悲剧。中美应规范开展智库二轨外交，定期举办中美智库峰会，增进相互了解和信任，更好地为发展中美两国关系建言献策。第四，美国不应阻止中国进行地区安全领域的公共产品供给。大国的真正崛起，不可能回避对外提供安全领域的公共产品。鉴于美国已经通过一系列双边和多边联盟降低了新兴崛起大国的盟友可获性，所以中美在安全产品供给方面会存在战略竞争，但不应被第三方卷入从而形成安全困境。中国也应尊重美国在日本的同盟利益。为了在保持美日同盟的同时维持与中国的良好关系，美国应该既维护美日共同的战略利益，也应最小化因为同盟关系而引发的与中国的摩擦矛盾。第五，中美实现地缘秩序的共管。在海洋秩序方面，美国不能一味排他性地占有主导权力，不要试图阻止中国海洋权力的扩张和海上秩序规则的构建，更不能歪曲中国海权发展的战略必要性和防御性目的。美国应该认识到，中国不会容忍其日益增长的全球利益要依靠美国海军来保驾护航，这是崛起大国的战略底线。美国应该欢迎中国海军的崛起，中国也应该接纳美国在西太平洋地区适度的海上战略存在。第六，中美通过制度性合作管控双边和地区危机。就双边而言，主要是确保传统安全领域的问题不过度激化；就地区而言，主要是避免朝核问题、伊核问题、钓鱼岛问题、南海问题等升级为地区冲突，同时加大在非传统安全领域的合作。归根结底，"不冲突不对抗、相互尊重、合作共赢"既是中美构建新型大国关系的最终指向，也是中美构建新型大国关系的行为规范。只要用该规范来指导中美互动，就一定能够实现中美新型大国关系的构建。

注释

1.《戴秉国在第二轮中美战略与经济对话开幕式上的致辞》，中国新闻网，2010 年 5 月 25 日，http://www.chinanews.com/gn/news/2010/05-25/2302977.shtml。

2. [美]罗伯特·基欧汉、约瑟夫·奈：《权力与相互依赖》(第 3 版)，门洪华译，北京大学出版社 2002 年版，第 9 页。

3. 潘忠岐：《国际政治学理论解析》，上海人民出版社 2015 年版，第 162 页。

4. [美]戴尔·科普兰：《大战的起源》，黄福武译，北京大学出版社 2008 年版，第 338 页。

5. 刘丰：《均势生成机制的类型与变迁》，载《欧洲研究》2009 年第 4 期。

6. Jack S.Levy and William R.Thompson, "Balancing on Land and at Sea: Do States Ally against the Leading Global Power?" *International Security*, Vol.35, No.1, Summer 2010, pp.7—43.

7. T.V.Paul, James J.Wirtz, and Michel Fortmann, *Balance of Power Theory and Practice in the 21st Century*, Stanford, CA: Stanford University Press, 2004, p.2.

8. [美]汉斯·摩根索：《国家间政治——寻求权力与和平的斗争》，徐昕等译，中国人民公安大学出版社 1990 年版，第 260—261 页。

9. [美]亨利·基辛格：《世界秩序》，胡利平、林华、曹爱菊译，中信出版社 2015 年版，第 435 页。

10. Levy and Thompson, "Balancing on Land and at Sea".

11. Paul, Wirtz, and Fortmann, *Balance of Power Theory and Practice in the 21st*

Century，p.32.

12. 张鸿石：《联盟及联盟之后》，时事出版社 2014 年版，第 109—122 页。

13. 孟维瞻：《权力·合作·平衡——防御性现实主义理论研究》，世界知识出版社 2010 年版，第 223 页。

14. [美]斯蒂芬·范·埃弗拉：《战争的原因——权力与冲突的根源》，何曜译，上海人民出版社 2014 年版，第 144 页。

15. Robert Jervis，“Cooperation Under the Security Dilemma”，*World Politics*，Vol.30，No.2，January 1978，pp.170—191.

16. 韦宗友：《霸权阴影下的战略选择》，载《国际政治科学》2005 年第 4 期，第 60 页。

17. Levy and Thompson，“Balancing on Land and at Sea”.

18. Stephen Van Evera，*Causes of War：Power and the Roots of Conflict*，Ithaca，NY：Cornell University Press，1999，p.6.

19. [美]罗伯特·杰维斯：《国际政治中的知觉与错误知觉》，秦亚青译，上海人民出版社 2003 年版，第 27 页。

20. Robert Jervis，*System Effects：Complexity in Political and Social Life*，*Princeton*，NJ：Princeton University Press，1997，pp.137—139.

21. Randall L.Schweller，“Unanswered Threats：A Neoclassical Realist Theory of Underbalancing”，*International Security*，Vol.29，No.2，2004，pp.159—201.

22. Arash Heydarian Pashakhanlou，“Back to the Drawing Board：A Critique of Offensive Realism”，*International Relations*，Vol.27，No.2，2013，pp.202—225.

23. [美]杰克·斯奈德：《帝国的迷思：国内政治与对外扩张》，于铁军译，北京大学出版社 2007 年版，第 22 页。

24. Joseph Nye，“The Case for Deep Engagement，” *Foreign Affairs*，Vol. 74，No.4，July/August 1995，pp.90—102.

25. Robert J.Art，“The United States and the Rise of China：Implications for the Long Haul”，*Political Science Quarterly*，Vol.125，No.3，2010，pp.366—389.

26. [美]科普兰：《大战的起源》，第 51 页。

27. Robert J.Art，“The United States and the Rise of China”.

28. [英]赫得利·布尔：《无政府社会：世界政治中的秩序研究》，张小明译，上海人民出版社 2015 年版，第 62—63 页。

第六章
中国与“一带一路”规则制定权

“一带一路”倡议是中国迈向新时代的核心战略设计，攸关中国改革开放的成败，身系世界和平与发展的前景。“一带一路”倡议的提出，源自以习近平同志为核心的党中央对密切结合国内外两个大局的深刻思考和远见卓识，体现了中国国家理想和世界理想相辅相成的战略高度；“一带一路”倡议的落实，坚决贯彻中国新型国际关系和人类命运共同体的创新理念，以包容开放的姿态加入2008年国际金融危机爆发至今国际规则主导权和话语权的竞争，体现了中国把握先机的战略运筹能力；“一带一路”倡议的开花结果，迄今得到100多个国家和国际组织的积极支持和参与，正在促成与沿线国家共商、共建、共享的合作格局，被视为沿线各国实现共同发展、合作共赢的最大平台，从理念、远景到规则协商、战略引导，国内外保障体制机制逐步走向完善，中国牢牢把握着主动权和主导权，体现了中国从顶层设计到组织实施的战略执行能力。概言之，“一带一路”倡议的提出与落实，深刻体现了中国决策者战略运筹，牢牢把握国际规则制定权和话语权的高超能力。

随着“一带一路”倡议的深入落实和全面铺展，其国际规则制定权成为所涉各国越来越密切关注的重大议题，被视为“一带一路”能否长期成功的试金石。有鉴于此，本章拟对如何推进“一带一路”规则制定进行研究，其基本思路是：剖析“一带一路”的战略定位，概括“一带一路”建设面临的质疑与挑战，总结中国推进“一带一路”规则制定面临的机遇与现状，以上述研究为基础就抓好“一带一路”规则制定权、牢牢把握话语权提出具体的对策建议。[1]

第一节 “一带一路”的战略定位

“一带一路”倡议的提出，与国内外情势变化密切相关，是走进社会主义建设新时代的中国国家理想与世界理想相辅相成的表达。2008年国际金融危机爆发以来，世界政治经济格局发生深刻变化，中国国际地位空前提高，中国与世界的互动进入新阶段。中国站到了新的历史起点上，近代以来久经磨难的中华民族实现了从站起来、富起来到强起来的历史性飞跃，社会主义在中国焕发出强大生机活力并不断开辟发展新境界，中国特色社会主义拓展了发展中国家走向现代化的途径。与此同时，在世界进入深刻转型之际，中国嵌入全球化的深度与广度史无前例，其引领作用更显突出，在完善全球治理、维护地区与全球安全、运筹大国关系等方面，充分体现出大国的自信与责任担当；在解决人类共同面对的问题上，中国以其世界理想为引领，贡献中国智慧、提供中国方案。在一个充满不确定的时代，中国成为世界稳定之锚，成为世界和平发展的积极推进者和战略引领者。中华民族伟大复兴的中国梦和人类命运共同体的世界梦的相继提出，就是中国面向未来的理想表达，“一带一路”倡议就是结合上述理想的现实表达。

第一，“一带一路”倡议是中国国际合作模式的探索。国际合作的重要性得到各国决策者的高度重视，被视为国家目标实现的核心路径。正如习近平指出的：“在各国彼此依存、全球性挑战此起彼伏的今天，仅凭单个国家的力量难以独善其身，也无法解决世界面临的问题。只有对接各国彼此政策，在全球更大范围内整合经济要素和发展资源，才能形成合力，促进世界和平安宁和共同发展。”[2]世界急遽变革，大国兴衰加速，新兴大国要想实现可持续的跨越式发展，必须创新国际合作模式。进入新时代的中国不仅仅国家实力和国际影响进一步增强，其产业结构水平也从总体上摆脱了一般发展中国家的特征，[3]迎来了担当发展中国家和发达国家之间桥梁的战略机遇。而“一带一路”致力于开创国际合作新模式，以沿线各国发展规划对接为基础，以经济贸易合作特别是互联互通建设为重点，以贸易和投资自由化、便利化为纽带，推动政府、企业、社会机构、民间团体开展形式多样的互利合作，构建多主体、全方位、跨领域的合作平台。[4]如习近平指出的，“一带一路”建设跨越不同地域、不同发展阶段、不同文明，是一个开放包容的合作平台，是各方共同打造的全球公共产品。它以亚欧大陆为重点，向所有志同道合的朋友开放，不排除、也不针对任何一方。在“一带一路”建设国际合作框架内，各方秉持共商、共建、共享原则，携手应对世界经济面临的挑战，开创发展新机遇，谋求发展新动力，拓展发展新空间，实现优势互补、互利共赢，不断朝着人类命运共同体方向迈进。[5]“一带一路”倡议体现了以共同发展为核心、以开放包容为特色、以宏观政策协调和市场驱动为两轮的战略思路，是一种新型的国际合作模式追求，体现了中国的国际合作理论特色追求，即以命运共同体为指向、以共同利益为前提、以共赢为目标、以积极承担大国责任为重要条件。中国深刻认识到中国崛起的全球震动，申明走和平发展道路的坚定意愿，提出欢迎其他国家搭乘中国发展列车的倡议，致力于同世界各国发展友好合作关系，强调合作者的地位平等，并致力于分享发展红利，适当让渡非战略性利益，积极承担大国责任。[6]

第二，“一带一路”倡议体现了中国对新型地区合作机制的追求。“一带一路”倡议是中国提出的一个陆海并进、依托亚洲、辐射周边、影响全球的泛亚地区倡议，[7]体现了中国对建构开放包容的地区合作机制的思考。“一带一路”首先是一个地区经济概念，以推动各国共同发展为指向，以亚欧大陆经济一体化发展为支撑。“一带一路”倡议是以亚洲国家为重点，以构建陆上和海上经济合作走廊为形式，以运输通道为纽带，以互联互通为基础，以多元化合作机制为特征，以打造命运共同体为目标的区域合作安排。[8]另外，它又表明了中国新的国际定位是全球性大国，不把自身利益局限于亚洲，而是在全球，尤其是亚洲、欧洲、非洲等扩展其国际影响力，寻求全球范围的区域制度化合作。此外，鉴于中国地缘政治经济格局的既有困境，改善地缘政治环境的目标也是该倡议的既有之义，自然拓宽了原有地区合作机制局限于经济领域的狭隘。[9]李向阳认为，“一带一路”倡议是以古丝绸之路为纽带，以互联互通为前提，以多元化合作机制、义利观为特征，以人类命运共同体为目标的发展导向型区域经济合作机制。[10]当前，“一带一路”倡议所体现的主要是一种较为灵活的地区经济合作模式，双边发展战略对接、多边自由贸易保障体系和投资保护体系正在尝试推进，规则性导向日趋明显，未来新型国际合作规则的协商与确定必不可少。“一带一路”倡议是中国通过陆海构建对外经济合作、实现亚太地区经济一体化的重大倡议，是新形势下中国应对国内外困境、把握国际规则制定权、构建国际话语权体系的重要举措，与沿线国家共同探讨建立包括商品贸易、投资便利化、金融风险防范、经济发展互助、货币与汇率协调等方面在内的合作机制势在必然。[11]

第三，“一带一路”倡议是中国走进新时代的对外开放战略。1978年至今，以开放和改革为主要路径，中国进入了经济社会全面发展的快车道，主动开启了融入国际体系的进程，成长为国际体系中合作性的、负责任的、建设性的、可预期的塑造者。可以说，对外开放是中国处理与世界关系的核心战略路径，它实质性地促成了中国与世界的良性互动，成为中国正在开创的和平发展道路的本质特征。[12]将对外开放置于发展战略的核心地位让中国获益良多，中国对外开放本身也有其复杂的历史背景和线性的发展脉络。中国的对外开放历程有其自身特点和发展逻辑，既是渐进主义式的演进，又是上台阶式的跨越；既是不断地积累的量变，又是显示部分的质变。[13]“一带一路”正是中国对外开放战略的上台阶之作。可以说，“一带一路”倡议的提出和落实，是实施更加主动的对外开放战略的客观需要。作为中国全方位主动对外开放战略的新型国际经济合作平台，“一带一路”倡议把战略对接作为具体的实施目标，推动形成以中国为中心、周边为腹地的全球开放型经济体系，体现了开放包容、灵活务实的东方智慧。[14]

第四，“一带一路”倡议体现了中国塑造国际规则体系的追求。2008年国际金融危机爆发以来，国际规则进入重构期，国际合作的主导权之争、国际规则制定权之争激烈异常，中国不能置身事外。中国等新兴大国遭受的经贸壁垒和不利规则日益增多，急需加强地区经济合作、参与全球经贸规则重塑、打破美欧等的区域规则限制，而“一带一路”倡议的提出和迅速发展恰好满足了这一需求。[15]《中共中央关于全面推进依法治国若干重大问题的决定》明确指出：“积极参与国际规则制定，推动依法处理涉外经济、社会事务，增强我国在国际法律事务中的话语权和影响力，运用法律手段维护我国主权、安全、发展利益。”“一带一路”倡议是中国面临新的国际经贸规则重塑形势的现实选择，它为中国对外经贸交往提供了更多的合作伙伴，也为增强中国对外经济影响力创造了可能，更为参与重塑适合中国利益的国际经贸规则提供了具体路径。与此同时，“一带一路”横跨亚欧非大陆，涉及地域与国家广泛，唯有塑造相对稳定的行为标准和共有规范，才能实现真正的“互联互通”。否则，“一带一路”只能是单体合作项目的集合，难以实现跨区域的整体合作。[16]作为“一带一路”倡导国，中国与沿线国家成功开展经济合作的新范式无疑将在未来全球经济规则制定中占有一席之地，有利于掌握规则制定的话语权与主动权。[17]当前国际规则重构最突出的特点是美国、欧盟和中国这三个当今世界最大的经济体和贸易伙伴成为规则制定最重要的主体。美国作为第二次世界大战后国际经贸规则的主导者，仍然在尽最大的努力维持其主导地位；欧盟通过集中统一管辖各成员国对外投资的立法权，与美国、中国分别开展包括投资在内的国际经贸规则谈判；中国开始崭露头角，主导成立亚投行、金砖国家开发银行，提出“一带一路”倡议，渐进削弱欧美在国际经贸规则制定中的主导权，并尝试在新的全球治理理念的指导下，形成新的国际经贸规则制定模式。[18]

第五，“一带一路”倡议是中国迈向新型世界大国的理想追求与现实路径。“一带一路”是具有全球视野、蕴藏中国智慧、高屋建瓴、内涵深刻的长期综合倡议，具有对外统领性质和深远的历史意义。[19]“一带一路”倡议强调中国开放、地区合作、全球发展的有机结合，被视为中国迈向世界大国的重大举措，表明中国确定了走向综合性全球大国的路线图。[20]中国通过“一带一路”，将沿线国家紧密联系在一起，通过建设基础设施实现互联互通，在此基础上开展金融、贸易、投资等各方面广泛合作，促进了沿线各国的发展，增进了各国间的相互联系，为世界经济复苏和强劲增长注入了强大动能。以此为基础，中国的全球战略定位进一步明确：国际体系的参与者、受益者、建设者、贡献者，国际合作的倡导者，和平发展的实践者、共同发展的推动者、多边贸易体制的维护者和全球经济治理的建设性参与者和积极引领者。[21]中国呼吁共同推进构建人类命运共同体伟大进程，倡导新型国际关系建设。新型国际关系的基础是中国坚持和平发展道路选择，致力于成为新型大国，奉行具有中国特色的大国外交，并通过国际合作实现共赢，共同为一个更美好的世界而努力。

第二节 "一带一路"建设与中国国际规则制定权

进入 21 世纪第二个十年，世界经济进入深刻转型过程之中，国家间、地区间围绕国际规则制定权、国际合作主导权展开新的竞争，尤其是诸大国围绕经济规则制定权的竞争异常激烈。《区域全面经济伙伴关系协定》(RCEP)、《跨太平洋伙伴关系协定》(TPP)、"一带一路"倡议等在一定意义上均是上述竞争的产物。在美国等西方发达国家主导新一轮地区经济合作的潮流之下，以新兴大国为代表的发展中世界面临着巨大挑战和必须紧紧抓住的机遇。国际规则处在推陈出新的历史拐点，中国需要更加积极主动地参与规则构建。[22]

"一带一路"倡议赋予中国参与国际经济规则重塑的重大机遇。作为"一带一路"倡导国，中国与沿线国家成功开展经济合作的新范式无疑将在未来全球经济规则制定中占有一席之地，有利于掌握规则制定的话语权与主动权，而中国主导推行的亚投行建设等均可被视为对现有全球治理规则体系的完善之举，将弥补现有国际合作机制对发展中国家金融支持的缺失与不足，提升新兴大国在国际经贸规则重塑中的话语权和影响力。[23]"一带一路"是推动国际规则建设的重要抓手，其核心内容均与国际规则的重塑有关。正如习近平强调指出的，加强经济政策协调和发展战略对接，努力实现协同联动发展，通过开展"一带一路"建设国际合作，形成政策协调、规划对接的合力，支持构建开放型世界经济，推动自由贸易区建设，促进贸易和投资自由化便利化，围绕各自国家的发展战略以及国际和地区组织制定的合作规划加强有效对接，优势互补，协同并进。[24]

"一带一路"建设推行开放且非排他的合作模式。在"一带一路"倡议的框架下，中国不会直接挑战由美欧发达经济体主导的现有国际制度、规范和价值观，但会以"一带一路"沿线发展中国家的共同价值观、利益和经验为基础，尝试创设地区秩序和制度安排，对既有国际制度进行适时的补充与改革。[25]中国并不期望"独唱"，而是追求通过"合唱"的方式将达成共识的合作模式规范化，不断总结国际合作经验，在成熟的时机制定统一的国际规范，[26]并在其中把握国际规则制定权。不断完善的“一带一路”经贸规则将为国际经济规则投射新的智慧，同时“一带一路”倡议下繁荣的双边经贸关系和自贸区建设将促进经贸规则经由双边向多边发展，并最终贡献于国际经济规则一体化发展。[27]

“一带一路”倡议堪称提升中国在全球经济治理体系中地位的关键路径。现有国际经贸规则的重塑本质上仍是由发达国家主导，“一带一路”倡议以高度灵活性、极强操作性和广泛适用性的走廊模式吸引更多国家自愿参与、主动进行发展战略对接，有效避开美欧等高标准的区域贸易协定，制定适合新兴国家利益需求的区域经贸规则；在国际金融领域，亚投行、丝路基金等在资金支持、投票机制、业务运营机制等方面进行创新，可以储备必要的国际经验，对国际货币基金组织等的改革提供借鉴，主动迎接发达国家主导修订金融规则的挑战。与此同时，“一带一路”建设面对诸多争端解决机制的协调，其相关思考与解决方案有利于加强地区协调，深化共识，其经验教训有助于增强中国与其他国家和国际组织进行规则谈判的话语权。随着“一带一路”建设的推进，在设计、工程建设、运营管理等领域的中国规则和中国标准走出国门，走向周边和世界。推动中国标准的普及一方面有利于进一步提升我国企业的生产制造水平，同时也有利于为长久的合作共赢打下坚实的基础，是中国发挥自身优势参与全球治理的有效途径。[28]此外，作为一种发展导向的国际合作倡议与实践，“一带一路”建设以开放包容的姿态协商和确定国际规则，有助于形成一个比较松散而有效的国际经济共同体。作为一种规则导向的国际合作倡议与实践，推进贸易投资自由化与便利化是其实施的基本方向，中国可稳步推进与“一带一路”沿线国家的制度化合作。基于此，“一带一路”建设不仅需要现有各种多边和双边机制作保障，而且需要制定和完善更多的机制，并将贸易、投资、产业、金融等领域的合作机制建设作为优先领域。

“一带一路”倡议强调互利共赢的开放理念、“亲、诚、惠、容”的地区合作理念，强调通过政府间合作推动宏观政策协调和战略对接，重视政策和市场信息的共享，致力于通过双边合作与多边协调寻求共识的达成，强调市场导向、政府推动、企业主导的共同发展路径，打造软硬兼施的制度化约束模式，使得中国与沿线国家的合作既受制于制度化约束，又避免强制性羁绊，保持合作的规范性与灵活性，[29]体现平等协商、互利共赢、和谐包容、市场运作、寻求利益契合点和合作最大公约数的合作原则。[30]基于此，“一带一路”治理结构体现出多元化合作机制的特征，自由贸易区、次区域合作、经济走廊、产业园区等多元并存，共同推进。[31]中国并未寻求建立一国主导的规则体系，而是体现出打造以合作共赢为核心的新型国际关系的决心，强调沿线各国在“一带一路”建设中平等协商、共同参与、利益共享。[32]其间，中国政府在不同场合说明其开放包容、互利共赢的性质，强调中国是倡议者而不是主导者，不会通过规则制定来谋求自己的势力范围，并按照市场的逻辑加以推进。[33]随着“一带一路”倡议的不断深入推进，在互联互通、共同发展基础上沿线国家的政策协调朝着制度化的方向发展，中国引领者的角色得到沿线各国的尊重与支持，一种新型的国际规则制定模式正在形成。

“一带一路”倡议秉承共商、共建、共享的原则，以亚洲国家为重点，以构建陆上和海上经济合作走廊为主要形式，以运输通道为纽带，以互联互通为基础，以多元化合作机制为特征，以打造命运共同体为目标，体现了中国建立全球市场机制的长远战略目标。[34]中国引领和主导推动着相关国际规则的制定，这主要体现在以下四个方面。

第一，积极利用现有的多边国际合作机制，体现出对全球性国际规则体系的倚重。一方面，以联合国为核心的全球性国际规则体系运行经年，相对成熟完备，为“一带一路”的规则建设提供了重要的制度性参照。中国强调对联合国体系的倚重和支持，以此为基础推动具体经贸领域的国际规则创新。另一方面，“一带一路”背景下的国际合作模式与此前有着较大的不同，既有的国际规则体系遭受着以西方国家为主导的现实挑战，我们更强调对传统国际规则体系的创新性采用。

第二，在基础设施建设、金融等中国有一定优势的领域主导筹建新的多边开发机制，致力于国际规则创新。“一带一路”倡议的国际规则建设在基础设施建设、融资领域不断发展，初步形成具有系统性的国际制度体系，亚投行、金砖国家开发银行、丝路基金、上海合作组织开发银行等均是中国为推动“一带一路”倡议而主导建立的金融合作机制，加上能源发展基金、中国—东盟投资合作基金、中国—中东欧投资合作基金等的侧翼支持，初步形成了在基础设施建设和融资领域的系统性制度安排。与国际货币基金组织、世界银行、亚洲开发银行以及欧洲复兴开发银行相比，上述治理制度在组建过程中具有平等、高效的特征，在制度特征上具有包容性、合法性强的特征，有效地体现了中国的倡议权、主导地位，并积极保障了发展中国家的话语权，弥补了西方国家因实力衰落而无法提供公共产品的不足，与世界银行、亚洲开发银行（ADB）等西方主导的国际制度并立而行，各有所长，相互激发。[35]

第三，在南北国家共同关心的自贸区领域积极探索。近几年来，随着知识产权、竞争政策、投资、环保法规、劳动市场保护、金融服务等“第二代”贸易政策越来越成为自由贸易协定（FTA）谈判的核心议题，美欧发达国家通过《跨太平洋伙伴关系协定》（TPP）、《跨大西洋贸易与投资伙伴协定》（TTIP）等经贸安排的谈判，推动在环境治理、知识产权保护、竞争政策、国有企业、产业政策等领域制定更高、更严格的标准，力图继续把持国际规则制定的话语权和主导权，南北矛盾愈发突出。中国深刻认识到相关竞争的重要性，并着力进行相关战略部署。2013 年 11 月，党的十八届三中全会提出，“要以周边为基础加快实施自由贸易区战略，形成面向全球的高标准自由贸易区网络”。2015 年 12 月，国务院发布《国务院关于加快实施自由贸易区战略的若干意见》，明确指出我国的自由贸易区战略要立足周边，辐射“一带一路”沿线国家，提出积极推进“一带一路”沿线自由贸易区，积极同“一带一路”沿线国家商建自由贸易区，形成“一带一路”大市场，将“一带一路”打造成畅通、商贸和开放之路。中国与“一带一路”沿线国家所签署的自由贸易协定主要集中在周边，尚未辐射到中亚、中东欧地区，并且这些自由贸易协定的一体化水平总体不高，主要集中在传统的货物贸易领域，服务贸易和投资领域开放水平较低，“第二代”贸易政策涉及不多。“一带一路”倡议实施以来，中国抓紧与相关国家修订和完善自由贸易协定规则，尤其是《中国—东盟自由贸易协定》升级版取得实质性进展，《区域全面经济伙伴关系协定》谈判深化了区域合作关系。[36]不可否认，中国与东盟、中亚国家等进行的区域贸易谈判仍主要集中在货物贸易规则的统一，在服务贸易及非传统领域的规则谈判和统一上相对滞后，例如中国仅与《区域全面经济伙伴关系协定》谈判国实现了部分的货物贸易规则谈判,在服务贸易、贸易便利化、投资及环境等的规则谈判进展甚微,这些都需要中国与沿线国家在“一带一路”倡议下进行协调。[37]当前,“一带一路”沿线国家之间的贸易安排整体水平较低,构建“一带一路”自由贸易区网络具有重要意义。另外,“一带一路”倡议以经济议题为主,但涉及政治、文化等众多议题,超出了传统自由贸易协定的内容,[38]如何推动相关整体性谈判已成各方关注的重要议题。

第四,加强国内保障机制建设,夯实积极参与国际规则制定的国内基础。中国通过成立中共中央“一带一路”建设工作领导小组、设立商务部欧亚司和“一带一路”政府和社会资本合作(PPP)工作机制、推动出台“一带一路”对接方案等,完善了国内保障机制建设。中国同时提出“一带一路”倡议与设立中国(上海)自由贸易试验区,是深思熟虑的战略抉择。《国务院关于加快实施自由贸易区战略的若干意见》明确指出:“上海等自由贸易试验区是我国主动适应经济发展新趋势和国际经贸规则新变化,以开放促改革促发展的试验田,把对外自由贸易区谈判中具有共性的难点、焦点问题,在上海等自由贸易试验区先行先试,通过在局部地区进行压力测试,积累防控和化解风险的经验,探索最佳开放模式,为对外谈判提供实践依据。”上海、天津、福建、广东等自由贸易试验区着力制度创新,逐步形成了以负面清单管理为核心的外商投资管理制度、以贸易便利化为重点的贸易监管制度、以资本项目可兑换和金融服务业开放为目标的金融创新制度、以政府职能转变为核心的事中事后监管制度,为积极参与国际规则谈判进行了扎实的理论与实践储备。[39]

上述举措和努力为中国积极参与国际规则制定、把握国际规则制定权奠定了较为坚实的基础。中国秉持的开放包容、合作共赢的理念得到了落实,在基础设施领域和金融合作机制领域的规则创新引起了国际社会的高度关注,体现出与美欧西方国家理念与规则的鲜明对照,形成了对现有国际经济规则的新突破,以及对贸易、投资、能源、金融以及争端解决等多领域进行规则创新的期待。[40]另外,“一带一路”建设的低制度化安排也引起了国际社会的高度关注。“一带一路”建设没有形成统一的制度化安排,没有统一的常设机构进行管理,涉及的经济规则范围有限,规则标准和执行力较低。这种模式能够以合作内容的广泛性和最小限度的约束力确保合作的连续性，降低合作的交易成本，在各国均面临基础设施建设巨大资金缺口的时机推进比较迅速。“一带一路”倡议是在各国国情差别极大、社会基础设施不完善、法律法规不健全、区域整体性合作框架缺失的客观环境限制下展开的，这使得中国在处理与沿线国家的合作关系、管理日益密切的经贸往来、解决贸易投资争端等方面缺乏强有力的制度规则支撑，“一带一路”建设前期，可以不预先设定具体的制度规范体系，而致力于通过加强沟通合作逐步建立和完善国际合作规范，但当“一带一路”建设推进到需要加强国际规则建设以保障功能合作的果实时，经济规则低标准和软约束的特征将成为重大障碍。[41]为此，中国必须未雨绸缪。

第三节　“一带一路”建设中中国面对的质疑与挑战

“一带一路”倡议甫一提出，就引起国际社会的高度关注，质疑声持续不断。与此同时，中国将“一带一路”建设视为具有关键甚至决定性意义的优先外交任务，对“一带一路”的态度很大程度上成为中国衡量对象国与自己双边关系的标尺。[42]“一带一路”倡议提出之时，正值东海、南海岛屿争端激化，中国正当的维权行为被外界视为“咄咄逼人”，甚至认为中国要以实力改变现状，受到国际社会的误解。一方面，中国与世界主要大国，尤其是美国的关系摩擦不断；另一方面，中国与发展中国家的关系也面临着挑战，而后者通常被认为是中国外交的基石。中国希望通过支持相关沿途国家道路、机场、港口等基础设施开发，密切贸易和投资合作，促进“一带一路”沿线国家的经济社会发展，发展合作共赢的新型关系，缓解这些国家因中国经济快速发展和影响力扩大而产生的焦虑不安，消除“中国威胁论”产生的土壤。从这个意义上讲，“一带一路”倡议在一开始就具有解决问题的性质。[43]有鉴于此，我们有必要梳理中国在“一带一路”建设中面临的质疑与挑战，深入剖析中国积极作为的国际背景。

“一带一路”倡议提出后，中国反复阐释它是一个和平、合作、平等、包容、共建、共享、共赢的倡议，但基于地缘政治、战略考量和现实利益等因素，仍有域内外国家对该倡议存有疑虑和不安。尤为典型的是，进入2018年，西方国家反制“一带一路”的言论不断。德国外交部长西格玛·加布里尔在第54届慕尼黑安全会议上宣称中国利用“一带一路”投资宣扬与西方不同的价值观体系，抨击“一带一路”不利于民主自由。法国总理菲利普回应称，欧洲“不能把新丝绸之路的规则交由中国制定”，一时间风云四起、关注不断。

我们认为，对于中国“一带一路”倡议的质疑，可概括为不同版本的“中国威胁论”。梳理相关质疑，“中国扩张论”“中国挑战论”与“中国霸权论”最有市场。有的西方国家将“一带一路”倡议视为中国试图改变秩序规则、获得地区和全球主导权的国家战略，认为中国通过改写国际规则谋求霸权。一些国家将经济问题政治化，认为“一带一路”倡议是中国对外扩张的国家战略，是中国谋求过剩产能倾销、为中国企业寻求新市场新需求的重要载体，是挑衅西方主导的国际秩序的重要手段。有的美国学者将“一带一路”倡议与马歇尔计划相提并论，认为二者都是获取世界大国地位的手段与途径。[44]有些日本学者认同这一说法，认为中国利用丰富的外汇资产和资本实现消化剩余生产能力和推进高科技技术的海外出口，实现人民币国际化，是“中国版马歇尔计划”。[45]印度则把中国“一带一路”倡议视为战略挑战，认为这是中国将印度洋沿岸国家纳入其影响范围的战略举措，对印度在南亚的霸权地位和印度洋地区安全提供者的地位构成了直接挑战。[46]有的西方人士认为，中国推行“一带一路”倡议意在重构中国为“宗主国”、周边国家为“朝贡国”的现代版朝贡体系，是通过构建地区霸权寻求世界主导地位的跳板。这一说法在日本最有市场。例如，高木诚一郎认为，“一带一路”倡议的核心是通过向发展中国家的基础设施建设提供资金，并由中国主导推动，构建以中国为中心的新地区秩序。山本吉宣认为，“一带一路”不仅构筑地区内基础设施网络，也通过政策协调、贸易畅通、货币稳定等手段试图构筑中国主导的国际秩序，同时要提升中国的国际地位和海外影响力，成为国际规则的制定者。[47]对此，美国一些人士也多有论述。例如，美国海军战争学院的霍姆斯认为，中国通过“一带一路”向邻国施展经济恩惠，以换取它们政治上的顺从，这是历史上中国王朝的常见做法。[48]

与此同时,"中国威胁论"有了诸多新说法和新版本,经济威胁、军事威胁、战略威胁等不一而足,而价值观威胁论、国际规则威胁论最为引人注目。就前者而言,德国外交部长加布里尔对中国的指责最为典型。就后者而言,相关论述日渐丰富。例如,布鲁金斯学会的研究员包道格(Douglas Paal)和陈懋修(Matt Ferchen)认为,在现有国际秩序的许多重要方面,中国更接近于一个规则制定者,而非接受者。中国的主要目的不是直接彻底推翻管理现有贸易和主权国家关系的国际规则,而是以符合中国新地位、符合中国眼中的国际权力结构变化的方式,积极塑造中国的经济和安全环境。[49]一些美国学者认为,亚投行将成为中国追求和捍卫其自身利益、争夺国际秩序话语权的重要工具,它将改革国际社会的一些既有规则、机制,提升中国的议程设置能力,增强中国在现有国际机制及国际秩序中的影响力和权威,削弱美国的影响力,传播新的国际机构的原则、规则和规范,从而形成对抗竞争对手的基础。[50]甚至很多西方人士认为中国建设"一带一路"的主要目的是获取相关国家的能源资源、追求利润最大化,而不顾当地的环境保护和民众福利,威胁相关国家的生态安全和社会稳定,推行新殖民主义。

其间,"中美对抗论"为各国各界所高度关注。美国倾向于把"一带一路"倡议视为中国追求海权和陆权平衡的战略:中国通过加强互联互通、拓展经贸合作等方式扩展陆权,并超越西太平洋海域,向南深入南太平洋,向西开辟进入印度洋,对抗美国在这一海域的力量,这可被视为中国与美国争夺世界霸权的重要举措。中美各自在全球范围内提出各种倡议和安排,具体做法不同,反制对方的意味明显。[51]有的美国人士认为,"一带一路"建设本质上就是在美国主导力缺乏、区域合作机制化程度较低的中亚、南亚等地区推行一体化战略,形成一个从东亚到西欧的经济和政治共同体,使中国倡导的相互尊重、相互信任成为主导原则,显示中国重新成为"中央王国"的雄心。[52]有的美国学者认为,与美国争夺规则制定权和国际话语权是"一带一路"倡议的重要目标之一,亚投行与世界银行、亚洲开发银行的主要目标都是基础设施建设,议题范围重合,美国在亚洲基础设施建设方面的主导地位将发生动摇,对此,美国自然不愿接受,中美对抗自然不可避免。可以说,中美之间的秩序之争、模式之争、规则之争愈发明显,而规则之争作为核心要素体现了出来。

上述质疑，既是"一带一路"建设面临挑战的原因，也是相关挑战的直接结果。相关挑战主要体现在以下四个方面。

其一，沿线国家对"一带一路"倡议存在担忧和战略摇摆，存在政治风险和政治挑战。沿线国家既希望从"一带一路"建设中获得实在的好处，又担忧对中国形成新的依赖关系，这种疑虑往往导致战略上的摇摆，影响"一带一路"倡议的顺利实施。沿线许多国家处于政治转型期，并具体表现为新旧体制转轨期、民主改造探索期和社会局势动荡期，政治不稳定因素有可能长期存在，对"一带一路"倡议构成系统性风险。沿线国家多是中小国家，对主权非常敏感，对外往往采取平衡外交政策，[53]以制衡中国影响的扩大。有的国家担心中国商品大量涌入，中国企业冲击其相对落后的新兴产业，担心中国企业会重有形建设而轻技术共享，从而造成竞争环境的不公平。与中国有领土争端的东南亚国家，担心中国实行军事扩张，质疑中国推进合作背后的战略意图，相关海洋纠纷、海权划分和岛屿争端构成长期障碍，往往秉持"两面下注"的心态，奉行经济上靠中国、安全上靠美国的摇摆战略，阻滞"一带一路"倡议的落地生根。[54]

其二，大国博弈与掣肘不断，导致地缘竞争升温，战略风险与战略挑战长期存在。"一带一路"倡议被视为中国谋求世界大国地位的大战略，世界诸大国的关注在所难免。"一带一路"途经世界自然资源的主要产区，历来是诸大国争夺的战略要冲。[55]有鉴于此，大国博弈与大国掣肘长期存在，战略挑战势在必然。"一带一路"倡议关涉美国、俄罗斯、日本、德国、法国、印度等诸全球大国、地区关键大国的政治经济势力范围，这些大国对"一带一路"说三道四甚至公然反对都是有可能的，并会引发相关沿线国家的担忧，这对"一带一路"倡议长期的顺利实施构成严峻挑战。如何成功化解与这些大国之间的正面冲突是"一带一路"倡议能否顺利实施的重要前提。[56]

美国对中国的战略疑虑加深，密切关注中国实施"一带一路"倡议带来的国际规则体系挑战和地区影响力再平衡，把"一带一路"倡议视为对其亚洲乃至世界主导地位的巨大挑战，故而从为日本、菲律宾、越南等国在东海、南海与中国挑起领土领海争端撑腰到直接走到前台，倡议“自由开放的印太战略”，其目标就是制约“一带一路”倡议，对中国采取竞争性的立场。[57]俄罗斯尽管积极推进欧亚联盟战略与“一带一路”倡议的对接，但对中国与中亚诸国的密切接触高度警惕。印度一直对“一带一路”倡议持消极态度，认为其实施将导致从地缘上、政治上对印度的战略包围；因而利用“季风计划”开展富有针对性的对抗策略，并在南亚地区和印度洋地区频繁给中国设置障碍。日本虽然转变了对“一带一路”倡议的态度，表示出加强合作的意愿，但战略上警惕和遏制中国的取向、经济上与中国竞争的态度不会改变。欧洲国家对“一带一路”倡议的态度明显分化：中东欧和南欧的非欧盟成员国家态度积极；但西欧国家的态度转恶，担心“一带一路”倡议对欧洲投资制度和成员国之间的政治团结产生负面影响，开始强调中欧价值观上的分歧和战略上的竞争。上述因素导致欧亚非地缘竞争均有所升温，战略挑战长期存在。

其三，“一带一路”沿线有着较多安全风险，安全挑战持续存在。中国外部安全环境正处于全球权力结构调整过程中的阵痛期、亚太地区多边机制变动过程中的紊乱期、周边邻国对中国崛起认识的集中反应期的特定阶段。[58]“一带一路”基础设施建设项目多集中在不安全和政治不稳定地带，安全风险突出，这不仅包括大国地缘政治博弈，领土、岛屿争端、个别国家政局动荡等传统安全风险，也包括经济安全、金融安全、恐怖主义威胁、流行性疾病暴发、跨国有组织犯罪等日益凸显的非传统安全风险。[59]尤其是，“一带一路”沿途所经区域形势复杂，一些地区长年动荡不安，恐怖主义、民族宗教纷争冲突不断。这些安全隐患将影响投资者信心和项目实施，利益分歧不断，有可能导致僵局。[60]

其四，“一带一路”沿线经济社会风险随处可见，不确定性较强。全球主要高风险国家均分布在“一带一路”沿线。“一带一路”沿线国家在经济体制、制度安排、文化特色、生活习惯、宗教信仰等方面各不相同，经济和社会发展水平参差不齐，协调难度较大，贸易和投资风险凸显。特别是，部分国家政局不稳，多为地缘政治的“破碎地带”，恐怖势力猖獗，投资环境面临重大挑战，并威胁到该区域的经济安全，反映在国内就是可能造成投资的低回报，甚至是影响到国内经济安全。[61]“一带一路”倡议在多个高风险地带深入推进，这些地带缺乏多边自由贸易安全体系和有效投资合作机制，区域内合作的深度和广度受到严重制约。一些沿线国家面临深刻的政治调整、经济转型和社会转轨，投资环境方面存在着不少中短期内难以解决的问题，市场波动风险、货币汇兑风险、劳资和公共关系风险、经营决策风险等时有展现。可以说，较差的运营环境、较低的地区发展水平和市场规模、滞后的经济一体化建设制约了各国的合作，反过来导致贸易往来存在较多壁垒和障碍；由于过度依赖于外部市场，受区域外经济波动冲击的风险较大。此外，“一带一路”倡议在基建项目推进过程中，常常会面对经济景气的变化、市场环境、地缘政治、宗教冲突乃至恐怖主义威胁等风险。为了尽可能地降低上述风险，中国在推进“一带一路”区域合作过程中需要贯彻“量力而行”原则，避免成为“沿线国的发改委加财政部”。[62]

上述诸多风险、挑战的应对与解决，有赖于中国与“一带一路”沿线国家在合作规则上的协调与确定，通过规则制定预防和化解风险当为正途。

第四节　抓好“一带一路”规则制定权、牢牢把握话语权

“一带一路”建设与中国的国际规则制定权密切相关。习近平指出，“一带一路”建设对于挖掘新的经济增长点、增强各国内生发展动力、促进全球经济增长具有重要意义，有利于推动经济全球化向包容普惠方向发展。[63]其主要路径就是：打造开放型合作平台，维护和发展开放型世界经济，共同创造有利于开放发展的环境，推动构建公正、合理、透明的经贸投资规则体系。[64]在推进“一带一路”国际规则体系建设的过程中，中国应强调公正合理、包容透明、开放共赢的原则，在规则制定过程中担当倡议者、引领者的角色，潜在或显在地发挥主动和主导作用，抓好国际规则的制定权和话语权。

第一，提炼和丰富中国国际合作理论，保持理念创新和战略引领。“一带一路”倡议体现了中国国际合作理论诉求，而后者以中国战略思想创新为基础。当前，中国正在构建以融入—变革—塑造为核心的和平发展战略框架，如何通过和平、发展、合作、共赢的方式塑造世界的未

来，成为中国超越和平崛起、丰富和平发展、规划崛起之后的战略着眼点。以习近平同志为核心的党中央深刻认识到中国崛起给世界带来的震撼，秉承“达则兼济天下”的胸怀，坚持互利共赢的战略思路，强调与各国在利益汇合点的基础上开展合作，积极在力所能及范围内承担更多国际责任，与各国建立和发展利益共同体、责任共同体、命运共同体。中国倡导“人类命运共同体”的理念，提出构建新型大国关系、共建“一带一路”等新倡议，大力弘扬正确义利观，主张对发展中国家义利并举、义重于利，把本国发展战略与周边国家、发展中国家相对接，深化各国之间的互信合作。[65]中国的国际合作思想以变革自身为基础，以融入国际社会为路径，以渐进为核心方式，以内外兼修推动国际合作的展开与深入，体现出后来者应有的谨慎和大国应有的气度。中国国际合作理论以人类命运共同体为指向、以共同利益为前提、以共赢为目标、以积极承担大国责任为重要条件。中国深刻认识到中国崛起的全球震动，申明走和平发展道路的坚定意愿，提出欢迎其他国家搭乘中国发展列车的倡议，致力于与世界各国发展友好合作关系，强调合作者的地位平等，并致力于分享发展红利，适当让渡非战略性利益，积极承担大国责任。“一带一路”建设是中国提出的推进国际合作、实现互利共赢的重大倡议，以各国政策与规划的对接实现发展的国际协同，以合作路径与方式的创新推进经济全球化。[66]我们要以“一带一路”建设为抓手，推动具有中国元素、彰显中国智慧的新一轮全球化，继续保持理念创新和战略引领，吸引世界各国广泛参与。同时，要把关注的重点落在自身和倡议沿线国家共同增长问题上，更重视自身和周边国家未来的共同发展，推进内生性的发展战略，[67]确保各国之间的合作与协调。其间，要注重将中国特色的发展理念纳入其中，推动“一带一路”治理体系建设，形成中国特色的“一带一路”话语体系。

第二，以国际规则协商制定为切入口，妥善应对各种风险，积极进行制度建设，为打造命运共同体而努力。“一带一路”国际规则的协商制定，以风险应对为起点，以制度建设为路径，以打造人类命运共同体为目标。我们必须关注一系列显在或潜在的风险，必须未雨绸缪，通过创新合作机制，化解可能出现的风险，夯实合作的基础。“一带一路”持续运行离不开国际制度建设，而中国对“一带一路”建设的制度构建将基于沿途现有的国际合作框架，充分发挥现存的合作平台，并根据“一带一路”建设的实际需要，以制度创新的方式对现有制度进行补充，通过创新国际制度，推动地区治理朝着公正、合理、透明的方向发展。[68]探索建立以发展为导向的国际规则体系，是“一带一路”倡议的重要使命。我们不否认发展中国家在“一带一路”的主体地位，但其规则走向却必须基于具有普遍共识，秉持开放包容的品质。习近平对全球治理的观点对“一带一路”建设颇有启示：以平等为基础，更好反映经济格局新现实，增加新兴市场国家和发展中国家代表性和发言权，确保各国在国际经济合作中权利平等、机会平等、规则平等；应该以开放为导向，坚持理念、政策、机制开放，适应形势变化，广纳良言，充分听取社会各界建议和诉求，鼓励各方积极参与和融入，不搞排他性安排，防止治理机制封闭化和规则碎片化；应该以合作为动力，各国要加强沟通和协调，照顾彼此利益关切，共商规则，共建机制，共迎挑战；应该以共享为目标，提倡所有人参与，所有人受益，寻求利益共享，实现共赢目标。[69]

在“一带一路”倡议下，中国成为区域经贸规则修订的主导方，争取与其他国家公平、公正、合理地统一内部经贸规则，吸引更多国家修改和遵守统一规则，进而参与全球经贸规则重塑。为了避免与发达国家组成的区域经济组织出现对抗，中国需要选择重点领域进行域内规则修订，而非对规则的全面重塑，应首先实现“一带一路”沿线国家在某些领域的域内规则统一，以此为基础加大对全球经贸规则的重塑力度。“一带一路”沿线国家在政治、经济、文化和民族等方面均存在一定差异，对规则修订的接受度不同。因此在提升区域内经贸标准的同时关注各国实际困难，是“一带一路”域内规则重塑成功的关键。[70]中国与“一带一路”沿线国家合作机制的建设是一项系统工程，需精心设计。短期内应注重软机制的建设，重点在各国敏感度低、见效快的领域开展合作；中期来看，应秉持合作共赢原则，加快自贸区的建设，搭建中国与沿线各国贸易的平台；长期来看，应建立涵盖各领域的全方位合作机制，注重格局秩序的建设，完成由区域层面到格局秩序层面的飞跃。[71]

当前，自由贸易区协定谈判如火如荼地展开。中国可通过突破自贸区建设点对点的局限，构建与“一带一路”沿线国家双边、多边和区域、次区域高标准自贸区网络，从而有效减少双多边贸易投资壁垒，并由点到线、由线到面扩大利益汇合点，探索制定符合发展中国家利益的经贸合作规则，取得参与全球经贸规则制定的制度权力。[72]中国应启动中国与欧盟的自贸区谈判，加快实施以市场为导向的自贸区战略，促进中欧合作由贸易向投资、研发等领域的转移；推进中国—东盟、中国—海湾合作委员会、中日韩以及中澳等区域自由贸易区建设，争取尽快达成中国与斯里兰卡的自贸协定，为实现整个亚太自由贸易区建设奠定良好基础。加强国内自由贸易试验区建设，推动上海、天津、福建、广东自由贸易试验区先行先试，以及彼此之间的合作协调机制。[73]其间，上海自由贸易试验区在以贸易便利化为内容的贸易监管、以金融服务业开放为基础的金融合作、以负面清单为核心的外商投资管理上积累了大量成功经验，可以与“一带一路”沿线国家的内外规则对接，将其应用在“一带一路”的区域经贸规则重塑之中。推动“一带一路”自由贸易区建设，应采取全面推进、重点突破、多层次融合的战略，逐步形成布局合理、覆盖全面、呈放射状形态分布的区域一体化网络。[74]

与此同时，以金融规则重塑为突破口，逐步实现“一带一路”域内规则统一。亚投行确立兼顾中国影响力和成员方发言权的投票机制和“协商一致”的谈判方式，其决策规则相比国际货币基金组织的美国“一票否决权”规则更显公平性，极大增强了中国在国际金融规则制定中的影响力和话语权，初步突破了国际货币基金组织和世界银行主导的现行国际金融规则限制。中国应以此为契机，继续推进亚投行在多边金融治理规则上的创新，为未来新兴国家参与和发达国家竞争国际金融规则重塑主导权打下基础。[75]

此外，还要致力于确立适应新兴国家实际需求的争端解决机制。“一带一路”沿线有65个国家，且多数是发展中国家，承担外部经济冲击能力普遍较弱，国内受宗教和民族因素影响较深，法律建设相对落后且与中国差异较大，极易造成沿线国家的国内法与国际法冲突，最终影响中国与这些国家的长期合作。有鉴于此，应重点筹建“一带一路”规则争端仲裁机构，确定统一的争端解决机制及规则，为“一带一路”经贸规则的制定和实施保驾护航。

第三，以战略对接为切入点，妥善处理好大国关系。大国竞争长期存在，加强战略对接、形成良性互动、促进良性共振、防止恶性竞争、避免联合遏制是我们处理大国关系的总方针。美日欧在“一带一路”沿线相关国家的投资历史悠久，我们需要理性看待与传统强国的关系，以竞争促进自身战略完善，以合作求多方共赢。“一带一路”建设离不开关键大国的认可、支持和参与，尤其是需要在“一带一路”沿线有重大利益关切的大国的支持和参与。因此，在深入实施“一带一路”倡议的过程中，中国需要积极争取与一些关键大国所主导的战略计划相对接，通过对接找到彼此的利益契合点，并给予对方一定的知情权、发言权、决策权，有效减小“一带一路”倡议的多边阻力和政治风险。与此同时，保障“一带一路”倡议实施的相关机制也需要与一些关键大国主导的国际机制相协调，避免恶性竞争。[76] 中国应以建设性态度欢迎其他大国参加“一带一路”建设，协调战略冲突，推动务实合作，实现利益共享，促使中国成长为所有大国的利益攸关者。

中国可以“一带一路”倡议与“欧亚经济联盟”的对接为范本，促成大国关系的优化。中俄互为最主要、最重要的战略协作伙伴，深化中俄全面战略协作伙伴关系在两国外交全局和对外关系中都占据优先的战略地位。习近平指出：“中俄关系是世界上最重要的一组双边关系，更是最好的一组大国关系。一个高水平、强有力的中俄关系，不仅符合中俄双方利益，也是维护国际战略平衡和世界和平稳定的重要保障。”[77] 颇具开创性的是，2015 年 5 月中俄共同发表《关于丝绸之路经济带建设和欧亚经济联盟对接合作的联合声明》和《中俄两国关于深化全面战略协作伙伴关系、倡导合作共赢的联合声明》，积极推动两国发展战略对接，使彼此合作更具实质意义。把中俄战略对接作为样板推进具有重要启示价值。通过中国与相关国家的双边、多边机制和现有的各种合作平台，推动“丝绸之路经济带”与欧亚经济联盟和上合组织的对接合作，使“丝绸之路经济带”成为强化与欧亚经济联盟和上合组织合作、实现联动发展的新基础。[78]

第四，牢牢把握规则制定的话语权，讲好中国故事，引导对“一带一路”倡议的客观认识与理性支持。在当代国际关系中，一个国家在国际领域的话语权和话语体系成为学界和政界的研究重点，并逐渐上升为一种国家战略。话语权包括一个国家对国际舆论的主导力、参与制定国际规则的决定权、主导国际制度的能力、影响国际价值观的能力和全球利益分配的决定能力等，是国家执政能力和价值观国际影响力的体现。[79]“一带一路”是我国塑造国际话语权的重要平台，而中国的国际观念在此得到了全面而精彩的展现。讲好中国故事，主动回应国际社会的质疑与挑战，帮助国际社会认识“一带一路”的战略价值，促使国际社会积极回应“一带一路”的战略诉求，是中国把握“一带一路”话语权的重要内容，也是中国抓好“一带一路”规则制定权的重要条件。其中，中国不仅要恰如其分地讲好中国故事、合适得体地发出中国声音，有所侧重地阐明“一带一路”倡议的内涵与实质、目标与价值，从互利共生的角度引导沿线各国正确理解“一带一路”倡议的深远意义；还要积极回应沿线国家对“一带一路”倡议的疑虑，主动澄清国际社会对“一带一路”倡议的误解与误读，强化国际传播过程中的良性互动，减少国际社会对“一带一路”倡议误读和猜测的空间，破解国际舆论中对“一带一路”倡议的成见、偏见，让沿线国家和国际社会真正能读懂“一带一路”倡议的中国故事、理解“一带一路”倡议的中国方略、接纳“一带一路”倡议的中国方案。[80]关于“一带一路”的国际话语权，不能只靠中国自身的努力，还要联合在“一带一路”建设过程中有着重要利益的相关国家去共同争取，对“一带一路”倡议进行多主体、多维度的表述和阐释，避免过于政治化的解读。[81]中国“一带一路”话语体系的构建，要超越对自身利益的关注，着眼于沿线国家的利益关切和理念认同，面向 21 世纪的全球关切，以此为基础制定客观理性的“一带一路”倡议传播方案，全面把握“一带一路”的话语权，积极应对“中国威胁论”“中国霸权论”“中国扩张论”，着力诠释“中国机遇论”“中国贡献论”“中国责任论”，通过寻求对中国提出的开放、包容、合作、共赢等价值理念的认同，引导对中国方案的正确理解，引导对“一带一路”倡议的深入研究和理性支持。

小　结

“一带一路”倡议是走进社会主义建设新时代的中国国家理想与世界理想相辅相成的表达，是中国国际合作模式的探索，是中国走进新时代的对外开放战略，体现了中国对新型地区合作机制和中国塑造国际规则体系的追求，代表着中国迈向新型世界大国的理想追求与现实路径。

进入21世纪，世界经济进入深刻转型过程之中，国际规则处在推陈出新的历史拐点，国家间、地区间围绕国际规则制定权、国际合作主导权展开新的竞争，尤其是诸大国围绕经济规则制定权的竞争异常激烈，中国需要更加积极主动地参与规则构建。

“一带一路”倡议赋予中国参与重塑国际经济规则的重大机遇。借此，中国引领和主导推动着相关国际规则的制定，这主要体现在以下几方面：积极利用现有的多边国际合作机制，体现出对全球性国际规则体系的倚重；在基础设施建设、金融等中国有一定优势的领域主导筹建新的多边开发机制，致力于国际规则创新；在南北国家共同关心的自贸区领域积极探索；加强国内保障机制建设，夯实积极参与国际规则制定的国内基础。

尽管“一带一路”建设没有形成统一的制度化安排，但对“一带一路”倡议的质疑却常常与国际规则制定权相联系，这些质疑将这一倡议视为中国试图改变秩序规则、获得地区和全球主导权的国家战略，认为中国通过改写国际规则谋求霸权，“规则威胁论”成为“中国威胁论”的新版本。因此，“一带一路”建设与中国的国际规则制定权密切相关，在推进“一带一路”国际规则体系建设的过程中，中国应强调公正合理、包容透明、开放共赢的原则，在规则制定过程中担当倡议者、引领者的角色，潜在或显在地发挥主动和主导作用，抓好国际规则的制定权和话语权。

为此，中国应以“一带一路”为抓手，推动具有中国元素、彰显中国智慧的新一轮全球化，提炼和丰富中国国际合作理论，继续保持理念创新和战略引领；以国际规则协商制定为切入口，妥善应对各种风险，积极进行制度建设，为打造命运共同体而努力；以战略对接为切入点，妥善处理好大国关系，争取与一些关键大国所主导的战略计划相对接，通过对接找到彼此的利益契合点，有效减小“一带一路”的多边阻力和政治风险；牢牢把握规则制定的话语权，讲好中国故事，引导对“一带一路”的客观认识与理性支持。

注释

1. 本章原载于《世界经济与政治》2018年第7期，原文题为《“一带一路”规则制定权的战略思考》。

2. 习近平:《开辟合作新起点　谋求发展新动力——在“一带一路”国际合作高峰论坛圆桌峰会上的开幕辞》,载《人民日报》2017 年 5 月 16 日。

3. 张幼文:《“一带一路”建设:国际发展协同与全球治理创新》,载《毛泽东邓小平理论研究》2017 年第 5 期。

4. 王亚军:《“一带一路”倡议的理论创新与典范价值》,载《世界经济与政治》2017 年第 3 期。

5. 习近平:《开辟合作新起点谋求发展新动力——在“一带一路”国际合作高峰论坛圆桌峰会上的开幕辞》。

6. 门洪华:《应对全球治理危机与变革的中国方略》,载《中国社会科学》2017 年第 10 期。

7. 中共中央党校省部级干部进修班课题组:《“一带一路”战略面临的风险挑战及对策研究》,载《中国领导科学》2015 年第 8 期。

8. 马学礼:《“一带一路”倡议的规则性风险研究》,载《亚太经济》2015 年第 6 期。

9. 周平:《“一带一路”面临的地缘政治风险及其管控》,载《探索与争鸣》2016 年第 1 期。

10. 李向阳:《“一带一路”面临的突出问题和出路》,载《国际贸易》2017 年第 4 期。

11. 陈明宝、陈平:《国际公共产品供给视角下“一带一路”的合作机制构建》,载《广东社会科学》2015 年第 5 期。

12. 门洪华:《开放与国家战略体系》,北京:人民出版社 2008 年版,第 1 页。

13. 胡鞍钢:《中国崛起与对外开放:从世界性开放大国到世界性开放强国》,载《学术月刊》2007 年第 9 期。

14. 余晓葵:《“一带一路”:以东方智慧求解发展难题》,载《光明日报》2015 年 2 月 28 日;金玲:《“一带一路”:中国的马歇尔计划?》,载《国际问题研究》2015 年第 5 期;夏先良:《“一带一路”战略与新的世界经济体系》,载《学术前沿》2016 年第 9 期。

15. 刘威:《“一带一路”倡议与中国参与国际经贸规则重塑》,载《学习与实践》2017 年第 9 期。

16. 张超:《“一带一路”战略与国际制度体系的变革》,载《理论探索》2017 年第 3 期。

17. 姜志达:《“一带一路”:以“空间”换“时间”的发展战略》,载《和平与发展》2015 年第 4 期。

18. 张乃根:《“一带一路”倡议下的国际经贸规则之重构》,载《法学》2016 年第 5 期。

19. 中共中央党校省部级干部进修班课题组:《“一带一路”战略面临的风险挑战及对策研究》,载《中国领导科学》2015 年第 8 期。

20. 马昀:《“一带一路”:挑战、风险与应对》,载《经济研究参考》2015 年第 37 期。

21. 门洪华:《应对全球治理危机与变革的中国方略》,载《中国社会科学》2017 年第 10 期。

22. 李锋:《“一带一路”推进过程中的投资规则构建》,载《经济体制改革》2017 年第 1 期。

23. 姜志达:《“一带一路”:以“空间”换“时间”的发展战略》;刘威:《“一带一路”倡议与中国参与国际经贸规则重塑》。

24. 习近平:《在“一带一路”国际合作高峰论坛圆桌峰会上的闭幕辞》,载人民日报 2017 年 5 月 16 日。

25. Scott Kennedy and David A. Parker, “Building China’s ‘One belt One, One Road’”, https://www.csis.org/analysis/building-china%E2%80%99s-%E2%80%9Cone-belt-one-road%E2%80%9D.

26. 张超:《“一带一路”战略与国际制度体系的变革》,载《理论探索》2017 年第 3 期。

27. 曾文革、党庶枫:《"一带一路"战略下的国际经济规则创新》,载《国际商务研究》2016 年第 3 期。

28. 华中南、王雪莹:《"一带一路"面临的风险与对策》,载《企业管理》2017 年第 3 期。

29. 张超:《"一带一路"战略与国际制度体系的变革》。

30. 《"一带一路"国际合作高峰论坛圆桌峰会联合公报》,载《人民日报》2017 年 5 月 16 日。

31. 李向阳:《"一带一路"面临的突出问题和出路》。

32. 姜志达:《"一带一路":以"空间"换"时间"的发展战略》;王义桅:《错失"一带一路",西方将来定会后悔》,载《环球时报》2018 年 2 月 24 日。

33. 洪邮生、孙灿:《"一带一路"倡议与现行国际体系的变革——一种与"马歇尔计划"比较的视角》,载《南京大学学报》2016 年第 6 期。

34. 马学礼:《"一带一路"倡议的规则性风险研究》,载《亚太经济》2015 年第 6 期;刘昌明、姚仕帆:《"一带一路"倡议下中国的欧亚一体化战略与大西洋主义》,载《太平洋学报》2016 年第 11 期。

35. 王明国:《"一带一路"倡议的国际制度基础》,载《东北亚论坛》2015 年第 6 期;刘昌明、姚仕帆:《"一带一路"倡议下中国的欧亚一体化战略与大西洋主义》,载《太平洋学报》2016 年第 11 期。

36. 张国军:《中国与"一带一路"沿线经济体自贸区建设现状及推进策略》,载《商业经济研究》2017 年第 10 期。

37. 刘威:《"一带一路"倡议与中国参与国际经贸规则重塑》。

38. 陈伟光、王燕:《共建"一带一路":基于关系治理与规则治理的分析框架》,载《世界经济与政治》2016 年第 6 期。

39. 张乃根:《"一带一路"倡议下的国际经贸规则之重构》。

40. 曾文革、党庶枫:《"一带一路"战略下的国际经济规则创新》。

41. 马学礼:《"一带一路"倡议的规则性风险研究》;张超:《"一带一路"战略与国际制度体系的变革》。

42. 叶海林:《莫迪政府对华"问题外交"策略研究——兼论该视角下印度对"一带一路"倡议的态度》,载《当代亚太》2017 年第 6 期。

43. 苗吉:《"一带一路"倡议:预期管理、风险规避及战略应对》,载《世界经济与政治论坛》2017 年第 3 期。

44. 马建英:《美国对中国"一带一路"倡议的认知与反应》,载《世界经济与政治》2015 年第 10 期。

45. 亜州 IR 株式会社:《「21 世紀版シルクロード経済圏構想」に注力、APECにらむ》,see http://www.newsclip.be/article/2014/11/09/23757.html;浦上早苗:《中国版マーシャルプランを提唱 AIIBと一帯一路構想の両輪ー中国メディア》, *Focus-Asia*, http://www.focus-asia.com/outline/400750/。转引自申来津、黄河:《日本对"一带一路"倡议的认知及其对中国的启示》,载《社会主义研究》2017 年第 2 期。

46. 林民旺:《印度对"一带一路"的认知及中国的政策选择》,载《世界经济与政治》2015 年第 5 期;张立、李坪:《印度对"一带一路"的认知与中国的应对》,载《南亚研究季刊》2016 年第 1 期。

47. 参见李成日:《中日战略博弈与安倍政府对"一带一路"的应对》,载《郑州大学学报》2017 年第 6 期。

48. 李向阳:《"一带一路"面临的突出问题和出路》。

49. 包道格、陈懋修:《"一带一路":与中国和亚洲合作的新愿景》,参见 http://www.

carnegietsinghua.org/2017/05/17/zh-pub-70031。

50. 宋瑞琛:《美国对“一带一路”倡议的认知及中国的策略选择——基于对美国布鲁金斯学会和外交关系委员会学者观点的分析》,载《国际展望》2017 年第 6 期。

51. 毛悦:《从印度对“一带一路”的认知与反应看印度外交思维模式》,载《国际论坛》2017 年第 1 期;宋瑞琛:《美国对“一带一路”倡议的认知及中国的策略选择——基于对美国布鲁金斯学会和外交关系委员会学者观点的分析》。

52. Shannon Tiezzi, “China's ‘New Silk Road’ Vision Revealed”, *The Diplomat*, May 9, 2014.

53. 姜志达:《“一带一路”:以“空间”换“时间”的发展战略》。

54. 中共中央党校省部级干部进修班课题组:《“一带一路”战略面临的风险挑战及对策研究》,载《中国领导科学》2015 年第 8 期。

55. 何茂春等:《“一带一路”战略面临的障碍与对策》,载《新疆师范大学学报》2015 年第 3 期。

56. 姜志达:《“一带一路”:以“空间”换“时间”的发展战略》;贺方彬:《沿线国家对“一带一路”倡议的认知及启示》,载《青海社会科学》2017 年第 4 期。

57. 王志民:《“一带一路”战略推进中的多重互动关系分析》,载《中国高校社会科学》2015 年第 6 期。

58. 胡俊超、王丹丹:《“一带一路”沿线国家国别风险研究》,载《经济问题》2016 年第 5 期。

59. 马昀:《“一带一路”:挑战、风险与应对》,载《经济研究参考》2015 年第 37 期;傅梦孜、徐刚:《“一带一路”:进展、挑战与应对》,载《国际问题研究》2017 年第 3 期。

60. 肖晞、马程:《“一带一路”中的风险与中国作为:一种社会网络的分析视角》,载《探索》2016 年第 2 期。

61. 李忠武,汪小英:《“一带一路”战略布局下风险规避分析》,载《商业时代》2017 第 9 期。

62. 杨言洪、徐天鹏:《“一带一路”沿线国家经济社会发展比较分析》,载《北方民族大学学报》2016 年第 4 期。

63. 习近平:《在“一带一路”国际合作高峰论坛圆桌峰会上的闭幕辞》。

64. 习近平:《习近平谈治国理政》(第二卷),学习出版社 2017 年版,第 512—513 页。

65. 门洪华:《构建新型国际关系:中国的责任与担当》,载《世界经济与政治》2016 年第 3 期;门洪华:《党中央治国理政新理念新思想新战略:一项国际研究议程》,载《世界经济与政治》2017 年第 1 期。

66. 张幼文:《“一带一路”建设:国际发展协同与全球治理创新》。

67. 黄海波、刘振原:《“一带一路”的战略方向与实践路径:中美的比较》,载《东南学术》2017 年第 2 期。

68. 肖晞、马程:《“一带一路”中的风险与中国作为:一种社会网络的分析视角》。

69. 习近平:《中国发展新起点全球增长新蓝图——在二十国集团工商峰会开幕式上的主旨演讲》,载《人民日报》2016 年 9 月 4 日。

70. 刘威:《“一带一路”倡议与中国参与国际经贸规则重塑》。

71. 黄庆波:《“一带一路”倡议下我国与沿线国家的贸易格局重构分析》,载《国际贸易》2017 年第 1 期。

72. 卢伟、李大伟:《“一带一路”背景下大国崛起的差异化发展策略》,载《中国软科学》2016 年第 10 期。

73. 孙乾坤、李大夜、寇埻:《“一带一路”国家的开放战略及对我国的启示》,载《现代管理科学》2016 年第 9 期。

74. 张晓君:《“一带一路”战略下自由贸易区网络构建的挑战与对策》,载《法学杂志》2016 年第 1 期。

75. 刘威:《“一带一路”倡议与中国参与国际经贸规则重塑》。

76. 贺方彬:《海外视域下的“一带一路”倡议研究》,载《当代世界与社会主义》2017 年第 3 期。

77. 习近平:《顺应时代前进潮流促进世界和平发展——在莫斯科国际关系学院的演讲》,载《人民日报》2013 年 3 月 24 日。

78. 唐朱昌:《差异定位与联动发展——“丝绸之路经济带”、欧亚经济联盟、上合组织合作关系研究》,载《社会科学》2016 年第 4 期。

79. 刘再起、王蔓莉:《“一带一路”战略与中国参与全球治理研究——以话语权和话语体系为视角》,载《学习与实践》2016 年第 4 期。

80. 申来津、黄河:《日本对“一带一路”倡议的认知及其对中国的启示》。

81. 周方银:《“一带一路”面临的风险挑战及其应对》,载《国际观察》2015 年第 4 期。

第七章

中国与国际危机管理规则的制定

新中国自成立以来就不断面临各种国际危机的挑战，同时在对这些危机的管理中，捍卫了自己的核心利益与价值观，积累了较为丰富的经验。冷战后，国际危机的特点发生了变化，中国及时调整应对，并形成了一些自己的危机管理原则和心得。不过，就整个国际体系来说，各国管理国际危机的原则和规范并不完全一致，全球也没有建立起一套比较明确的国际危机管理规则以及比较完备的国际危机管理机制。

当前，国际体系正经历新一轮结构性变革，各类国际规则均面临深刻的调整与构建。各国围绕国际规则展开的争夺正日趋激烈。对于中国来说，其融入国际体系的过程既是不断接受和内化国际规则的过程，同时也是为实现更公正、合理的国际秩序不断贡献各种国际治理理念的过程。习近平指出："中国与世界的关系在发生深刻变化，我国同国际社会的互联互动也已变得空前紧密……我们观察和规划改革发展，必须统筹考虑和综合运用国际国内两个市场、国际国内两种资源、国际国内两类规则。"[1] 他还说："世界命运应该由各国共同掌握，国际规则应该由各国共同书写，全球事务应该由各国共同治理，发展成果应该由各国共同分享。"[2]

中国如何基于其开展国际危机管理的实践经验，尤其是在冷战后时期，提出国际危机管理规则的主张，参与国际危机管理规则的塑造，是中国外交研究面临的一个重要课题。应该说，冷战后在较长时间里国际社会没有建立起一套较为成熟、明确的国际危机管理规则，足以表明这是一项不小的挑战甚至是艰巨的任务。那么，中国在尝试合作建立国际危机管理规则过程中，其面临的有利与不利因素是什么，应该选取何种路径以最终建立符合国际各方利益及期待的国际危机管理规则，这是需要研究的具体问题。[3]

第一节　国际危机及其管理的发展

在国际政治中，危机被称为“微观的国际政治”和国际政治的“真实的瞬间”。[4]国际政治中的核心问题都可以在危机中得到集中反映。从冷战期间到冷战后，国际危机及其管理随着整个国际形势的变化，其特点发生了显著变化。

冷战时期，国际危机主要是指美苏以及其他国家之间的军事安全危机。冷战后，制约整个世界发展的根本因素从冷战时期两极对抗造成的和平问题，转化为不合理、不公正的国际政治经济秩序问题和由全球化发展所带来的全球问题；对世界和平的威胁也从世界大战转向地区分裂主义、民族主义、宗教与种族冲突以及因人为因素而导致的环境危机与经济危机等。[5]进入 21 世纪以来，恐怖主义、毒品、艾滋病、海盗、非法移民、环境安全、经济安全、信息安全等非传统安全领域国际危机[6]愈发突出，受到了越来越多的关注。

当前，我们仍然面临着传统军事安全国际危机的威胁，同时也面临着越来越突出的非传统安全国际危机的挑战。一方面，这两类危机有各自比较鲜明的特点，对其管理存在一定差别。与传统安全国际危机相比，非传统安全国际危机的发展轨迹更为复杂：它们一般不直接导致战争，即使引发军事冲突，也无法仅靠军事手段得到解决；它们大多是在较长时段里积累而成的，并形成一种长期持续的威胁。[7]也就是说，这些危机表现出了长期化、可预测化、非战争化、发展根源明显等一些新的特征。[8]有学者提出，与传统安全国际危机的管理相比，非传统安全国际危机在管理上更多地以多边合作为手段，追求人的安全和秩序以及可持续发展，强调国家的软实力作用，重视危机管理的外交工具属性，讨论国家主权适度让渡的可能性。[9]

另一方面，这两类危机在本质上、对其开展管理上都具有一些基本共性。如果安全是指没有威胁、恐怖和不确定，[10]那么不管是传统安全还是非传统安全，安全危机就是指受到威胁、恐怖和不确定。国际安全危机即指那种使特定国际行为体的基本价值以及相关国际关系陷入极其危险之中的状态或事件。[11]基本价值主要指国家利益和价值观。极其危险则指事态发展已经使最高决策者认识到基本价值受到威胁、反应时间较为有限，并且可能会使双边关系或者地区或全球局势陷入严重不稳定状态。由于在现实中，对国家利益和危险的界定往往因国、因决策者而异，所以我们采取比较简便的操作办法，将危机作为这样一种事态，即会引起危机当事方最高决策者的高度重视，将其纳入议事日程优先进行决策，并且往往亲自出面处理。这也是区分危机与一般冲突或摩擦的一个标志。相应地，国际安全危机管理就是危机管理者为了有效维护自己的基本价值，通常情况下也为了防止危机升级，而开展的管理行动。只有引起最高决策者的高度重视、将危机纳入议事日程优先进行决策，并且往往亲自出面处理的管理才是危机管理。[12]较为笼统地说，管理的手段通常有强制与和解两种。[13]强制（coercion）是一系列可以给对方造成损失、增加行为成本的措施。和解（accommodation）是通过寻找共同利益、避免利益冲突和进行利益交换的方式达成协议，解决争端。

这里需要指出两点。第一，冷战后特别是进入21世纪后，科技的进步与全球化的发展使得越来越多的危机的影响范围越来越大，往往产生跨领域以及跨地区甚至全球的广泛影响。危机管理者除了对作为当事方的危机开展管理外，还会对作为第三方的危机进行管理。[14]一般来说，第三方的基本价值在危机中受到的威胁强度要比当事方受到的小，甚至没有受到威胁。在第三方危机管理中，和解手段的使用范围常常还涵盖了提供援助等举措。第二，国际安全危机管理者的出发点和落脚点都是为了维护自己的基本价值，也就是基本利益和价值观，危机管理的过程难以超越传统政治因素。各危机管理者基本价值间既有一致的部分，也有冲突的部分；既有一致的时候，也有冲突的时候。在开展危机管理时，管理者间的基本价值一致，就容易开展合作，反之，则容易产生竞争甚至对抗。即使在国际危机管理合作中，也需要各参与国投入实力并出谋划策，实质上还是各个主权国家争取国际空间的较量。[15]

从上述国际安全危机及其管理的个性与共性分析我们可知，正是国际安全危机不同类别间的特点差异、国际安全危机管理者相互间在基本价值上的矛盾与冲突，致使国际危机管理规则在很长时间里难以正式建立起来。不过，我们也发现，国际安全危机及其管理上的基本共性，国际危机带来的普遍威胁、国际危机管理者间在基本价值上的共识与一致，又使逐步建立更加完善的国际危机管理规则成为了可能。

第二节　国际危机管理规则迎来制定新时机

国际规则有狭义与广义两种理解。在狭义上，国际规则就是对国家行为和国家间互动有约束力的规定。在广义上，国际规则除了包括指令性规定，还包括指导性原则和规范，以及各种制度性安排。鉴于原则、规范与规则间的紧密联系性，这里对国际规则的界定主要取其广义一面，[16]即国际规则是指对世界各国国际行为和国际互动有约束力的原则、规范和制度性安排。国际规则的约束力往往由其实施机制决定。[17]

国际规则不仅对于世界秩序的维持、国际社会的形成、国际体系的稳定，而且对于国家利益的实现，都是非常重要的。按照布尔的观点，国家间共同利益的实现依赖于国际规则。但国际规则除了有利于实现国家间共同利益，也会影响世界各国对各自特殊利益的追求。而这方面的影响显然是不平等、不确定的，这在很大程度上是由规则的非中性决定的。[18]国际规则是居主导地位的国家追求自我特殊利益的手段。布尔认为，“所有社会规则体系都浸透着规则制定者的特殊利益和价值观。由于在规则制定的过程中社会成员的影响力总是大小不一，因此历史上任何一个规则体系对社会统治者或主导者利益的服务都必然远胜于对其他社会成员利益的服务”[19]。当然，国际体系中主导大国在国际规则的制定和变革过程中扮演主导角色，并不代表非主导国家就只能扮演旁观者角色。非主导国家借助领域优势和创制能力等，也可以在塑造国际规则时有所作为。

国际体系主导大国热衷于制定国际规则，但其如何制定国际规则，在模式选择上并不确定。一般而言，大国形成国际规则的机制有单边、双边和多边等不同模式。很多时候，大国在制定国际规则的过程中并不是简单地将自己的意志强加于人，而是通过国际合作、借助国际制度等方式让其他国家也参与进来。

就国际危机管理领域而言，冷战两极体系下曾经形成了一些国际危机管理规则，比如保持对事件的控制，防止有意或无意动用武力，保持行动自由，保持实力、利益及决心的平衡，对目标进行限制，保持信息渠道畅通等。[20]这些国际危机管理规则形成的大背景是美苏两强在全球范围内展开激烈的对抗，在很大程度上是美苏双方在制造危机、处理危机过程中达成的共识。随着冷战的结束，两极格局的瓦解，特别是在科技进步、全球化发展的推动与影响下，人类面临的危机以及因此开展的危机管理都出现了新的变化，以往的国际危机管理规则出现优胜劣汰、力有不逮等各种状况。这种情况对于国际危机管理规则制定者来说，既是挑战，也是机遇。

大国的能力和意愿使它们成为国际危机管理领域规则的主要制定者，而其在国际危机管理规则上的主张又往往反映了该国的对外战略。罗伯特·麦克纳马拉(Robert McNamara)曾说过一句在国际危机管理领域甚至在整个国际关系界影响巨大而深远的名言："从今以后没有什么战略可言，有的只是危机管理。"[21]不过，这是在特定时期特定环境下的一种判断，时至今日，危机管理已经出现了一种"回归"战略的现象。随着国际形势特别是危机本身的发展，危机管理在时间压力下处置突发事件的一面仍然存在，危机决策在整个危机管理过程中起着非常重要的作用；与此同时，危机管理与战略推行相关的一面更为凸显，两者很多时候常常融为一体。比如，美国危机管理的指导思想是在其对外战略的基础上形成并由此决定的。美国对外战略是其全球战略的重要组成部分，因此在处理某个危机时它是根据全球战略的优先顺序和危机的特定情况来决定危机处理方针的。[22]大国的战略思想、目标及方式决定其希望建立起何种国际危机管理规则，选择什么模式来实现其在国际危机管理中的规则主张。这对最终能否建立起普遍接受的国际危机管理规则具有重要影响。

对于美国来说，在冷战后成为真正的国际霸权，迎来了重新审视国际危机管理关注点以及制定管理规则的新时机。但是，美国在国际危机管理中存在以下几个弱点或者弊病。第一,美国在冷战后仍将传统安全领域国际危机的管理作为关注重点。美国的首要战略目标是确保其全球领导地位,对任何可能对其地位形成挑战的力量进行限制。从纵向看,与冷战时相比,美国在冷战后对非传统安全国际危机管理的重视程度有了明显提升,反恐、网络安全等成为其非传统安全危机管理的重点领域。但从横向看,与传统安全国际危机管理相比,美国对非传统安全国际危机管理的重视程度略显不够。[23]这既受到了美国管理国际危机的惯性影响,也与其能力倾向和限度有关。第二,美国在管理国际危机时经常采用双重标准,对自己一套,对他国一套。美国自己退出了《限制反弹道导弹系统条约》、未签署《联合国海洋法公约》和《京都议定书》,却往往拿这些条约来要求和约束别人。第三,美国在国际危机管理中经常选择单边主义或者意愿联盟模式。比如美国在对恐怖主义危机进行管理过程中,一是往往只从其利益和标准出发来确认和打击恐怖组织,不愿照顾其他国家的关切;二是在组建国际反恐联盟时强调以其为核心,以有选择的多边主义为手段。[24]第四,美国在国际危机管理中容易倾向采取先发制人的方式,实施干涉或者武力打击对手。随着美国在冷战后主导地区危机和冲突能力的进一步增强,其更为关注冲突管理和使用武力问题,重点研究如何实施干涉、如何确保武力威胁和成功使用武力。[25]这几个方面成为美国建立新时期国际危机管理规则的不利因素。这种情况下,中国等其他大国如何参与国际危机管理规则的制定,显得尤为重要。

第三节　中国开展国际危机管理的实践经验

新中国成立至今,经历了许许多多国际安全危机。中国开展管理的危机主要有当事方传统安全危机、第三方传统安全危机、当事方非传统安全危机以及第三方非传统安全危机四种类型。冷战时期,中国关注的重点是传统安全国际危机。冷战结束,特别是进入 21 世纪后,中国不仅重视传统安全危机,而且非常重视非传统安全危机,其不仅开展当事方危机管理,而且加大了第三方危机管理的力度(见表 7.1)。

表 7.1 冷战后中国参与管理的危机(不完全统计)

	传统危机	非传统危机
当事方危机	1993 年“银河号”事件 1995 年中菲美济礁事件 1995 年第三次台海危机 1999 年“炸馆”事件 2001 年“撞机”事件 2004 年中日东海危机 2007 年默克尔会见达赖危机 2007 年台湾“入联公投”危机 2008 年萨科齐会见达赖危机 2010 年中日钓鱼岛危机 2012 年中菲黄岩岛危机	1997 年亚洲金融危机 2003 年“非典”危机 2005 年禽流感危机 2007 年索马里海盗危机 2008 年全球金融危机
第三方危机	1993 年第一次“朝核”危机 1996 年朝鲜潜艇事件 1998 年印巴核危机 1998 年朝鲜导弹危机 2002 年第二次“朝核”危机 2002 年伊拉克武器核查危机 2002 年伊朗核危机 2006 年第三次“朝核”危机 2008 年俄格冲突 2009 年第四次“朝核”危机 2011 年利比亚危机 2011 年叙利亚危机 2013 年第五次“朝核”危机 2013 年乌克兰危机 2016 年第六次“朝核”危机	2003 年达尔富尔危机 2004 年印度洋海啸危机 2009 年欧债危机 2011 年日本福岛核泄漏危机

注:对至今具体有几次“朝核”危机并无统一说法,也有不少学者认为发生过 5 次“朝核”危机。

资料来源:作者自制。

中国在对这些危机的管理过程中积累了丰富的经验,形成了一些自己的危机管理规则。[26]我们从冷战后四种不同类型的危机中各选一个案例,即当事方传统安全危机类型中的默克尔会见达赖危机,第三方传统安全危机类型中的朝核危机,当事方非传统安全危机类型中的索马里海盗危机,第三方非传统安全危机类型中的欧债危机,对中国在这些国际安全危机管理案例中的规则加以具体分析,进而归纳总结出当前中国在国际危机管理规则上的基本主张(见表 7.2)。

表 7.2 中国参与国际危机管理的案例分析

		默克尔会见达赖危机	索马里海盗危机	朝核危机	欧债危机
类型		当事方传统安全危机管理	当事方非传统安全危机管理	第三方传统安全危机管理	第三方非传统安全危机管理
目标		德国政府承认错误	打击海盗，保障国际人道救援活动和国际航运安全	避免战争，朝鲜弃核，朝韩和解	欧元与欧盟的稳定
规则	原则	相互尊重、平等、照顾彼此核心利益	合作协调，尊重主权，综合战略	无核、和平、对话协商	信心支持，沟通协调，参与解决
	条约	《联合国宪章》	《联合国海洋法公约》《制止危及海上航行安全非法行为公约》	《不扩散核武器条约》《全面禁止核试验条约》	《国际货币基金协定》
	机制	双边渠道	安理会、国际海事组织	安理会、六方会谈等	国际货币基金组织、二十国集团
	手段	强制与和解	强制与和解	和解与强制	和解

资料来源：作者自制。

一、中国对默克尔会见达赖危机的管理

2007年9月23日，德国总理默克尔在总理官邸接见十四世达赖喇嘛，爆发中德涉藏危机。危机因默克尔所在政党的联盟党联邦议院议会党团在10月23日中德关系非常紧张的时刻公布敌视中国的《亚洲——德国和欧洲的战略挑战和机遇》战略文件而进一步升级。中国自知悉默克尔会见达赖后，在9月下旬到11月下旬两个多月的时间里，通过各种强制手段向德国表达不满、施加压力，要求其采取切实措施承认并改正错误。在中共十七大后，鉴于在默克尔会见达赖后的一个多月里，中德关系不仅未见改善，而且整个危机还有升级的迹象，中国在11月下旬开始尝试发出和解信号。在得到德国总理的积极明确回应后，中国着手利用和解手段进一步展开危机管理。此后，德国通过内部换文明确承诺：第一，确认发展两国关系的原则即相互尊重、平等和照顾彼此核心利益，强调德国高度重视发展对华关系。第二，德国将继续坚定奉行一个中国政策，承认台湾和西藏是中国领土一部分，坚决反对台湾"入联公投"。第三，德国不支持不鼓励谋求西藏独立的任何努力。[27] 2008年1月22日，德国外长施泰因迈尔（Frank-Walter Steinmeier）与中国外交部长杨洁篪会面并共同举行记者招待会，宣布中德关系摆脱困难回到正轨，危机正式解除。

中国在这场危机管理中的主要目标就是德国政府承认接见达赖的错误，从而维护中国的主权和领土完整。中国在危机发生前后都要求德方从中德关系大局和两国人民的根本利益出发，避免损害中德关系。中国采取了强制与和解两方面的手段进行危机管理。在危机管理的前一阶段，强制的一面显得尤其突出。中国的强制手段主要包括外交抗议和声明、推迟或取消会谈等外交措施，有针对性地加强与其他相关国家经济关系的经济措施，以及借助各界人士提出批评的舆论措施等。在后一阶段，则更为充分地运用了和解手段。中国的和解手段主要包括通过领导人讲话传递基调信息、通过外交渠道私下传递准确信息、通过外交渠道公开传递改善信息。

二、中国对索马里海盗危机的管理

索马里海盗活动长期存在，但到2005年后因其不断劫持联合国世界粮食计划署包租货轮，开始引起国际社会越来越多的关注。2007年，国际海事组织请求索马里过渡联邦政府同意外国海军进入索马里领海保护过往商船免受海盗袭击，[28]随后法国宣布开展护航行动以保护对索马里的粮食援助和其他人道主义供应，索马里海盗活动发展成为危机。[29]2008年，索马里海盗较之前更趋猖獗，危机更加突出。索马里海盗全年制造了111起袭击，超过了全球海盗袭击总数的三分之一，导致815名船员被劫为人质。[30]当年发生了7起涉华劫持案，如一艘中国香港化学品运输船于9月15日在亚丁湾海域被劫持，中国"天裕8号"渔船于11月13日被索马里海盗劫持。直到2012年，危机才在国际社会的共同管理下开始降级。

为了保障国际人道救援活动和国际航运安全，中国和国际社会力量共同打击索马里海盗，合作管理危机。时任外交部副部长何亚非在索马里海盗问题高级别会议上就打击索马里海盗提出中国主张：第一，要发挥联合国重要作用，特别是安理会在维护国际和平与安全方面的核心作用。第二，严格遵守国际法和安理会决议。国际社会应在《联合国海洋法公约》、安理会决议基础上开展合作。任何打击海盗的行动都应严格遵守安理会决议的授权，尤其要充分尊重沿岸国主权和领土完整，并事先征得索马里过渡联邦政府同意。第三，制定综合性战略，多轨并行、齐力推进。第四，帮助索马里加强本国能力建设，并开展区域内协作。[31]中国在管理索马里海盗危机时既采取了一定的军事强制手段，又大力施以援助等和解手段，以最大程度取得短期效果和长期成果。一方面，缓解索马里海盗危机，通过部署海军力量对海盗行动进行武力打击可以尽快产生直接作用。为此，中国根据联合国安理会有关决议，在2008年12月开始派遣海军舰艇编队赴亚丁湾、索马里海域实施护航。另一方面，最终解决索马里海盗危机，必须要在更广泛层面开展长期的综合治理。这种综合治理除了借助国际社会力量外，至关重要的是发展与提高索马里政府自身的能力。中国为改善索马里局势，推动政治进程，帮助索马里政府加强反海盗等能力建设，提供了各种形式的援助。

三、中国对朝核危机的管理

1993年3月，朝鲜因核查问题与国际原子能机构矛盾激化而宣布退出于1985年加入的《不扩散核武器条约》，第一次朝核危机爆发。自第一次朝核危机爆发以来，到2016年1月发生的第六次朝核危机，朝核危机已经跨越了世纪门槛，断断续续超过了20年。虽然存在多次朝核危机，但这几次危机，包括相关的1998年朝鲜导弹危机，其实存在很大的延续性和共性，应被视为冷战后整个大朝核危机的某个阶段或某次具体危机。大的朝核危机到目前为止还没有结束。朝核危机的实质是美朝关系恶化，表象是朝鲜退出《不扩散核武器条约》、不遵守朝韩签订的《关于朝鲜半岛无核化共同宣言》和朝美签订的《关于朝鲜核问题的框架协议》，进而寻求研制核武器。美国、朝鲜、韩国既是危机的当事方，又是危机的管理方，而中国、俄罗斯、日本都可被看作是危机的第三方管理者。

中国一直希望能够有效管理朝核危机，避免冲突失控甚至发生战争，并在危机管理基础上促使朝鲜弃核，实现朝韩和解。时任中国国务委员唐家璇曾说，六方会谈有三个总体目标：一是谋求朝鲜半岛无核化；二是通过六方会谈机制和重要平台实现有关国家之间的关系正常化；三是通过这个平台，推进东北亚和平与稳定，最终实现地区长治久安。[32]六方会谈的总体目标也体现了中国管理朝核危机的总目标以及“三个坚持”的原则。中国国家主席习近平多次强调，中方在任何情况下都坚定致力于实现半岛无核化，坚定致力于维护半岛和平稳定，坚持通过对话协商解决问题。[33]中方主张各方都应全面完整履行安理会相关决议，敦促各方避免采取任何可能加剧局势紧张的言行，不得损害本地区国家的安全利益和战略平衡，对话协商是解决问题的唯一正确方向。中方愿作出建设性努力，推动在六方会谈框架下重启对话。[34]一方面，中国主张以对话协商的方式管理朝核危机。六方会谈框架是对话协商的重要方式。第二次朝核危机爆发后，经中国政府积极斡旋，从2003年开始相继举行美朝中三方会谈、美朝韩中俄日六方会谈，以对朝核危机进行管理。另一方面,中国作为联合国安理会常任理事国,支持对朝鲜违反国际法及安理会决议实行必要的制裁措施,以有效管理朝核危机、推动政治解决朝鲜半岛核问题。

四、中国对欧债危机的管理

欧债主权债务危机始于希腊主权债务危机。2010年4月23日,随着希腊10年期国债利率与信用违约互换(CDS)一路飙升,希腊政府正式向欧盟与国际货币基金组织(IMF)申请450亿欧元的援助,希腊乃至整个欧洲的债务危机由此正式拉开序幕。欧债危机的蔓延与恶化,使其升级为欧元危机。一方面,爱尔兰、葡萄牙等国继希腊之后纷纷陷入主权债务危机,对欧元区造成重大冲击。另一方面,希腊被迫进行债务重组,产生脱离欧元区的风险。2012年9月,欧洲中央银行开始扮演"准最后贷款人",欧元区重债国国债收益率大幅下降并持续走低,标志着欧债危机完全进入降级轨道。

欧洲主权债务危机持续时间长、影响程度深、波及范围广,被称为20世纪30年代经济大危机的现代版。欧债危机不仅迫使整个欧盟连续数年投入了巨大力量开展危机管理,而且还促使远在欧亚大陆另一端的中国也参与到了这场危机的管理中来。中国参与欧债危机管理的目标是"支持欧元保持稳定""支持欧洲克服困难、实现复苏"。[35]中国在欧债危机管理过程中的原则是抱有信心、加强沟通协调、提供支持和帮助、参与解决。时任中国国家主席胡锦涛和总理温家宝多次表示,中国始终对欧洲保持稳定和繁荣、对欧洲经济和欧元抱有信心,同时高度重视对欧关系,愿与欧盟同舟共济,加强同欧盟的政策沟通与协调,向欧盟及有关国家提供真诚的支持和帮助,参与国际社会对欧洲和欧元区的支持行动,并做好加大参与解决欧债问题力度的准备。[36]中国为了支持欧盟,采取多种手段,以双边与多边的形式参与欧债危机的管理。中国除了进一步购买债务国债券外,还着力发展对欧贸易、增加投资,并提供金融援助等。中国政府不仅承诺不从欧洲撤资,而且还在2009年和2012年两次对国际货币基金组织增资500亿美元和430亿美元,为解决欧债危机提供更为充足的资源。

第四节　中国开展国际危机管理的规则主张

从上文对冷战后不同类型危机管理案例的分析中，我们可以看出当前中国在国际危机管理规则上的一些基本主张。

第一，中国主张对国际危机进行全面管理，即首先是设法避免和预防危机，其次是争取合作管理已经发生的危机，最后还要提倡综合治理，以从根源上防止危机复发。中国在国际危机管理规则上的这种主张与中国的对外战略思想一脉相承，是中国对外战略思想的深刻体现。当前中国在对已有重要战略思想继承与发扬的基础上，提出了适应时代发展、世界发展与中国发展趋势的比较完整的最新战略思想体系，即打造人类命运共同体，坚定维护以《联合国宪章》宗旨和原则为核心的战后国际秩序和国际体系，坚持和平共处五项原则，建立以合作共赢为核心的新型国际关系，构建不冲突不对抗、相互尊重、合作共赢的新型大国关系，坚持正确义利观，推动全球治理体制向着更加公正合理的方向发展。中国的对外战略思想决定中国坚持重在预防、加强合作、综合治理的全面管理国际危机的规则主张。

第二，中国在管理危机过程中坚持"有理有利有节"原则。"有理有利有节"原则最初由毛泽东在抗日战争期间提出，包含了自卫、胜利、休战三项具体原则。其后，该原则就一直被历代党和国家领导人充分运用于各个政策领域。中国在各种危机管理之中，坚持"有理有利有节"就是主张要善于从国家利益和战略全局的高度审视和管理国际危机。[37]当然，在不同时期，该原则的具体内涵也会有所不同。

"有理"，就是管理国际危机，要从国家利益出发，从以《联合国宪章》宗旨和原则为代表的国际秩序和国际法理出发，从公正合理出发。中国在管理默克尔会见达赖、索马里海盗、朝核、欧债这些危机时都将《联合国宪章》规定的主权原则作为行事基础和出发点。在管理默克尔会见达赖危机时，中国要求德方尊重中国主权；在管理索马里海盗危机和朝核危机时，中国带头尊重索马里和朝鲜的主权；在管理欧债危机时，中国也是应欧方要求施以援手，体现了对欧方主权的尊重。

"有利"，就是在"有理"的基础上，寻求合作共赢。对于危机管理来说，能够合作管理好危机就是各方的一大胜利。比如，中德管理好了默克尔会见达赖危机，就是对中德关系大局和两国人民根本利益的更好维护。中国和国际社会管理好了索马里海盗危机，可以更好地保障国际人道救援活动和国际航运安全。中国和国际社会管理好了朝核危机，可以避免战争和核威胁，实现地区稳定与和平。中国帮助管理好了欧债危机，既有助于欧元与欧盟的稳定，同时也有助于中国对欧经济关系的持续发展以及全球金融的稳定平衡。

"有节"就是在"有理和有利"的基础上，在管理危机时把握好度，做到量力而行、适可而止。量力而行就是在开展危机管理时对自己的能力有客观的评估，以免危机失控。中国在管理欧债危机时愿意提供力所能及的帮助就是量力而行。适可而止首先是在危机管理中确定有限目标。中国在管理默克尔会见达赖危机时，尽管默克尔始终没有明确承认会见达赖的错误，但在德方作出尊重中国主权和领土完整的保证后，从中德两国关系大局出发，同意与德方一起走出危机，正是适度的表现。适可而止还意味着有限介入。中国在管理朝核危机时，一直对自己斡旋调停的角色有着清醒的认识，不对朝鲜和美国的作用越俎代庖。

第三，中国在管理危机过程中首先主张当事方通过友好协商和谈判，和平解决危机，其次还提倡管理方遵守和利用国际条约、注重发挥各类新旧国际组织的作用。冷战后，联合国的地位得到提高，不仅为多边参与危机管理提供了一个沟通、协商的场合，而且为解决危机所要采取的重大举措提供了法律上的程序。[38]习近平指出："要充分发挥联合国及其安理会在止战维和方面的核心作用。"[39]国际海事组织等在国际航运安全的危机管理中发挥着积极作用，国际货币基金组织、二十国集团等国际经济正式与非正式组织在经济危机管理中发挥着独特作用，中国都是上述组织的主要成员，为这些组织管理危机提供了有效支撑。当然，中国也支持对这些已有国际组织的机制、效能加以改革完善。此外，中国还创造性地提出一些新的危机管理国际机制，比如六方会谈等。

第四，中国在管理危机过程中首先强调和解手段，同时并不完全回避强制手段，而使用强制手段的目的是为了推动和解的实现。正如习近平指出的，“要倡导以对话解争端、以协商化分歧”，要“通过和平解决争端和强制性行动双轨并举，化干戈为玉帛”。[40]自新中国成立以来，中国使用武力手段解决国际冲突的频率和幅度呈明显下降的趋势。改革开放后，中国更是几乎没有卷入战争规模的国际武装冲突。[41]中国在管理默克尔会见达赖、索马里海盗、朝核、欧债这些危机时都充分运用了和平的手段，力争通过对话和谈判的途径，化解纠纷、解决争端，甚至给予援助，帮助相关方克服困难。中国的这种选择与其对利益的认识密切相关。中国认为自己的利益是同世界各国人民的共同利益结合在一起的，希望扩大利益汇合点，建立利益共同体。[42]中国的这种选择还与其对主权原则和不干涉内政原则的认识相关。不干涉内政原则是国家主权原则发展的产物。[43]干涉的实质是强制性的外交行为，以和平手段和协商方式的对外介入并不构成干涉。[44]中国坚决反对外部势力对一国内政的干涉，特别是武力干涉。但是，中国对于不干涉内政原则的认知和实践并不僵化与固化，而是表现出与时俱进的灵活性，在进入 21 世纪后开始越来越积极地对待安理会的强制行动。[45]事实上，中国一直没有绝对放弃使用武力等强制性手段，而是根据《联合国宪章》规定，合法行使自卫和经安理会授权的制裁和武力行动的权利。当然，中国在涉及强制性行动时，会特别注意尊重有关当事国及其所在地区组织的意见。

第五节　中国参与制定国际危机管理规则的机遇、挑战与路径选择

中国经过三十多年的改革开放，成功实现了和平崛起，现在已是备受瞩目的新兴大国，在国际体系的变革中处于具有相对优势的有利地位。2008 年国际金融危机在对中国和平崛起提出严峻挑战的同时，凸显了中国经济增长的相对优势；明显加快的多极化进程使中国国际影响力日益上升，成为各方争相求助和借重的对象；中国在主要国际组织中的地位也得到显著提升，因此中国得以在国际体系变革和国际规则竞争中占据一定的优势地位，获得续写和平崛起篇章的历史机遇。[46]经过四十年的改革开放，中国成功实现了和平崛起，虽然从总体上看其安全环境有所改观，但在局部范围和某些领域面临着严重的挑战，存在着

很多不确定因素。随着中国国家利益内涵更加丰富、外延更加扩展，特别是所涉海外利益不断延伸，与其他国际行为体的互动更为加强，其面对来自外部的风险必然不断增多、在国际上遭遇危机的可能性也在增加。中国在对外战略与政策中必须对可能面临的更多、更复杂的国际危机加以更为充分的考虑，需要预设各项危机管理对策、预建各类危机管理机制规则。[47]与此同时，中国作为现有国际规则体系的受益者，可以发挥更加主动的国际规则建设参与者的作用，积极改善、引导国际危机管理等领域规则向更加于我有利且更加公正合理的方向发展。总的来说，中国有能力也有意愿成为国际危机管理规则上“新的共塑者”。[48]

中国在参与塑造国际危机管理规则中，既具备不少有利的条件，也面临诸多不利的因素。就有利的一面来说，第一，时代在发展、人类在发展，虽然世界上新的危机不断，但整个世界的总体状态在向更加和谐共生的人类命运共同体方向进步。中国提出建立新型大国关系，各大国在国际上承担责任、主持正义，合作管理国际危机，共塑国际危机管理规则，适逢其时。第二，中国的综合实力较之以往大幅提升，并且继续保持着比较良好的势头。中国能够远赴亚丁湾打击海盗、参与欧洲的债务危机管理，无不体现了其在危机管理领域越来越强的实力。第三，中国的政权稳定，中国共产党的领导坚强有力，拥有与时俱进的先进领导理念和配套举措。中国已经成立了国家安全委员会，提出了总体国家安全观，通过了新的国家安全法，这些都为危机管理和国际规则制定提供了更好的国内制度支撑。第四，中国正在积极参与经济金融等其他领域的国际规则建设，已经获得了一定的国际规则制定经验。这些经验与中国在危机管理领域积累的丰富经验相结合，必使中国在参与制定国际危机管理规则时更加游刃有余。第五，中国在各种国际危机中从来不是主动挑事者、麻烦制造者，这不仅使其在危机管理中时常处于有利的位置，而且使其提出的国际危机管理规则主张更易于得到广大国际社会的支持。第六，正如前文所述，中国的国际危机管理规则内容本身就有比较好的代表性与包容性，比较强的说服力和吸引力，其规则主张不仅得到发展中国家的普遍认同，而且还得到许多发达国家的认可。

当然，与有利相对，中国在参与制定国际危机管理规则过程中必然会遇到不少挑战。当前的现实世界远非尽善尽美，甚至可以说是危机丛生。中国的综合实力包括危机管理能力仍然相对有限，管理危机的各项国内机制法规仍不十分成熟完备。中国作为国际规则建设领域的新来者，仍然处在积累经验的阶段。除了上述因素外，还有非常重要的两项挑战。第一，中国在参与国际危机管理规则制定过程中面临着以美国为代表的西方力量的挑战。首先，中国主张的危机管理规则可能与西方的规则并不一致，甚至冲突。中国主张尊重人权，也要尊重主权。中国是国家主权原则和不干涉内政原则的坚定捍卫者，认为国际人权保护应建立在坚定维护各国主权平等和不干涉内政的原则基础之上，[49]尽可能采取和平手段。但西方主张人权高于主权，要在人权的名义下对危机进行人道主义武力干预。最终是否能妥协达成有前提的“保护的责任”，尚无定论。其次，西方不仅有与中国不同的规则主张，而且有意将中国纳入其规则体系，以其规则约束中国。[50]第二，中国能否在各项危机管理过程中坚守自己提出的危机管理规则。美国在危机管理中不时采取不同标准，严重影响了其国际形象和信誉，对其规则主张和制定产生了不小的负面作用。能否在当事方危机管理和第三方危机管理之间、在今时危机管理和他日危机管理之间坚持统一一致的规则，这对中国的战略定力和恒心是挑战。即使随着世事变迁，需要突破自己已经认可或者参与制定的国际危机管理规则，也不能任意为之，而是应该给予十分合情合理的解释，这对中国的战略创新又是挑战。

不管遇到多么复杂的局面，避免单边主义、提倡多边主义，也就是突出“共塑”这一点，都是中国在参与制定国际危机管理规则过程中应该采纳的路径。实践证明，不管是在危机管理中，还是在制定危机管理规则中，美国都因单边主义而得不偿失。反过来，多边主义从其精神实质上讲是与合作共赢等国际危机管理规则一致的。多边主义在被国际社会接受和支持方面远超单边主义。欧盟以主张和推行“有效多边主义”的规范主义力量自傲。中国也是多边主义的积极倡导者和实践者。比如，中国在对国际恐怖主义危机管理中就明确提出，反对任何形式的恐怖主义。中国作为国际体系中的新兴力量，不仅在一般问题上，就是在事关国家主权与安全核心利益的危机管理领域，也不能轻易试图通过单边方式制定或变革国际规则。中国在参与制定国际危机管理规则时的基本方式应该是双边和多边合作，主要平台是区域组织和国际组织。

小　　结

冷战结束，国际格局和世界形势发生重大变化，国际危机也随着全球化和科技化的迅猛发展而出现内容与形态上的显著变化，其变化的结果是危机更多了，甚至可以说是达到了危机常态化的程度，危机管理也更难了。如何实现危机管理新常态、建立更加完善的国际危机管理规则，是摆在国际社会和中国面前的一大挑战。对于和平崛起的新兴力量中国来说，在新时局下参与塑造国际危机管理规则，既是更好维护战略利益的需要，也是逐步承担国际责任的显现。

中国在以往国际危机管理的实践中积累了比较丰富的经验，明确了国际危机管理规则主张。中国主张对国际危机进行全面管理，即首先是设法避免和预防危机，其次是争取合作管理发生了的危机，最后还要提倡综合治理，以从根源上防止危机复发。中国主张危机管理坚持“有理有利有节”原则，即从国家利益出发，从以《联合国宪章》宗旨和原则为代表的国际秩序和国际法理出发，从公正合理出发，寻求合作共赢，做到量力而行、适可而止。中国主张危机管理方注重发挥已有各类国际组织的作用。中国还主张在管理危机过程中首先强调和解手段，同时并不完全回避强制手段，而使用强制的目的是为了推动和解的实现。

中国在参与塑造国际危机管理规则的过程中，既具备不少有利的条件，也面临诸多挑战。面对规则之争，一方面，中国不会拿自己的核心利益做交易，而是会坚定维护自身主权、安全与发展利益。另一方面，中国作为现行国际规则体系的受益者，愿意采取多边主义的路径，建立更加公正、合理、有效的国际危机管理规则。在此过程中，中国开展合作的对象自然既包括广大发展中国家，也不排除欧美日等发达国家。

注释

1.《中央外事工作会议在京举行》,载《人民日报》2014 年 11 月 30 日。

2. 习近平:《共同构建人类命运共同体——在联合国日内瓦总部的演讲》,载《人民日报》2017 年 1 月 20 日。

3. 本章的主要观点,最初发表于杨海峰、潘忠岐:《中国与国际危机管理规则的制定》,载《太平洋学报》2016 年第 8 期,这里略有改写。

4. 徐辉:《国际危机管理理论与案例分析》,国防大学出版社 2011 年版,第 3 页。

5. 俞正樑等著:《全球化时代的国际关系》,复旦大学出版社 2009 年版,第 171 页。

6.《关于加强非传统安全领域合作的中方立场文件》,外交部网站,2002 年 5 月 29 日,http://wcm.fmprc.gov.cn/pub/zl/zcwj/t4547.html。

7. 潘光:《当前国际危机的新特征及其对国际关系的影响》,载《国际问题研究》2003 年第 5 期。

8. 杨洁勉等:《国际危机泛化与中美共同应对》,时事出版社 2010 年版,第 4 页。

9. 同上。

10. 阎学通、阎梁:《国际关系分析》,北京大学出版社 2008 年版,第 115 页。

11. 著名的国际危机研究专家迈克尔·布莱彻(Michael Brecher)和乔纳森·维尔肯菲尔德(Jonathan Wilkenfeld)将军事安全领域的危机分为外交政策危机和国际危机两种。对外政策危机指某个国家的危机,是该国的国内或国际环境变化而引发的危机。国际危机有两层含义,首先是两国或多国的对立加剧或其形式发生改变,如言语上或实质上的敌对加剧,并存在导致军事敌对局面的高度可能;其次是上述状况导致这些国家间的关系发生动荡,并对国际体系——包括全球体系、主导体系和地区体系——构成挑战。不过,布莱彻也指出,这两种危机在现实中的关系紧密相联,引发外交政策危机的是认知,而国际危机又往往发端于外交政策危机。这两种危机结合起来就形成了危机爆发、升级、降级与结束四个发展阶段。参见[美]乔纳森·威尔肯菲尔德:《国际危机管理研究:概念与方法》,载张沱生、[美]史文主编:《对抗·博弈·合作——中美安全危机管理案例分析》,世界知识出版社 2007 年版,第 83—84 页;Michael Brecher, Jonathan Wilkenfeld and Sheila Moser, *Crises in the Twentieth Century, Volume I: Handbook of International Crises*, Pergamon Press, 1988, p.3; Michael Brecher, *Crises in World Politics: Theory and Reality*, Pergamon Press, 1993, pp.3—4, 360—361。

12. 杨海峰:《中欧国际危机管理互动研究》,上海人民出版社 2016 年版。

13. 强制的开端是强硬的言辞,体现在国内舆论、外交照会、国家声明等各个方面。进一步的强制就是外交和经济上的姿态和措施,如召回大使、中断高层访问、实行经济制裁等。此后,强制越来越表现为武力与战争的威胁。参见 Glenn Herald, Snyder and Paul Diesing, *Conflict among Nations: Bargaining, Decision Making, and System Structure in International Crises*, Princeton, N.J.: Princeton University Press, 1977, pp.183—281;李云龙、陈庆鸿:《台海危机管理研究》,金城出版社 2010 年版,第 14—17 页。

14. 根据危机管理者是否为危机当事方这个条件,国际安全危机管理可分为当事方危机管理、第三方危机管理等类别。当事方危机管理就是由危机当事方对危机进行管理。第三方危机管理或者第三方干预是指当事方以外的国家和国际组织以及个人介入危机管理过程,以改变危机的走向。对当事方危机管理和第三方危机管理的探讨,可参见刘俊波:《试析第三方国际危机管理的条件性》,载《外交评论》2007 年第 6 期;陈先才:《台海危机管理模式研究》,九州出版社 2010 年版,第 33—34 页。

15. 翟昆:《海啸、救援、国际危机管理》,载《现代国际关系》2005 年第 2 期。

16. 潘忠岐:《广义国际规则的形成、创制与变革》,载《国际关系研究》2016 年第 5 期。

17. 比如由于实施机制不同,国际经济规则依照约束程度的差异可以分为强制约束型、协商约束型与自愿约束型三种类型,参见李向阳:《国际经济规则的实施机制》,载《世界经济》2007 年第 12 期。

18. 李向阳:《国际经济规则的形成机制》,载《世界经济与政治》2006 年第 9 期;张宇燕:《国际规则与中国方案》,载《东方早报》2012 年 9 月 18 日。

19. Hedley Bull, *The Anarchical Society: A Study of Order in World Politics*, New York: Columbia University Press, 1977, p.55.

20. Phil Williams, *Crisis Management: Confrontation and Diplomacy in the Nuclear Age*, London: Martin Robertson, 1976.

21. Coral Bell, *The Conventions of Crisis: A Study in Diplomatic Management*, Published for the Royal Institute of International Affairs by Oxford University Press, 1971, p.2.

22. 夏立平:《美国关于危机管理的理论与实践——以中美关系为例》,载《美国研究》2003 年第 2 期。

23. 当然,这绝非表示美国完全不重视非传统安全危机。比如,对于威胁到一些拉美国家国泰民安的毒品危机,美国就与这些国家当局开展了比较密切的合作管理。

24. 杨洁勉等:《国际危机泛化与中美共同应对》,第 175 页。

25. 陈先才:《当代国际危机管理模式研究》,吉林大学博士学位论文,2007 年 4 月;冯海沧:《美国国际危机管理》,军事谊文出版社 2010 年版。

26. 张沱生对新中国成立以来中国的国际军事安全危机行为,包括危机管理原则与行为范式的发展变化,进行了比较深入的分析,参见张沱生:《中国国际军事安全危机行为研究》,载《世界经济与政治》2011 年第 4 期。

27. 马灿荣:《新世纪中德关系的全面发展》,载顾俊礼、杨解朴编《中德建交 40 周年回顾与展望》,社会科学文献出版社 2012 年版,第 66—83 页。

28. 王丽玉:《国际罪行——索马里海盗:挑战国际法》,黑龙江教育出版社 2011 年版,第 62 页。

29. Niklas Nováky, "*Deploying Military Force Under CSDP: The Case of EU NAVFOR Atalanta*," Presented at UACES 42nd Annual Conference in Passau, 3—5 September 2012, pp.9—10.

30. ICC International Maritime Bureau (IMB), *ICC IMB Piracy and Armed Robbery Against Ships—2008 Annual Report*, January 2009.

31.《外交部副部长何亚非出席联合国安理会索马里海盗问题部长级会议》,外交部网站,2008 年 12 月 17 日,http://www.fmprc.gov.cn/mfa_chn/wjbxw_602253/t526515.shtml。

32. 中国国务委员唐家璇于 2007 年 2 月 13 日在北京钓鱼台国宾馆会见参加第五轮六方会谈第三阶段会议的六方代表团团长时的讲话。

33.《习近平同韩国总统朴槿惠通电话》,载《人民日报》2016 年 2 月 6 日。

34.《习近平会见韩国总统朴槿惠》,载《人民日报》2016 年 4 月 2 日。

35. 温家宝:《坚定信心、共克时艰——在希腊议会的演讲》,载《人民日报》2010 年 10 月 4 日。

36. 温家宝在 2011 年 9 月 2 日与欧盟委员会主席巴罗佐通电话,在 2012 年 2 月 14 日与欧洲理事会主席范龙佩、欧盟委员会主席巴罗佐,在共同会见中外记者回答提问时,胡锦涛在 2012 年 2 月 15 日在会见欧洲理事会主席范龙佩和欧盟委员会主席巴罗佐,在

6月18日会见德国总理默克尔时，都作了类似表述。

37. 王缉思、徐辉：《中美危机行为比较分析》，载张沱生、[美]史文主编：《对抗・博弈・合作——中美安全危机管理案例分析》，第21—52页。

38. 赵绪生：《论后冷战时期的国际危机与危机管理》，载《现代国际关系》2003年第1期。

39. 习近平：《携手构建合作共赢新伙伴，同心打造人类命运共同体——在第七十届联合国大会一般性辩论时的讲话》，载《人民日报》2015年9月29日。

40. 同上。

41. 唯一的例外大概是1988年与越南在南海赤瓜礁发生的小规模和短时间的军事对峙。潘忠岐：《从"随势"到"谋势"：中国的国际取向与战略选择》，复旦大学出版社2012年版，第20—21页。

42.《中国的和平发展》，载《人民日报》2011年9月7日。

43. 朱世龙、刘宣佑：《中国外交不干涉内政原则探究》，载《教学与研究》2009年第8期。

44. 陈琪、黄宇兴：《国际干涉的规范维度》，载《世界经济与政治》2009年第4期。

45. 甄妮、陈志敏：《"不干涉内政"原则与冷战后中国在安理会的投票实践》，载《国际问题研究》2014年第3期；Zhongqi Pan and Ping Du, "The Logic of Contingency in China's Insistence on the Non-interference Principle", *Fudan Journal of the Humanities and Social Sciences*, Vol.8, No.4, 2015, pp.597—615.

46. 潘忠岐：《从"随势"到"谋势"：中国的国际取向与战略选择》，第312—317页。

47. 杨海峰：《中欧国际危机管理互动研究》。

48. 陈志敏、苏长和：《做国际规则的共同塑造者》，载《外交评论》2015年第6期。

49. 罗艳华：《"保护的责任"的发展历程与中国的立场》，载《国际政治研究》2014年第3期。

50. 刘建华、龚雅冰：《试析奥巴马政府对华"规则外交"》，载《世界经济与政治论坛》2013年第3期。

第八章

中国与国际经济贸易规则的制定

百年一遇的国际金融危机打破了世界经济的旧有格局，强化了推动全球治理结构嬗变的驱动力，也加快了全球经济规则调整与重构的步伐。一方面，直面危机中暴露出来的各种问题，以二十国集团为代表的治理平台和相关国际机构推出了强化金融监管等一系列弥补措施，积极完善现有规则。新兴经济体和广大发展中国家希望建立更加均衡的国际治理格局，增强话语权。另一方面，随着利益格局的变化，美欧等发达国家出现了对全球化进行再平衡的思潮，甚至在某种程度上表露出某种“逆全球化”的征兆。在奥巴马任内，美国强力推动《跨太平洋伙伴关系协定》(以下简称 TPP)、美欧启动《跨大西洋贸易与投资伙伴协定》(以下简称 TTIP)谈判，就是要建立高标准的市场准入范式，把重点放在探索建立涵盖贸易、投资、知识产权、竞争中立、环境、劳工等各方面的新规则上，维护相对有利于发达国家的“公平贸易”。而特朗普上任伊始，立即宣布退出 TPP 谈判，高调强调促进产业回流，其目的不是要放弃对国际经贸规则调整的主导权，全面抛弃 TPP 谈判中提出的新规则诉求，而是显露出更强烈的自顾倾向，更直白地强调美国利益优先。这打破了多双边经贸规则调整中多年来沿用的相对平衡的游戏规则，放弃了照顾发展中国家的“政治正确”，给规则调整增添了更多的不确定性。

作为全球最主要的经济体和贸易体，国际经贸规则的调整关乎中国的切身利益，妥善应对，积极参与，努力引导国际经贸规则的调整与演变，是我们不可回避的重大课题。[1]

第一节　国际经贸规则重构的方向、博弈与路径

国际金融危机以来的国际经贸规则重构有三个基本特征：第一，尽管面临“逆全球化”的挑战，推动市场开放和投资贸易自由化仍然是新一轮国际经贸规则重构的基本方向，新规则将更加强调高标准、高水平，规则调整的范围将从传统的边境措施更多向边境后措施延伸，力求扫除各种障碍，实质性提高全球市场的相互开放程度。第二，各种利益群体围绕规则重构进行激烈复杂的博弈，竞相引入各种新议题，规则重构的范围之广大大超出以往，发达国家自顾倾向明显，更加强调公平竞争，在规则上对新兴国家提出了更多诉求。第三，规则重构的路径呈现多元化并行发展趋势，进程更加曲折，在全球治理平台之外，各类区域合作竞相打造符合自身诉求的规则新版本，并借此谋求引导全球经贸规则的变迁趋势。而随着美国退出 TPP，更加看重一对一的谈判方式，双边谈判的重要性还可能在未来的规则制定过程中发挥更大的作用。

一、推动市场开放与投资贸易自由化仍是规则重构的基本方向

2008 年国际金融危机以来，世界经济始终未能彻底走出徘徊不前的局面，不少国家都面临着林林总总的国内经济问题，一些人将其归结为经济全球化失衡带来的后果。同时，族群冲突、难民危机、宗教极端势力的恐怖主义等又加剧了人们对全球化的焦虑感。于是，一些人打出了“反全球化”的口号，发达国家认为自己在上一轮全球化中吃了亏，提出“产业回归”，推动制造业回流，贸易保护主义由此抬头。特别是 2016 年，相继发生英国提出退出欧盟、特朗普当选美国总统等“黑天鹅”事件，标志着全球化顺风顺水发展了数十年之后，正面临前所未有的挑战。

那么，全球化会发生逆转吗？

显然，尽管全球化遭遇了挫折，但并没有中断全球化深入发展的进

程。全球化有两个基本动力。一个是市场规律,即资源在越大范围、越开放自由的市场内充分配置,就越有效率。多年来,在国际金融、贸易、投资等经济活动的促进和跨国公司的大力推动下,全球业已形成相互依存的分工体系,一条将世界各国紧密编织在一起的全球价值链已经基本确立,商品、服务、资本和技术在全球范围内进行配置的格局是不可逆的常态。全球化的另一个基本动力是科技进步。当前,以信息技术为代表的新技术革命日新月异,互联网不断升级并加速普及,万物智能互联时代的到来,使每一个人、每一台电脑、每一部手机,甚至任何一种设备都可以随时随地和全世界连接一起,人与人的交往比任何时候都更有便捷条件去超越国界、文化、语言的障碍。只要人际交往是日益全球化的,文明和资讯的传播是日益全球化的,经济活动的全球化特征就不可能改变。

事实上,全球化的加快发展固然可以以冷战结束作为起点,但如果我们放宽历史的眼界,这是地理大发现以来500多年里人类社会的大趋势,即使遭遇到短期的挫折,也是历史大潮中的小浪花,不可能改变这个趋势。

既然全球化不可逆,那么国际经贸规则就必然会服务于这个趋势,而不是反向而行。

回顾历史,国际经贸规则是在全球经贸往来日益密切的背景下逐渐产生的,本身就是全球化发展的产物。国际经贸规则在其诞生之初,主要任务是调整国际间的经贸利益纷争,维护正常的国际经贸秩序。但是人们逐步在实践中认识到,坚持相互开放市场,维护公平竞争,是促进世界经济贸易发展的正确选择,符合各国的最大利益。因此,国际经贸规则从相对静态、消极地充当经贸利益的调节者,日益演化成推动全球市场开放与投资贸易自由化的有力工具。换言之,国际经贸规则自其诞生之日起,就以促进国际经贸发展为己任,促进相互开放和贸易投资自由化是符合其内在逻辑的使命。

以多边贸易规则为例,20世纪二三十年代,资本主义世界爆发严重的经济危机。为求自保,美国一度实施了臭名昭著的《斯密特—霍利关税法案》,对进口产品课以平均高达53%的关税,欧洲国家也纷纷仿效,导致世界贸易量大幅下降70%,这种以邻为壑的短视做法严重加剧了世界经济危机。在惨痛的教训下，人们纷纷反思，提出要建设一个世界范围的多边贸易体制来确保国际贸易的正常发展。第二次世界大战结束时，这一思路付诸实施，1947 年缔结的《关税及贸易总协定》(GATT)成为第一个全球贸易领域的多边规则体系。该协定缔结后，先后主持了八轮多边贸易谈判，达成了降低关税、扫除非关税壁垒、推动服务贸易开放和投资自由化等广泛而重要的成果，为推动战后全球贸易与经济发展作出了重要贡献。

第二次世界大战以来，尽管爆发过多次世界范围的经济危机，但再也没有重演过 20 世纪 30 年代那样的恶性贸易战争。2008 年国际金融危机爆发之后，各种保护主义的做法有所抬头，现有的国际经贸规则依旧是遏制保护主义泛滥的防波堤。历次二十国集团峰会均发出了反对保护主义的明确呼吁。世界贸易组织加强了对各国贸易政策的监督和审议，对贸易保护主义做法提出批评。总的来看，比较 2003—2007 年、2008—2012 年两个五年间的全球贸易救济案件总数，并未有明显的增长，只是涉案金额有所扩大，明显好于大萧条后"以邻为壑"的贸易时期。

事实表明，现有的国际经贸规则在维护开放的国际经贸体系方面仍然是有效的。

2008 年国际金融危机爆发以来，国际经贸规则在推动贸易自由化方面确实遭遇了前所未有的阻力。但也并非一事无成，尽管多哈回合谈判陷入僵局，但没有哪一个国家愿意承担导致谈判死亡的责任。巴厘岛的世界贸易组织第九次部长会议在几经峰回路转之后，最终达成了以贸易便利化为主要成果的早期收获，这是乌拉圭回合谈判结束和世界贸易组织成立近 20 年来首个全球范围协议。在整体谈判遭遇阻力的情况下，一些诸边谈判也在顽强向前推进。《信息技术协议》(ITA)的扩围谈判是其中之一，该协议目前有 78 个成员，这些成员占有全球信息技术产品 97%以上的贸易规模。谈判的目标是进一步扩大降税产品范围，更严格地限定非关税壁垒，并推动巴西、墨西哥、南非等重要的信息技术市场加入协议。美、欧、加、澳等部分世界贸易组织成员也在积极推动《服务贸易协议》(TISA)诸边谈判，其目标在于大幅度地降低或取消针对服务贸易的各种市场壁垒，雄心水平大大高于《服务贸易总协定》(GATS)和多哈回合相关谈判。

与此同时,各国都在积极利用区域经济合作,拓展自己的发展空间。仅2008年至2013年,向世界贸易组织通报并生效的自贸协定就达69个,占已生效全部自贸协定总数的32%。虽然特朗普上台后,美国退出了TPP,但其他各种区域经济合作仍然方兴未艾。截至2017年4月,《区域全面经济伙伴关系协定》(RCEP)已经进行了17轮谈判。经济技术合作章节谈判和中小企业章节谈判已经结束。各方在关税减让模式、原产地规则、海关程序与贸易便利化等方面达成了初步共识。《区域全面经济伙伴关系协定》作为亚太地区当前最主要的贸易安排,在TPP熄火以后,反而为加快结束谈判注入了新动力。2014年,亚太经合组织北京峰会通过《APEC推动实现亚太自贸区路线图》以来,亚太自贸区的倡议也越来越受到各方重视。从全球视角和多边体制看,区域经济合作的开放区域有限,但其蓬勃发展的势头恰恰反映了各国对更高水平开放市场环境的认可与追求。区域经济一体化是全球化深化进程中的特殊表现形式,事实上为未来进一步提高全球市场的开放水平作了探索与铺垫。

在投资领域,传统的国际投资协定更多侧重于投资保护和投资促进,而新一代的投资协定则更加注重推进投资自由化,准入前国民待遇和负面清单的做法被越来越多的国家接受,国际投资的自由化水平也将进一步提升。

当然无可讳言,特朗普上台后,美国的贸易政策确实发生了明显的转向。美国多次扬言要加征惩罚性的边境税,新政府首次发布的《2017年贸易政策议程》称,美国将"抵制其他国家或世界贸易组织这样的国际机构以各种贸易协议来削弱美国作为协议方的权益、增加其义务的努力"。但作为精明的商人,特朗普的这些宣言并不是真的要把全球贸易带回彼此隔绝的状态中去,他的言行反映了一些美国人的观点,即认为新兴经济体在全球化过程中受益最大,但并未严格遵守规则,反而利用规则的空隙获取不公平的竞争优势,相互之间的开放也是不对等的,美国要修改规则,以更强硬的姿态逼迫其他贸易伙伴开放市场,实现更"公平"的贸易。也就是说,规则要更加严厉严格,但开放与自由化仍然是方向。美国之所以退出TPP,不是要否定TPP制定的开放高标准,而是认为美国付出的多而获得的少。就像美国政府扬言对墨西哥加征边境税，但其真实意图也不是想要废除《北美自由贸易协定》，而是希望通过修订协定来更好地强化美国的利益。

对当今世界的任何一个国家而言，只要想发展，就不可能离开自由开放的多双边贸易环境。可以预见，英国脱离欧盟后，势必要尽快与欧盟和其他贸易伙伴重新确认相应的自由贸易安排。

总之，面对经济全球化深入发展的大趋势，国际经贸规则的重构即使在一定程度上体现出不同发展阶段成员之间的博弈和对某些利益关系的再调整，即使因为美国政府政策导向的变化而平添了诸多不确定性，也不会背离推进全球化发展的初衷。不论强调公平贸易理论还是其他议题，都是建立在贸易投资自由化的基础上的。任何一个国家，要争夺国际经贸规则制定的话语权，都必须深刻认识这一点。只有这样，才能在国际谈判策略和国内政策的制定上把握正确的方向。

二、不同利益群体的复杂博弈影响国际经贸规则的走向

争夺国际经贸规则制定的主导权是维护各国经贸利益的战略制高点。2008年国际金融危机以来，围绕国际经贸规则重构，各方激烈博弈，利益的分化和相互交错使这种博弈更加错综复杂。其中最重要的博弈首先在发达国家和新兴经济体之间展开。

2008年国际金融危机以来，世界经济格局发生深刻变化，西方发达国家实力相对下降，新兴经济体影响力不断增强。据测算，在20世纪90年代，新兴经济体作为一个整体，对世界经济增长的贡献约为四分之一。在21世纪的前7年里，它们对世界经济增长的贡献上升到一半左右。国际金融危机爆发以来，新兴市场对世界经济增长的贡献度一度高达四分之三。从国际贸易角度讲，25年前，发展中国家只占全球总额的15%，如今这一比例接近40%。[2]但是，新兴经济体发展的可持续性仍然存在不确定因素，发达国家在国际经贸领域的领先地位还将在较长时间内继续存在。在世界格局中，经济实力有南升北降的趋势，但全球治理北强南弱的局面没有根本变化。发展中国家希望在全

球治理和规则制定中获得更多的制度性权利，而发达国家希望新一轮的国际经贸规则重构能够引入其关注的新议题，要求新兴经济体承担更多责任与义务，以实现“全球化”的再平衡。在这一轮国际经贸规则重构中，发达国家无论是在动力上还是在行动上，都仍然领先于发展中国家，它们是规则重构的主要动力，是相对强势的一方。

这种博弈的影响首先突出地表现为发达国家在国际经贸规则的制定中更加突出公平贸易理论来维护其利益。历史上，美欧等发达国家曾长期奉行自由贸易理论，并利用其主导的国际经贸规则，要求其他国家开放市场，为其优势产业进入他国扫清障碍。随着发达国家在国际经济贸易中的竞争优势相对减弱，国际金融危机以来，不少西方政要和学者们在不同场合一再强调：经济全球化的受益是不均衡的；中国等新兴经济体的快速崛起受益于美国等西方国家建立全球政治、经济和安全体系，但这些国家在提供全球和地区公共产品方面做得非常有限，对现有国际经济规则常常采取机会主义态度，并利用操纵汇率、补贴、强迫技术转让、侵犯知识产权、扶持国有企业等方式获取竞争优势，破坏了公平原则；美国必须加强贸易执法，确保公平贸易，同时新一代的国际经贸规则必须有助于扭转这种不公平竞争的局面。[3]随着特朗普的上台，美国还会在规则问题上进一步对新兴国家加大施压。

在这一思路的指引下，2012 年 2 月，美国专门成立了贸易执法机构，以督促各国遵守国际贸易规则，同时在 TPP、TTIP 等自由贸易区谈判中，全面强化公平贸易规则。一方面要求推广更加严格的知识产权保护、劳工标准、环境标准、安全标准及其他的社会性条款，这些规则一旦成型，客观上将增加发展中国家所承担的义务与成本。另一方面加大对竞争政策的关注，推动制定更加严格的标准，约束政府支持行为，限制国有企业的发展，提出并强调“竞争中立”“模式中立”“技术中立”等理念。在美欧力推之下，竞争中立的相关规则正在逐步现出雏形。和过去自由贸易区谈判中主要关注降低关税、取消非关税壁垒、服务业市场准入、贸易投资便利化等相比，这些新规则内容广泛、标准严格，体现出很强的进攻性和针对性，俨然成为新一轮规则重构中的“风向标”。

国际金融危机的爆发，增强了发展中国家在国际治理中的话语权，二十国集团取代了八国集团，成为全球治理的重要平台。发展中国家正努力改变一直以来作为国际经贸规则被动接受者的角色，寻求在规则制定等方面获得更大的制度性权利。国际货币基金组织调整出资份额，国际金融稳定论坛改名为国际金融稳定委员会并吸纳中国等新兴经济体加入等措施的推出，反映了这种变革的趋势。但在新一轮的规则调整中，发展中国家总体上仍处于守势，尤其是新兴经济体面临着更大的挑战。

予以发展中国家某些特殊差别待遇是现行国际经贸规则的一个基本原则。20世纪50年代，随着独立民族国家的增多，广大发展中国家要求改革国际经贸规则，建立国际经济新秩序的呼声日趋强烈。经过不懈努力，1964年，《关税及贸易总协定》增加了《贸易与发展》一章，确立了给予发展中成员特殊与差别待遇的法律基础，这一做法被沿用至今。这种精神在其他国际规则的制定中也被广泛采用，例如在应对气候等全球环境问题时强调"共同但有区别的责任"。但国际上对于什么是发展中国家只有笼统的认识，而无清晰的定义。如在世界贸易组织中，只认定了联合国所提出的最不发达国家（LDC，Least-developed country）。随着部分发展中国家实力的不断增强，美欧等发达国家在国际规则的博弈中，事实上正在把这些国家单列出来。例如在多哈回合谈判中，美欧早在十多年前就提出所谓先进发展中国家（advanced Developing country）的概念，要求不应将中国、巴西、印度等新兴经济体与一般的发展中国家混为一谈，这些国家必须承担更多的责任。在某些国际议题上，发达国家甚至能够联络最不发达国家等部分发展中国家，反过来向新兴经济体施压。例如在应对气候变化议题上，小岛国联盟在一定程度上就呼应了发达国家向新兴经济体施压的要求。

在多边领域，新兴经济体等发展中国家利用协商一致的原则，阻击了发达国家以自己优势引入新议题、有选择性地推动新规则的努力；发达国家另辟蹊径，转而利用区域经济合作和诸边协议等方式，绕开意见分歧，打造国际经贸规则的新版本，试图以迂回方式迫使新兴经济体接受。由于发展水平差异，短时期内，新兴经济体还难以形成与发达国家相抗衡的议程设置能力，在国际经贸规则制定中仍然总体处在被动防守自身利益多、积极进攻争取利益少的局面。从这个意义上讲，在国际经贸规则的新一轮博弈中，以新兴经济体为代表的发展中国家既面临机遇，也面临挑战，如果说挑战甚至可能大于机遇，绝非危言耸听。

围绕规则的博弈错综复杂，彼此缠绕：不仅在发达国家与新兴经济体之间展开，发达国家之间、新兴经济体与广大发展中国家之间、新兴经济体之间、政府与非政府组织之间也在不同领域存在不同程度的利益分化，对许多规则各有主张。例如，欧盟和美国对原产地规则立场迥异，巴西和印度在农产品问题上各执攻守一端，发展中国家在多哈回合谈判中对远洋捕捞、棉花等问题的立场莫衷一是。

与此同时，跨国公司、行业组织也是规则博弈的重要力量。跨国公司一直是推动经济全球化的主力军。作为实力雄厚的市场主体，在国际经贸规则制定中既有重要的切身利益也有重要的影响力。跨国公司往往通过影响各国政府决策来影响国际经贸规则的走向。多哈回合谈判之所以缺乏动力、进展缓慢，与跨国公司对发展议题、农业议题缺乏兴趣有相当的关系。在新一轮规则重构中，发达国家强调竞争中立，要求扩大服务贸易开放、加强知识产权保护、强化国有企业纪律等，直接体现了西方跨国公司的利益诉求。在规则博弈中，代表某些特定行业利益，甚至代表某些观点理念的民间组织也在积极发挥自身影响。在二十国集团、世界贸易组织等重要的国际会议外围，各类非政府组织云集，竞相发出自己的声音。在气候谈判中，诸如世界自然基金会、绿色和平、地球之友这样的非政府组织成为十分重要的场外力量，不少国家的谈判代表还主动召开“边会”，与非政府组织进行专门对话。

总之，在错综复杂的利益诉求之下，参与新一轮国际经贸规则博弈的力量呈现更加广泛而多元的格局，这种既冲突又合作的形势，正是“博弈论”的生动写照。为了避免零和游戏的结果，本轮规则重构不会背离推进市场开放和贸易投资自由化的基本方向，但在新一轮规则调整中，谁能赢得对自己更为有利的结果，则有赖于实力与策略的综合较量。

三、区域和诸边协议倒逼多边规则或将成为重构的主要路径之一

严格而言，国际经济规则是一个缺乏精确定义的宽泛概念。从效

力角度看，它既包括具有严格权利义务关系和强制力约束的国际条约，也包括普遍接受的国际惯例，不具强制约束力的国际共识等。从内容来看，则大致包括以《关税及贸易总协定》及世界贸易组织为代表制定的国际经贸规则，以国际货币基金组织为代表制定的汇率和资本流动规则，以世界银行和联合国相关机构为代表制定的援助和发展规则，还有各类专门国际组织制定的专项规则乃至各种国际标准；此外，经济合作与发展组织在许多领域也提出了具有重要参考价值的规则建议。

国际经济规则的形成与调整，是各种国际场合广泛协调博弈的结果。国际金融危机以来，二十国集团一跃成为全球治理的重要平台，它就改善全球治理、完善国际经济规则达成了不少重要共识，形成了若干重要倡议，促成相关国际组织完成了一系列规则的调整与完善。但总的来看，在规则重构的过程中，多边机制受到各种利益相争和意见分歧的掣肘，进展艰难，而在区域平台上发起的规则重构动议却因参与方利益诉求相近而更易达成一致。虽然区域平台推出的新规则只对参与区域合作的成员有效，但一些大国在区域合作中打造规则新版本的最终目的是为了将其推广至全球，升格为具有普遍约束力的国际通行规则。这种以区域倒逼多边的迂回路径选择在国际经贸规则的重构中表现得尤为明显。这种路径之所以能成功，还是缘于深化开放和严格纪律能够做大区域合作的蛋糕，合作中的各成员可以不同程度地多分到一杯羹。而将此多边化，广大最不发达国家成员则可以享受到免费的蛋糕。

以世界贸易组织为代表的多边贸易体制是国际经贸规则的主要制定者，开展多边贸易谈判是该组织推动规则重构的主要方式。世界贸易组织启动多哈发展议程（DDA）迄今已十余年，却一直无法达成一致。这轮21世纪之初启动的谈判强调发展主题，但是随着谈判的推进，发达国家自顾倾向增强，在多边领域取多予少，无意在发展问题上作出更大的投入，转而对发展中国家采取分化策略，强调新兴经济体在谈判中要承担更大的责任；而大多数新兴经济体自身发展仍然面临诸多问题，无力承担更多的国际义务，不愿轻易作出让步；加之世界贸易组织“协商一致”规则本身的低效率，导致多边谈判处于僵持状态，难以有所建树。

在多边举步维艰的情况下，区域经济合作如火如荼、加速发展，呈现出大国主导、步伐加快、深度拓展等特征。不少国家出于自身政治经济等多重考虑,倾力打造区域合作,团结利益诉求相近的国家,在区域合作中探索对自身舒适度更高的国际经贸规则的新版本。在奥巴马政府任内,美国推行“两洋战略”,同时推动横跨太平洋、大西洋的 TPP、TTIP 谈判,不仅强调高标准的市场开放,而且广泛引入新议题、制定新规则,志在为全球经贸规则重构打造“新标杆”。美国退出 TPP 后,并不等于全球范围内的区域经济合作势头就会减慢,特朗普政府表现出对多边框架的冷淡态度,反过来会促使更多国家寻求双方或区域的贸易安排来保护自己的贸易环境。而关于新规则的探索,仍然是新一轮区域经济合作的谈判重点。

面对区域合作在规则重构上的咄咄攻势,人们不禁会问:多边贸易体制是不是面临被区域经济合作超越甚至“解构”的危险?

毋庸置疑,多哈回合谈判久拖未决严重伤害了多边贸易体制在规则重构上的领导力,但多哈回合谈判不能与多边贸易体制划等号。现有的多边贸易体制是经过战后七十多年努力发展形成的,目前已拥有 164 个成员,涵盖全球所有重要经济体,其所确立的各种规则体系和相应的争端解决机制,是全球经贸秩序的基石,这一基础性作用仍然是无法被取代的。

一些国家虽然对多哈回合的一揽子谈判方式失去信心,转向区域解决方案,但依旧看重多边贸易体制对塑造规则的巨大影响力,“不能失败”的世界贸易组织第九次部长级会议(MC9)足以证明这一点。美欧等发达国家对多边框架下的《信息技术协议》(ITA)扩围谈判、《政府采购协议》(GPA)新版本和新成员加入谈判、《服务贸易协议》(TISA)等诸边谈判仍然显示出浓厚的兴趣与决心。从以往的实践看,诸边协议可以通过达到临界数量等触发方式而转化为多边规则。

总之,无论是区域经济合作,还是诸边谈判,其实质都是绕开存在明显分歧的谈判对手,集合部分贸易伙伴,先行达成一致,争抢规则制定的先机,其最终目标仍然是回归多边,建立普适性的规则体系。

回顾国际经贸规则产生的历史,多边与区域、诸边是交相引领的,而当多边进程陷入困境时,区域、诸边倒推多边的现象就可能会出现。1973 年开始的《关税及贸易总协定》东京回合谈判试图大幅度削减各种非关税壁垒，共有 106 个成员参与了谈判，其中大量的谈判成果是以部分成员参与的诸边协议达成的，包括补贴与反补贴措施、技术性贸易壁垒、进口许可程序、政府采购、海关估价、反倾销、牛肉协议、国际奶制品协议、民用航空器贸易协议等。这些协议中一半以上在世界贸易组织成立时已完成多边化，成为通行规则。在 1986 年启动的乌拉圭回合谈判中，谈判进展也非常艰苦，特别是发达国家试图在《关税及贸易总协定》中引入服务贸易、对外投资、政府采购、知识产权等新议题，面临巨大阻力。美国对此充满挫折感，流露出放弃《关税及贸易总协定》多边谈判的想法，并把注意力转向美加自由贸易协定谈判，在 1989 年达成后又吸引墨西哥加入，形成《北美自由贸易协定》，美方设想的诸多新议题率先在该自贸区中实现。而《北美自由贸易协定》也促动了僵持不下的乌拉圭回合谈判进程，一些新议题最终被列入乌拉圭回合，谈判在 1994 年完成。

历史往往有相似之处。今天，在多哈回合谈判久拖不决的情况下，各种区域和双边谈判在规则重构方面展露出另辟蹊径的雄心，如何避免在新一轮规则重构中被边缘化，是每个国家必须正视的问题。

当然，尽管多边贸易体制面临严峻考验，但重新焕发生机也并非完全不可能。一方面，各大国推动的区域板块谈判，由于具有先天排他性而侵蚀了潜在的全球经贸利益，在实践中也暴露出“意大利面条碗效应”、诱发政治不信任以及耗散谈判力量等弊端。加之参与区域合作谈判的有关国家内部也仍然存在一定的利益分歧，如果区域谈判延宕太久，客观上就存在促使各方回归多边平台的可能性。另一方面，如果多边贸易体制能够加快自身改革，适应复杂化的谈判利益格局而在自身决策机制上作出一些改变，同意吸纳区域规则中一些讨论较充分的新议题，核心国家也相应体现出足够的政治意愿和灵活性来，多边谈判也仍然存在找到利益平衡点并达成一致的可能性。

第二节　国际经贸规则重构的重点领域

回顾国际经贸规则演进的历史，人们不难发现，随着全球化的深入发展，国际经贸活动的内容不断拓展，而规则涉及的领域和调整的范围也呈现不断扩大的趋势:从货物贸易到服务贸易;从单纯的贸易再到与贸易有关的投资规则、知识产权保护;从关税减让到削减各种非关税壁垒。危机以来的规则重构,也体现了这一特点:一方面是继续推进高标准的市场开放,另一方面引入更多更广泛的议题,这些议题取代传统的关税减让和市场准入,成为规则博弈的重点。

一、国际经贸规则重构将更加关注宏观政策协调

所谓国际宏观政策协调,是指各个国家、地区政府或国际经济组织,就财政、货币、汇率、贸易等宏观经济政策在有关国家之间展开磋商、协调,或适当修改现行的经济政策,或联合采取干预市场的政策行动,以减缓各种突发事件和经济危机带来的冲击,维持和促进各国经济的稳定增长。[4]第二次世界大战以来,随着经济全球化的不断发展,各国经济依存程度日益提升,一国宏观经济政策的外溢效应更加明显,国际间宏观政策协调的必要性和重要性更加突出。自20世纪70年代以来,西方七国集团(G7)通过首脑会议、财长和央行行长会议等平台加强在财政、货币、汇率等方面的政策协调,比如共同实行扩张性的财政金融政策,推行"协同增长计划",共同干预汇率市场等,取得一定成效。

2008年国际金融危机爆发后,发达国家之间的七国集团机制已无法单独应对全球性的危机冲击,于是吸纳更多新兴经济体和发展中国家的二十国集团机制取而代之,成为全球治理的重要平台,具有更加广泛代表性的宏观政策协调也随之产生。历次二十国集团会议先后对各国实施更加协同一致的财政政策、货币政策、金融监管、汇率政策、贸易政策提出了诸多呼吁,其中一些共识转化为新的国际规则,例如促成了国际金融体系的改革,出台了《巴塞尔协议Ⅲ》,促使金融监管从微观审慎监管向宏观审慎监管转变。针对各国立场迥异的经济失衡问题,二十国集团在激烈争论之后推出了参考性指南作为衡量一国经济平衡状况的重要指标。在反对货币竞争性贬值、反对无节制的货币宽松政策和过度的财政扩张政策等全球关注的热点问题方面,二十国集团也在积极协调各方立场,努力提出各方均能接受的共同意见。客观而言,这

种宏观政策协调目前大多只具有一般的号召与指导意义，即使其中某些共识还建立了相应的评估机制，也无硬约束，尚不具备跨越各国主权、向严格的国际经贸规则演进的现实条件。但是可以预见，在经济全球化继续深入发展的情况下，国际经贸规则由微观管理为主逐渐向宏观层面拓展是一个不可回避的趋势。假以时日，某些具备广泛共识的理念向更严格意义的规则转化并非不可能。

而在个别一体化程度高的区域经济合作内，这种宏观政策协调变成更加严格的规则与纪律已成为现实。此次国际金融危机中，一些欧盟国家爆发了严重的债务危机，促使欧盟反思统一的货币政策和分散的财政政策之间存在的制度缺陷，进而制定了更加严厉的财政契约，用缔结政府间条约的方式来强化财政纪律。

二、国际经贸规则重构将更加关注边境后措施

早期的国际经贸规则，更多关注所谓的边境措施（Border Measures），致力于推动关税减让和开放市场准入。在多边贸易体制持续不懈的推动下，世界各国的平均关税水平总体上普遍降低，对贸易的各种配额和数量限制也大幅减少。相较而言，各国在边境之后实施各种管理措施，逐步成为推动国际贸易投资自由化过程中要解决的主要壁垒；同时，一些国家的国内政策也被认为是导致不公平竞争的根源，亟待加以规范。因而，在新一轮的经贸谈判和规则重构中，推动降税和市场开放虽然仍为重要内容之一，但所谓的边境后措施（behind-the-border measures）日益成为关注重点，占据了谈判的主要地位。相较而言，传统的降税等议题谈判更多是在现有规则框架内的讨价还价，而对边境后措施的约束则不仅是现有规则适用的延伸，甚至是修改现有规则的创新。

这些边境后措施，包括各种国内规制（Domestic Regulations）——技术、卫生、劳工、环境标准，以及知识产权保护，竞争政策乃至监管方式、执法行为等等，内容宽泛。一些传统的社会政策，因为涉及对国际经贸活动有较大影响，也被纳入调整约束的范围之内。加强对边境后措施的约束，事实上就是要通过制定新的国际规则，并将其延伸到每个

经济体的国内经济政策和经济管理之中,消除潜在的贸易投资壁垒,为企业在国内外市场创造“公平”的竞争环境。和传统的边境措施相比,推动边境后措施形成统一的国际规则,要求各国让渡部分主权的性质更加突出。由于各国社会体制、发展水平不一,对许多问题的认识仍然缺乏共识,各国内部也面临着不同利益群体争议分歧,所以其难度也更加巨大,历程将更加漫长。

美国学者威廉·奥尔森(William Olson)曾经感慨:“主权国家体系把人们分成一个个作茧自缚的政治实体,而经济的繁荣却需要人们尽量交流商品和投资,这一直是主权国家体系的一个根本性难题。”[5]但是回顾全球化不断发展的历史,许多传统观念正在悄然改变,为了换取更加有利的外部发展环境,各国基于自身利益自主让渡部分主权的做法更加普遍,国际经贸规则涉及的领域和调整的范围呈现出持续扩张的趋势,这正是边境后措施逐步成为国际经贸规则重构重点的历史逻辑之所在。

三、国际经贸规则重构将更加突出服务贸易和投资规则

国际经贸规则的形成最初是从调节货物贸易开始的,直至20世纪90年代达成的乌拉圭回合谈判才把服务贸易和与贸易有关的投资规则引入多边贸易体制。随着全球化深入发展和科学技术的不断进步,服务贸易在国际贸易中的地位日益突出,跨国投资成为推动全球化发展的重要动力。因而在新一轮的规则重构中,服务贸易和跨国投资成为相较货物贸易更引人重视的主题。

在多哈回合谈判陷入僵局的情况下,美欧联合部分立场相近的成员启动服务贸易协议谈判(TISA),试图在推动服务贸易新规则方面抢占先机。从主观角度看,美欧力推服务贸易谈判,显然是因为这是发达国家更具优势的领域,服务贸易市场扩大开放对它们有利。从客观角度看,《服务贸易总协定》(GATS)产生迄今已近20年,这期间服务贸易的形态发生了巨大变化,电子商务快速发展,跨境电子数据流动日新月异,基于互联网技术的新业态不断涌现,传统的服务贸易模式及相关

规则已不足以涵盖服务贸易的新发展，必须进一步予以丰富充实。目前，参加《服务贸易协议》谈判的成员已占全球服务贸易市场份额的70%，中国也宣布寻求加入这一谈判，该谈判很可能在这一领域暂时取代多哈回合谈判，成为服务贸易新规则的策源地。

相对于多边贸易规则，国际投资规则一直处于碎片化状态。根据联合国贸易和发展会议(UNCTAD)统计，截至2011年底，世界各国签署的国际投资协定累计达3 164项，其中2 833项为双边投资协议、311项为自贸协定的投资章节，这些协议所涵盖的投资范围较窄、彼此差异较大、未能形成真正意义上的多边投资规则。跨国投资是经济全球化不断深化的主要动力之一。国际金融危机之后，各国竞相吸引国际资本，发达国家提出“资本回流”“制造业回归”，不少国家通过减税、简化审批程序、打破垄断等手段提高投资自由化水平，但也有一些国家频频以国家安全、民众利益、保障就业等名义设置投资壁垒，不仅对外国投资实行严格的审查制度，对本国的海外投资也附加禁止先进技术外溢等种种限制条件。在这种情况下，不少区域合作机制都在积极推动制定更有效的投资规则，推动投资自由化便利化，厘清母国和东道国对资本流动的监管规范，也不断有国际组织和专家倡议建立多边化的国际投资规则。美欧为了引导国际投资规则制定的走向，在2012年4月联合发表了《国际投资共同原则》，确立了承诺实施开放和非歧视性的投资政策等七项原则。经济合作与发展组织投资圆桌会议围绕投资议题也进行了极具深度和广泛性的讨论，成为探讨国际投资规则的重要平台。与此同时，以中国为代表的一些发展中国家，正逐步发展成为对外投资大国，对建立更有效的投资保护体系，减少歧视性的投资壁垒表现出更大的积极性。中国已接受“准入前国民待遇加负面清单”的规则，正在加快与美欧开展投资协定谈判。总的来看，构建内容更广泛、标准更高的国际投资规则是大势所趋，一些规则的新范本有望在区域合作中率先出台，但由于在国有企业、劳工、环境保护、安全审查、投资争端解决等问题上，各方立场还有较大差距，真正形成统一的多边国际投资规则可能还需要较长时间。

四、国际经贸规则重构将不断纳入经济社会发展带来的新议题

规则的调整总是要反映经济社会实践的新发展，因而在国际经贸规则的重构中也必然会不断纳入新的议题。早在世界贸易组织成立不久之后在新加坡召开的第一次部长级会议上，当时部分发达国家就曾提出投资政策、竞争政策、政府采购透明度和贸易便利化等新议题，被称为“新加坡议题”，但除了贸易便利化之外，其他三个议题未能被纳入多哈发展议程(DDA)。但近几年来，在各种区域经济合作中，除了贸易与投资、贸易与竞争政策、政府采购之外，进一步涌现出了更多的新议题，内容包括互联网、环境气候、劳工、人权乃至反腐败等，国外一些研究者将其统称为“21 世纪议题”，或直接称为“新议题”。

这些所谓的新议题，有的反映了科学技术发展进步带来的新要求，例如进入 21 世纪的十几年，正是互联网突飞猛进的黄金时期，基于互联网运用的电子商务、跨境数据流动、信息与通信技术服务等方面的规则逐步成为各方关注的重点。在服务贸易规则谈判中，为防止某些国家鼓励商业存在而打压越来越便利的跨境服务，有关方面提出了模式中立的原则。有的新议题试图对日益迫切的国际问题作出回应，例如面对严峻的气候变化形势，以限制碳排放为目标的碳关税、碳标签、碳认证等相关规则的讨论十分活跃。还有的新议题拓宽了与经济贸易相关的范围，把传统上的社会政策也纳入调节的范围，例如劳工、人权、反腐败等。

总的来看，美欧对推广新议题志在必得，欧盟和美国先后都制定了类似的政策，要求在其对外开展的自由贸易区谈判中必须包含环境、劳工等方面的内容。对规则谈判中新议题的涌现应当持两分法：既要看到发达国家在这些议题上占据着优势地位，它们之所以积极引入新议题是为了强化自己的优势；也要看到部分新议题出现也是经济社会发展的客观需要，不宜一概反对，更重要的是在新议题中如何设立兼顾发展水平差异的公平规则。当年，一些发展中国家抵制将“新加坡议题”纳入多哈谈判，主要是担心冲淡多哈回合的发展主题，但从更长远的角度看，多边贸易体制如果不能有效地对新议题作出回应，确实也在某种

程度上削弱了多边贸易体制在规则重构中的主导地位。

第三节　中国与全球经贸规则重构

中国与近现代意义上的国际规则发生联系，应以1840年的鸦片战争作为标志，西方列强的坚船利炮打破了中国闭关锁国的状况，并强迫中国接受了许多不平等甚至也不理解的国际规则。进入20世纪以后，随着中国的逐步觉醒，开始努力改变加诸自身的各种不平等条约，维护自己的权益。新中国成立后，束缚中国近百年的各种不平等条约终于被悉数废除。但是由于各种特殊的历史条件，中国对西方发达国家主导的国际经贸规则体系总体上持批判排斥的态度，长期游离于国际主流经济体制的边缘。这种状况直至70年代初中国恢复在联合国的合法席位以后逐步有所改变，70年代末开始的改革开放更成为历史性的转折。从那时起，中国开始寻求全面融入和参与现有的国际经贸规则体系，从1986年开始的恢复《关税及贸易总协定》缔约方地位和加入世界贸易组织谈判是其中最具标志性意义的事件。经过30多年的努力，中国逐步成为世界政治经济中的重要力量，与过去170多年来的任何历史时期相比，当今的中国在参与全球经济规则重构方面无疑拥有了更大的话语权。在新一轮重构中，中国能发挥怎样的作用，应该怎样发挥作用，不仅需要中国认真思考，也为世界所瞩目。

一、中国必须积极参与全球经济规则的重构

经过三十多年的努力，中国已成为全球经济体系中最为重要的成员之一，积极主动地参与国际经济重构是形势的客观要求和发展的必然选择。

第一，现有的国际经济规则体系总体上维护了良好的发展环境。过去三十多年来，中国经济的快速发展，得益于中国坚持对外开放，引入国际资本、先进技术，开拓外部市场，参与国际分工，融入全球经济体系。实事求是地看，现有的国际经贸规则虽然是在西方发达国家主导下制定的，存在不合理不公正的一面，但还是反映了市场经济的基本原

则，在总体上维护了国际经贸往来所必需的基本秩序，为各国利用外部资源和市场提供了稳定可预见的环境。这套规则体系积极推进贸易和投资自由化，推动了全球市场开放，为各国更加充分地发挥比较优势、加快自身发展创造了更大的外部空间。这套规则还较为有效地协调了世界各国的经贸纠纷，避免了恶性贸易战甚至因经贸问题引发直接的政治军事冲突。从某种意义上看，中国的开放历程也是一个接受并适应国际经贸规则的历程。不承认现有国际经贸规则体系的正面作用，就难以解释中国为什么能够在对外开放中实现持续快速的发展，并被国际社会公认为经济全球化的最大受益者之一。

第二，积极参与国际经济规则重构是维护中国权益的必然选择。一方面，经过改革开放四十多年的发展，中国已经成为全球第二大经济体、第一大出口国、第二大进口国，成为全球最重要的跨国投资目的地和越来越重要的资本输出国，拥有越来越广泛的国际经贸利益。积极参与国际规则重构，推动全球贸易投资自由化进程，有利于中国进一步拓展国际市场，发展海外投资。另一方面，作为现有国际经贸规则的接受者，原有规则中仍然不乏一些对中国不利的地方，需要通过参与谈判推进其不断完善。而在美欧等发达国家对规则重构提出的新设想中，更不乏具有较强针对性和指向性的内容，如果中国不积极参与讨论和参加新规则的塑造，一旦新规则成型再被动接受的话，势必付出更大的代价。

第三，积极参与国际经济规则重构是助推中国改革的积极动力。中国对外开放的历程，不仅是接受国际经贸规则的历程，也是按照国际通行规则推进自身经济体制改革的进程。当前中国的改革正处于攻坚克难的深水区，面对利益固化的格局，通过积极参与规则重构、对接国际规则，将为全面深化改革提供有益的参照体系和目标方向；同时，以开放的压力形成倒逼改革的动力，也是以开放促改革，营造新的制度红利的有效途径。

第四，积极参与国际经济规则重构是中国作为负责任大国应尽的义务。当前中国已成为全球最主要的经济体之一，离开中国的建设性参与，具有全球意义的国际经贸规则调整是很难完成的。随着中国自身实力的增强，在全球公共品的提供上，采取“搭便车”的做法是不现实的。主动寻求在国际经贸规则的制定中发挥与自身实力相称的建设性作用，是中国维护自身权益的需要，也是中国作为负责任大国应尽的义务。

随着综合实力的增强和国际话语权的提高，中国已在参与国际经贸规则制定方面取得了一定的成效。中国驻世界贸易组织前大使孙振宇曾经生动地总结道，中国参与多边经贸规则制定的历程经历了从听不懂讨论内容到听得懂，从对谈判议题说得上话到说话越来越有分量的转变。2008年7月，在多哈回合最接近成功的一轮冲刺谈判中，中国开始跻身世界贸易组织最核心的七国行列。此后，中国在各谈判领域全面进入决策核心圈，成为11方高官会成员之一、知识产权议题5个核心成员之一和案文起草小组成员之一、贸易与环境议题小范围磋商成员之一等。中国已向世界贸易组织提交了100多个提案，涉及农业、非农、服务、贸易与环境、知识产权和规则等各个领域。例如中国与巴西、印度等成员在2008年6月提出的关于平行推进地理标志高水平保护范围扩大、地理标志多边注册体系和基因资源保护谈判的W52号提案，目前已经得到了108个世界贸易组织成员的支持。

当然，我们也要清醒地认识到，中国参与国际经贸规则制定工作还处于起步阶段，提高参与国际规则制定的能力仍是十分迫切的任务。以国际标准为例，据不完全统计，国际标准化组织(ISO)和国际电工委员会(IEC)发布的国际标准已近20 000项，但中国企业参与制定的仅有20余项；负责制定这些标准的机构全世界有900多个，但中国参与其中的不足10个。[6]

二、中国参与国际经贸规则重构的角色定位

中国面临的国际经贸谈判环境，正在发生三个显著变化：一是中国拥有参与规则重构的更好条件。随着中国经济的迅速发展，中国有持续增长的国内市场这张"大牌"可打，对外有更丰富的谈判筹码，对内也有更大的回旋余地。二是中国也处于规则重构的矛盾焦点之中。随着中国在世界经济格局中的地位显著提升，无论是发达国家还是发展中国家都希望中国作出更大的贡献，客观上使中国处于一些利益矛盾和

规则博弈焦点，不可回避、也无法回避。三是中国自身的利益格局更趋复杂，呈现多层次、多领域、多角度的攻防局面，既要保护某些弱势产业，更要为优势产业打开国际市场，利益权衡没有万全之策，只有通盘考虑下的进退取舍。

面对环境的新变化，在新一轮国际经贸规则重构中，中国将要扮演怎样的角色呢？

回顾近代历史，中国曾长期是国际经贸规则的被动接受者，被迫接受了许多侵害自身经济主权和利益的不平等条约。在这种特殊情况下，中国也一度成为国际经贸规则的批评者，特别是新中国成立以后，中国总体上游离于国际经贸规则体系之外，并对其持批判态度。改革开放以来，中国重新打开国门，根据自身国情和利弊分析，有选择地逐步接受了大多数国际经贸规则，同时也开始逐渐参与到规则的调整制定中。显然，今天的中国再也不是规则的被动接受者，也不会去充当颠覆既有国际经贸规则体系的革命者，中国应当沿着改革开放以来的轨迹，以建设性参与者的角色，更加积极主动参与国际经贸规则重构。

作为更加积极主动的建设性参与者，中国要全面参与国际经贸规则的讨论，更加鲜明地提出对完善国际经贸规则的主张，更加有力地开展围绕规则制定的国际协调。在国际经贸规则的重构中，中国既要坚定维护自身的核心利益，也要承担与大国地位和自身实力相称的国际义务，善于求同存异，追求各方共赢的“包容性利益”，[7]在促成国际经贸规则的不断完善方面体现出更大的政治意愿，付出更多的努力。

当前，国际社会上对中国在规则重构中的角色，还有两种不同的声音。一是一些人指责中国是现有规则的受益者，却不遵守规则，扮演了规则破坏者和挑战者的角色。这种观点显然无视中国在信守承诺、履行国际义务方面的巨大成绩，流露出独占规则解释权、制定权，挟规则敲打他国的霸权主义心态。同时，也有不少人士呼吁中国要在国际经贸规则制定中发挥更大的领导力，成为主导者，甚至提出中美“G2”的建议。这种观点的潜台词往往是希望中国能够作出更大的利益让渡，承担更多的国际义务。但事实上，中国仍然是一个发展中大国，要保持持续发展，始终面临着来自内部的诸多挑战，希望中国在短时间内成为国际经贸规则重构的主导者，在国际事务中投入大量资源也是不符合国情的。

三、中国如何参与和应对新一轮国际经贸规则重构

中国参与国际经贸规则的重构,要着眼两个大局。一方面是推动完善国际经济秩序,使之更加公正合理地体现各国利益,更加有利于全球经济的持续发展。另一方面要和国内改革开放的总体进程相结合,准确反映中国的利益诉求,服务于全面深化改革和建立开放型经济体系的战略需要。

第一,坚定不移地推进对外开放,推动国际经贸规则朝着有利于促进贸易投资自由化的方向发展。

中国是全球最主要的贸易大国,同时也进入对外投资的快速增长期。完善国际经贸规则,维护自由开放的世界经贸秩序,符合中国的利益。当前,国际上仍然存在着形形色色的贸易和投资保护主义,不少国家利用出口管制、技术标准、安全审查、滥用贸易救济措施等手段设置壁垒。一些多年来在全球不遗余力主张自由贸易的国家出于实用主义,更多强调国际规则中的公平贸易理论,希望给自由贸易加上"公平"的前提条件,借此保护其竞争力减弱的某些部门。在这种情况下,中国应当坚定不移地高举自由贸易的旗帜,积极引导国际经贸规则继续沿着反对保护主义、积极促进贸易投资自由化方向发展。当前,特别是要积极推动更为各方普遍接受,更易于落实的各类投资贸易便利化举措。

当然,开放是相互的,利益是交换的。在我们要求其他国家进一步扩大开放的同时,也必须有进一步扩大自身对外开放的准备,做到以开放换开放。有时单方给惠的自主开放对国家探索深化改革开放是有利的,如目前我国在一些地方建设自由贸易试验区,就是自主开放的实践。在开放中要注重攻守平衡。事实上随着中国经济实力的不断增强,中国在对外经济贸易中拥有了更多的进攻利益,如果一味强调防守、强调保护,不能拿出有竞争力的出价,就很难在推动国际经贸规则重构和推进全球投资贸易更趋自由化方面有所作为。在这方面,更加需要从全局来衡量利弊得失。既要算行业和部分企业的小账,更要算对国民经济综合贡献和国民总体福利的大账。既要看到当前的竞争优势,也要看到发展态势和长远的利益。总体谈判策略应从稳妥防守型向攻防兼具型转变,谈判原则从追求自身利益最大化向力争利大于弊

转变。同时,要探索建立国内的利益补偿机制,给受损者以合理的补偿,减少开放中的阻力。

第二,坚持多边与区域并重,全方位参与国际经贸规则重构。

当前围绕国际经贸规则重构的复杂博弈正在多边、诸边渠道和区域经济合作中同时展开,磋商平台之多,涉及议题之广是历史上少有的。中国要密切跟踪各种规则重构的新动向,秉持开放的心态,不自我预设前提条件,按照“全面参与、重点突破”的思路,尽可能广泛地全面参与和规则重构有关的各种谈判和讨论。

无论是从中国还是从世界各国共同利益出发,都应继续坚持以多边作为规则重构主渠道的立场。经过数十年努力建立起来的多边经贸规则广泛涵盖了世界各国的利益诉求,决策机制更加民主,体现了截至目前,人们为建立公平公正的国际经贸新秩序而努力的阶段性成果。踢开多边渠道,主要依靠少数大国来决定国际经贸规则,将损害广大发展中国家的利益,也威胁多边体制的合法性有效性。当前,多哈回合谈判在长期停滞后终于迎来“早收”,包括中国在内的世界各国都必须拿出更大的政治决心和灵活性来挽救多边贸易谈判。同时,中国也应在启动多边投资谈判议题上早作准备,力争发挥更大的作用。

在区域经济合作上,中国要主张开放,反对排他。对本地区的各种区域经济合作持开放心态,对区域合作平台上围绕国际经贸新规则的探讨也持开放心态,不回避各类新议题。但是应反对排他性的区域合作,反对创设针对区外经济体的歧视性规则。当前,亚太地区是全球区域经济合作的热点,中国已和东盟建成自由贸易区,并为成功启动《区域全面经济伙伴关系协定》(RCEP)谈判发挥了重要作用,中韩、中日韩自贸区谈判也在积极推进之中。中国应力争早日完成中韩、中日韩自贸区谈判,凝聚共识,为加快《区域全面经济伙伴关系协定》提供更强劲的驱动力。亚太经合组织是本地区历史最悠久、成员最广泛、与会领导层次最高的区域经济合作平台。中国应积极利用好亚太经合组织历届峰会的成果,支持亚太经合组织推动亚太自贸区建设的步伐,为亚太经济走向一体化发挥更大的作用。

第三,坚持权利义务对等原则,推动完善公正合理的国际经济新秩序。

中国要提高在国际经贸规则制定中的话语权，在国际事务中打造建设性参与者的角色，必然意味着适度的责任承担、资源付出和利益让渡，参与提供更多的国际公共产品。但是作为长期处于社会主义初级阶段、人均国内生产总值排名世界70位左右的发展中国家，中国不应该也不可能超越自身发展阶段去承担不相称的义务，去接受权利义务失衡的规则。中国仍然是一个发展中国家，也应当继续加强与广大发展中国家的团结合作，努力推动形成更加公正合理的国际经济新秩序。

国际金融危机的爆发使人们更加关注世界经济失衡问题，国际经贸规则调整的目的之一就是要有助于消除失衡。必须看到，在贸易失衡、货币失衡等问题的背后，是布雷顿森林体系解体后现行国际货币体系的内在缺陷。更深一步讲，南北发展严重不平衡是世界经济失衡的根本原因。因此在国际经贸规则的重构中，仍然要坚持把"发展"问题放到突出的位置，支持发展中国家增强自主发展能力，提升在全球价值链分工中的地位。在应对粮食及能源安全、环境破坏、气候变化、自然灾害、公共卫生等方面，制定有利于发展中国家的国际规则。同时，也要改革既有的全球治理机制，推动二十国集团在南北平衡发展方面发挥重要作用，支持增加新兴经济体在国际货币基金组织和世界银行的份额和投票权，保障发展中国家在全球治理和规则重构中获得更加公平、公正的制度性权利。中国要继续推动南南合作，加强与发展中国家间的协调，运用好金砖国家等机制，提高新兴经济体和发展中国家的整体话语权。

第四，坚定不移加快国内改革，有效回应国际经贸规则的变迁趋势。

当前国际经贸规则变迁的一个重要趋势就是由传统的关税减让、市场开放等边境措施日益向国内规制延伸，在政府管理行为、国有企业、知识产权保护、环境标准、劳工标准等方面提出更多要求。发达国家从倡导自由贸易理论转向更多鼓吹公平竞争理论，隐含有借国际经贸规则重构加强对发展中国家约束、维护自身竞争优势的初衷。我们对此自然不能全盘接受，被牵着鼻子走，对那些以公平贸易为由，干涉他国发展模式和内政的行为，更要据理力争，不能妥协。但是也要看到，规则重构中的不少动议包含着对市场经济和社会发展规律的合理认识,其中不少也符合中国自身改革的方向。有些虽然是暂时对中国不利或做不到的,但从长远来看,也可能仍然是中国努力的目标。因此,我们要有更宽广的视界,按照自身发展的内在需要,进一步加快改革步伐,有效回应国际经贸规则变迁的趋势,避免日后面临被动。

例如国际经贸规则对环境和劳工问题日益关注,从中国自身发展的角度看,也需要从建设生态文明、提高人民生活水平出发,执行更加严格的环境保护标准,提高社会保障水平,逐步改变依赖土地、资源、环境、劳动力等低成本优势参与国际竞争的局面。又如竞争中立问题已成为国际关注的热门话题,其中某些原则对中国进一步完善市场经济体系、规范政府行为、理顺政企关系、深化国有企业改革也有相当的价值和借鉴意义。再如积极参与国际知识产权保护规则的重构,提高知识产权保护水平,也有利于在国内营造支持研发、保护创新的良好环境,塑造竞争新优势,把建设创新型国家落到实处。积极推动加入政府采购协议(GPA)的谈判,有利于中国加快财政体制改革,建设公开透明的公共财政和反腐败,反对地方保护主义,促进全国统一大市场的形成。

总之,我们要辩证地看待国际经贸规则重构中的利与弊,在积极参与国际经贸规则重构的过程中,借鉴有益的国际经验,借助外力加快改革步伐,实现以开放促改革、促发展的目标。

第五,加强战略谋划,提高参与国际经贸规则制定的能力。

在国际经贸规则的激烈博弈中,我们还是新手,需要不断积累经验,同时要善于从世界历史中汲取经验教训,不断提高自己的谈判与应对水平,争取把不断提高的综合国力逐步转化为规则制定中更加有力的话语权。

一是加强参与规则重构的总体规划。毋庸讳言,在新一轮的规则重构中,中国仍然处于以应对为主的防守局面。怎样做好应对,并在应对的同时,提出更多反映中国利益诉求的主张,需要我们加强对参与国际经贸规则重构的顶层设计。中国应当立足自身的中长期发展战略,准确判断自己在规则变迁中的核心利益诉求是什么,需要达到哪些具体目标,哪些是应当重点关注的议题,在规则形成的各种路径中如何作好选择等,并更加深入地研究现有的国际规则体系和各国的攻守利益,提出能够获得有力呼应的有效动议和主张，提升对国际经贸规则的影响力和塑造力。例如在2016年二十国集团杭州峰会上，中方提出的eWTP（全球电子商务平台）主张写入了会议公报就是一个很好的范例：基于中国在全球具有优势的电子商务实践，建立沟通平台，进而寻求在电子商务规则制定上赢得更大的话语权。

二是增强中国在国际规则谈判中的软实力。国际经贸规则的形成体现了利益博弈的结果，但是规则之所以成为规则，并不仅仅是划分利益的简单公式，其基础仍然是有说服力的价值观念和国际法的相应法理基础。中国要在规则重构中赢得更大的话语权，就必须提高参与规则塑造的软实力。特别是要善于挖掘和宣传中国传统优秀文化的世界价值，善于总结和阐述中国对发展模式、发展道路、发展理念的认知，这种认知可以基于中国自身的实践，但又必须是具有相当大的普适意义和较强的国际认同感。中国要塑造自身作为负责任大国的良好形象，应善于表达自己的主张，赢得更为广泛的道义支持。

三是加强国际经贸规则人才队伍的建设。首先是要加强国际经贸谈判队伍的建设。国际经贸规则涉及面广，技术性强，参与国际经贸规则谈判需要具备很强的专业和法律知识，和发达国家相比，中国参与谈判晚，人才队伍相对较小，主要集中于少数专业部门；随着中国参与谈判的领域日益广泛，加强相关人才队伍建设的任务十分迫切。其次是要完善对国际经贸规则谈判支撑体系的建设。目前中国学术界对国际经贸规则谈判的重视程度有限，许多研究机构，往往不了解规则博弈的具体进程与内容，相关政府部门应与研究机构加强协作，推动更多机构参与到国际经贸规则重构的研究中来，为在经贸规则博弈中的利弊取舍提供更多智力支持。再次，要继续向国际组织输送各类人才。近年来，来自中国的林毅夫出任世界银行高级副行长兼首席经济学家，朱民、张涛相继出任国际货币基金组织副总裁，李勇当选联合国工发组织总干事，易小准出任世界贸易组织副总干事，张晓刚当选国际标准化组织主席等。这标志着中国在全球经济治理中获得更大的发言权，同时也对我们进一步熟悉国际组织运作、提高参与国际规则制定能力很有助益。与发达国家甚至一些发展中国家相比，目前中国在国际组织中的任职人数尤其中层以下职员占比偏低，应鼓励更多符合条件的人士增加国际组织从业经验，为国家储备更多的国际化人才。

小　结

2008年金融危机以来，尽管面临“逆全球化”的挑战，推动市场开放和投资贸易自由化仍然是新一轮国际经贸规则重构的基本方向，新规则将更加强调高标准、高水平，规则调整的范围将从传统的边境措施更多向边境后措施延伸。各种利益群体围绕规则重构进行激烈复杂的博弈，竞相引入各种新议题，规则重构的范围之广大大超出以往，发达国家自顾倾向明显，更加强调公平竞争，在规则上对新兴国家提出了更多诉求。规则重构的路径呈现多元化并行发展趋势，进程更加曲折，在全球治理平台之外，各类区域合作竞相打造符合自身诉求的新规则，并借此谋求引导全球经贸规则的变迁趋势。就国际经贸规则重构的重点领域而言，此轮国际经贸规则重构将更加关注宏观政策协调，更加关注边境后措施，更加突出服务贸易和投资规则，并不断纳入经济社会发展带来的新议题。

中国作为全球最主要的经济体和贸易体，国际经贸规则的调整关乎切身利益，妥善应对、积极参与、努力引导国际经贸规则的调整与演变，是我们不可回避的重大课题。现有的国际经济规则体系总体上维护了良好的发展环境，积极参与国际经济规则重构是维护中国权益的必然选择，是助推中国改革的积极动力，也是中国作为负责任大国应尽的义务。

面对环境的新变化，中国应以建设性参与者的角色，更加积极主动地参与国际经贸规则重构。中国应坚定不移地推进对外开放，推动国际经贸规则朝着有利于促进贸易投资自由化的方向发展；坚持多边与区域并重，全方位参与国际经贸规则重构；坚持权利义务对等原则，推动完善公正合理的国际经济新秩序；坚定不移加快国内改革，有效回应国际经贸规则的变迁趋势；加强战略谋划，提高参与国际经贸规则制定的能力。

注释

1. 本章的主要观点，最初发表于陈德铭等著：《经济危机与规则重构》，第十五章“全球经贸规则重构与展望”，商务印书馆 2014 年版，这里略有改写。

2. 林建海：《全球经济挑战与策略应对》，载《第一财经日报》2013 年 9 月 2 日。

3. 张宇燕：《再全球化——中国的机遇与挑战》，载《东方早报》2013 年 1 月 8 日。

4. 万红先：《西方国家宏观经济政策的国际协调》，载《求是》2006 年第 4 期。

5. 威廉・奥尔森，《国际关系理论及实践》，中国社会科学出版社 1989 年版，第 13 页。

6. 吴大新：《中国如何获取国际经济规则制定权》，载《山东社会科学》2013 年第 3 期。

7. 何帆、张宇燕等：《中国应如何参与国际经济规则制定?》，载《中国市场》2012 年第 50 期。

第九章

亚投行与中国在国际金融治理体系中的规范性力量

2013 年 10 月，习近平主席和李克强总理在访问东南亚各国时首次提出了建立亚洲基础设施投资银行(AIIB)的设想。建立该银行的目的是为亚洲基础设施建设提供支持。据亚洲开发银行在 2009 年进行的一项权威调查显示，从 2010 年至 2020 年，亚洲共需基础设施建设资金 8 万亿美元。其中，68%将被用于发展新产能。在投资构成方面，51%将投入电力设施，29%将投入道路交通，而 13%用于电子通信设施。[1]与天文数字般的资金需求量形成鲜明对比的是，世界银行和亚洲开发银行每年只为亚洲地区提供约 200 亿美元。[2]亚投行希望能以自己 1 000 亿美元的法定资本为这一领域提供资金支持。

由于美日在亚投行成立初期拒绝加入创始成员国，该银行的影响受到了一定程度的削弱。[3]鉴于美日在世界金融治理体系中均发挥着重要作用，当时世界各国，尤其亚洲地区认为，亚投行在起步阶段将仅涉及亚洲和中东国家有一定风险的项目，其作用也会受到很大的局限。[4]

然而，英国在 2015 年 3 月 12 日宣布加入亚投行的消息使得局势突变。虽然英国不是第一个作此决定的欧洲国家(卢森堡在英国之前几日宣布加入亚投行)，但其政治、经济实力及在国际局势中的强大影响力使其对其他国家发挥了巨大的号召作用。在之后的几天里，包括法国、德国、澳大利亚在内的一系列西方国家宣布加入亚投行。2015 年 6 月 29 日，《亚洲基础设施投资银行协定》(AOA)签署仪式在北京举行。此时的亚投行已经成为一个拥有 57 个意向创始成员国(PFMs)的重要多边金融机构。从 2015 年 6 月 29 日至 12 月 31 日，57 个国家陆续签署该协定。2016 年 1 月 16 日，亚投行正式开始运营，亚洲开发银行前副行长金立群被选为亚投行第一任行长。

亚投行的成功建立，尤其是中国与作为美国盟友的西方大国的合作，被认为是一次中国对美国的外交胜利。金立群如何率领中国谈判队伍通过经济利益来获得美国盟友的支持也获得了广泛关注。[5]有学者认为，亚投行将会对当前以美国为中心的世界金融体系形成巨大挑战，尤其是世界银行、亚洲开发银行和国际货币基金组织。[6]在本章，笔者将着力分析亚投行在国际金融治理规范中的影响，而非外交影响。透过规范性力量的视角，笔者认为亚投行既继承了中国在金融治理中的主要范式，也为中国进一步扩散其规范性力量提供了广阔平台。然而，亚投行一方面可以加速中国模式的推广，另一方面，西方发达经济体的参与、与其他机构的互动、自身管理体系等要素则会在一定程度上挑战和塑造中国在世界金融治理体系中的规范性力量。[7]

第一节　规范性力量的理论框架

规范性力量的概念最先由伊恩·曼纳斯(Ian Manners)在其一系列文献中提出。[8]在他对欧盟对外政策的研究基础上，曼纳斯提出，欧盟已经“进化”出了一套“超越威斯特伐利亚规范”的治理体系。他特别指出，欧盟十分重视人权、民主、法治等规范的作用，并在处理与成员国关系时将这些规范置于核心位置。此外，欧盟也在与其他国家的经济和政治交往中，逐渐推广其规范，还试图通过推广这些规范，改变其他国家的政治制度。欧盟对外政策的这些特点让曼纳斯将欧盟定义为一种规范性力量，因为“它能够塑造国际关系中对于‘正常’的认知”[9]。

从诞生之初，规范性力量学说就成了探讨欧盟对外行为的一个重要分支。在关于规范性力量概念的讨论中，最核心的议题之一就是：怎样的国际行为体才能称得上拥有规范性力量。在上述曼纳斯的著作中，欧盟因其对规范的内部贯彻以及外部扩展，被称为一种规范性力量。然而，国际行为体想要获得规范性力量，只有自我认知是不够的。就算其他国家接受并发扬了这些规范，也无法确知它们是出于政治经济利益，还是出于对这些规范和政体真正的信念。有学者指出，这种情况确实存在。如果某国并不接受欧盟的规范性力量,它们很可能会“半顺从半反抗”或者“阳奉阴违”。[10]所以,这种所谓的规范性力量既要能使他国接受规范性原则,又要能改变他国政策以符合国际规范的要求。

因此,有学者认为,其他国家对欧盟的外部认知也是评价欧盟对外政策的必要因素。[11]在此基础上,卡瓦尔斯基(Kavalski)进一步提出,外部认知是规范性力量的另一个基本评判标准。他认为,因为规范性力量是从与他国交往中产生的,另一方的认知也应该是判定一个国际行为体是否拥有规范性力量的重要因素。正如他所说,“规范性力量产生于施加方和接受方的主体间交往中”[12]。祖潘契奇(Zupančič)和瑞博尼克(Hribernik)也持同样的观点。他们主张“规范性力量并不只是一个模糊的有人在‘做好事’的概念。这种自身认为的‘好’也应该能够被其他主体所承认和接受”[13]。卢卡蕾利(Lucarelli)也认为,欧盟的角色既取决于行为体对自身正确行为的认知,也取决于其他行为体的看法。[14]总之,其他相关国家的反应也是体现欧盟作为一个规范性主体的决定因素。

综上所述,现有的理论对规范性力量的判定提出了三个标准:内部规范建设,对外推广其规范的外交能力,以及外部对其规范性力量的认知。但是,现有的讨论多多少少都假定欧盟在国际关系中是一种独一无二的规范性力量。这种假设忽略了其他国际行为体也有引导自身对外政策的一系列规范,其中不乏在推广其规范的过程中同样取得成功的例子。本章与拉森[15]的观点相呼应,提出对规范性力量的研究应该考虑国际关系中其他潜在的规范性行为体。在世界金融治理领域,中国正越来越成为有影响力的规范性力量。故亚投行的建立与中国在世界金融治理体系中不断上升的规范性力量间的相关性十分具有研究价值。

因其飞速发展的经济和数量巨大的人口,中国在国际关系与地缘政治中的地位愈加重要。从20世纪70年代末开始改革开放之后,中国在将近20年内年均经济增长率达到10%。直到现在,中国的年均经济增长率还在7%左右。现在,中国已经是世界第二大经济体,2014年国内生产总值超过了60万亿元人民币(约10万亿美元)。中国不断强大的经济实力为推广其金融治理规范提供了很好的平台,且中国日渐壮大的经济影响力也使得它对国际机构和管理机制有了更多的诉求。亚投行作为中国发起成立的机构，是中国推广其规范的重要途径。通过亚投行的投资项目，中国可以在亚洲地区乃至全球壮大其规范性影响力。在规范性力量的概念框架下，本章将继续分析亚投行与中国在世界金融治理体系中的规范性力量之间的关系。

第二节　亚投行与中国有关世界金融治理的主要规范

亚投行的成立在中国金融政策中具有里程碑式的意义。亚投行和金砖国家新开发银行都是中国在其中担任主要股东的多边金融机构。与资本由巴西、俄罗斯、印度、南非和中国平分的金砖国家新开发银行相比，亚投行更依赖于中国的资本。根据《亚洲基础设施投资银行协定》，中国在亚投行中持有30%多的股份，这个比例比其他任何国家都多得多。所以，中国将在亚投行的政策制定中起决定性作用，有机会将其对外援助的规范运用到银行的建设中。另外，其他成员国的加入也意味着它们接受了中国对外援助和投资的原则。这样一来，亚投行的运行就可以把中国的规范性力量扩展到受援国和成员国。

对外援助项目一直是中国扩展规范性力量的主要途径。根据已公开的消息，亚投行的政策同样会继承中国对外援助的传统原则，其中包括“无附加条件”“互惠互利”以及“不干涉他国内政”。早在20世纪60年代，中国在开始对非洲国家进行外援时，总理周恩来就提出这些原则来规范中国的外援活动。在“对外援助八项原则”中，周恩来将中国对外援助的基本准则定义为“平等互利”以及“不把援助看作是单方面的赐予，援助是相互的”。第二条原则表明中国在外援中“绝不附带任何条件，绝不要求任何特权”。[16]

尽管周恩来提出这些原则已经过去接近半个世纪，时至今日，中国官方文件中依然在使用这些说法。从2011年起，中国政府开始发布一系列关于对外援助项目的白皮书。所有的年度报告都首先指出中国的对外援助是建立在平等、互利、无附加条件等规范的基础上的。比如，2014年中国对外援助白皮书在第二段有这样一段声明：“中国提供对外援助,坚持不附带任何政治条件,不干涉受援国内政,充分尊重受援国自主选择发展道路和模式的权利。相互尊重、平等相待、重信守诺、互利共赢是中国对外援助的基本原则。"[17]

周恩来确立的"互惠互利""无附加条件"和"不干涉别国内政"等原则都在此报告中出现,这表明这些规范性原则依然指导着中国的对外援助和投资。中国坚信政体的选择是每个国家的内政,所以任何国家都没有干涉甚至决定别国政治制度的权利,这种姿态体现了中国对外援的无条件性的理解。刘贵今在担任中国政府非洲事务特别代表时曾说:"我们并不附加政治条件。我们必须承认当前政治经济环境并不理想,但我们不能坐等所有事情都变得令人满意,或者人权达到完美无缺。"[18]

这些原则也在亚投行的政策框架中得以体现。中国领导人已经非常明确地表明,亚投行不会在其投资中附加任何政治条件。[19]另外,在《亚洲基础设施投资银行协定》中也没有提到任何政治条款。因为该协定已经被全部57个意向成员国签署,中国不仅将其无条件性规范引入了亚投行,还成功地获得了所有成员国对此规范的认同。

除此之外,亚投行重视基础设施建设的政策倾向也和中国的对外援助及投资政策相一致。中国从改革开放的经验出发,坚持发展中国家应将经济发展放在第一位,而基础设施建设是经济发展的基石。在此原则的指引下,中国将大部分的外援投入了基础设施建设。根据国务院发布的信息,在2010—2012年,44.8%的援助被投入到经济基础设施建设,而27.6%投入到社会和公共基础设施。这类基础设施建设项目包括建设医院、学校、水利设施、公共基础设施、交通和通信设施、广播电信设施以及电力设施。中国参与建设了超过70个交通设施建设项目,包括修路、架桥、建设机场和港口等。仅在非洲,中国就建设了2 233千米铁路,3 391千米公路。[20]亚投行无疑也会将基础设施建设作为政策重点。《亚洲基础设施投资银行协定》中的第一条就声明:"本银行的目的是,通过投资基础设施建设和其他生产性产业,促进可持续的经济增长,创造财富,促进亚洲基础设施互联互通。"[21]

亚投行的第一批项目就显示出其主要目标是基础设施建设。亚投行在2016年6月前通过了4个项目:巴基斯坦高速公路项目,塔吉克斯坦的杜尚别—乌兹别克斯坦边境公路项目，位于孟加拉国境内的电力配送升级和扩容项目，位于印度尼西亚的国家贫民窟升级项目。这些总额20亿美元的项目的目的是提升发展中国家的交通运输能力、电力供应和城市基础设施。该项目的官方文件表明，不仅亚投行，受援国也认同基础设施建设是经济发展的关键。举例来说，巴基斯坦政府称，此高速公路项目“在微观和宏观经济发展中起到了重要作用”。同样，孟加拉国政府也称电力供应为“国内生产总值增长和总体经济发展的重要约束”。[22]这些官方声明与中国重视基础设施建设的规范一脉相承，且所有项目都没有包含任何形式的政治条款。这些项目表明，亚投行推进基础设施建设的承诺并非只是夸夸其谈，它已经开始为亚洲地区的基础设施建设付出努力。在这个过程中，中国的基础设施建设模式和无附加条件的规范也在该地区传播。

然而，虽然亚投行被视为中国扩大其在世界金融治理体系中的规范性力量的平台，该银行的内部架构，以及中国和其他成员国的互动都可能会对中国规范的影响力构成挑战。首先，争取到英国、德国、法国等欧洲大国加入亚投行，无疑是中国很大的成功。它们加入意向创始成员国，体现出它们并不像美国那样反对中国的模式和规范。但是，这并不代表这些西方国家全盘接受了中国的金融治理模式。若对英国、德国和其他欧洲国家加入亚投行的动机进行深入分析，不难发现它们往往是被政治和经济利益所驱使的。比如，德国和法国希望能拿下亚投行的基建项目，而英国希望能够将亚投行的欧洲办事处设立在英国，以此提高自己在世界金融体系中的影响力。[23]没有任何实际证据表明，这些国家接受了中国的对外援助和投资方式。正相反，包括英国和澳大利亚在内的一部分国家建议改进亚投行的管理结构，这样亚投行可以更好地同国际机制接轨。[24]不难看出，就算亚投行成功吸引欧洲国家加入，也并不代表中国规范已经被推广且被其他国家完全接受。中国的金融政策在亚投行的后续运营中可能会面临严重的内部危机。

除此之外，亚投行还希望能在基础设施建设地区建立更好的地区金融合作机构。直至目前，中国宣称亚投行将在其政策框架内与亚洲开发银行、非洲发展银行、美洲发展银行、西非开发银行及加勒比开发银行建立良好的合作关系，以获得更多的资金来支持发展中国家的基础设施建设、环境保护、教育和卫生水平。然而,如果亚投行希望进一步强化与世界银行、亚洲开发银行等国际金融机构的合作,它就必须将环境保护、善治和社会保障等规范纳入政策体系中。事实上,中国的对外援助政策已经在这些方面发生了一些改变,比如中国最近的对外援助白皮书中将环境保护作为中国在此领域的目标和成果之一。[25]亚投行也将环境保护和城市发展列为关注领域。2016 年 2 月,亚投行董事会议通过了《环境和社会保障框架》来规范将来的所有项目。[26]亚投行正在逐渐与国际援助体系接轨,其在多大程度上将偏离中国传统的“经济中心”的对外援助政策将是一个十分值得观察和探讨的话题。

总而言之,中国的金融治理规范为亚投行及其政策奠定了基石,亚投行为中国向西方国家展示自身的金融治理规范,扩大其规范性力量的影响起到了重要作用。但是在亚投行的内部协调和外部互动过程中,中国仍须对自己的对外援助和投资模式进行重新反思和评估。

第三节　亚投行是中国在世界金融治理体系转型中所处地位的试金石

除了对外援助和投资的模式,亚投行还展示了中国在金融治理机构方面的规范性诉求。最近几年,中国一直积极推进世界主要多边金融机构的管理机制转型。中国表示,此举的目的是在多边组织中建立一个更加公平的管理机制,[27]其核心就是重新分配投票权。中国认为当前在世界银行和国际货币基金组织中,新兴国家的投票权并不能和它们实际的经济状况相一致。比如,在 2010 年以前,中国在世界银行只有 2.8%的投票权,在亚洲开发银行只有 5.5%。而在国际货币基金组织中,中国的投票权只排到第六位。而形成鲜明对比的是,日本和美国二者相加,在世界银行占有 23.6%的投票权,在亚洲开发银行占有 26%。美国和日本也是国际货币基金组织中投票权占比最多的两个国家,分别为 17%和 6%。这种不平衡的投票权分配状况在发达国家和发展中国家之间体现得也十分明显。在 2008 年之前,七国集团的七个国家总共在国际货币基金组织有 41.2%的投票权,而巴西、俄罗斯、印度、中国和南非(金砖五国)总共只有 14.2%。[28]中国认为,发展中国家,尤其是金砖五国等新兴经济体的投票权远远落后于它们在世界经济中所占的比重。[29]而另一方面，尽管发达国家的经济影响力在逐渐减小，它们仍然占有很大比重的投票权，以此来控制国际金融组织的政策制定。所以，中国认为投票权应该进行重新分配，这样才能与新的世界经济结构相匹配。

除了不平衡的投票权分配，中国还谴责美国在国际货币基金组织中的一票否决权。根据国际货币基金组织的管理机制，任何重大决定必须获得85%的赞成票才能通过。美国凭借其多达16%的投票权，可以阻止任何损害其利益的决议。中方认为，这种片面的否决权让国际货币基金组织成了美国完成自己意愿的工具，这对其他国家并不“公平”。[30]

中国在最近几年一直在积极推广其在世界金融机构中“公平的治理体系”的观念。中国的战略是，建立一个新兴国家和发展中国家统一战线，以推进国际货币基金组织和世界银行的改革进程。中国在此项进程中的主要“战友”是俄罗斯、巴西和印度。2009年9月，中国、俄罗斯、巴西和印度共同宣布，国际货币基金组织应当将发达国家7%的投票权转给发展中国家。中国还提出，国际货币基金组织的管理层中应有更多来自发展中国家的成员。[31]

中国和其他发展中国家的努力在现有的机构中得到了一定的成果。2010年，世界银行推出了新的投票权分布方案。在新的框架下，发达国家将会把3.13%的投票权转给发展中国家。与此同时，中国的投票权从2.77%提高到了4.42%，中国成为世界银行的第三大股东。国际货币基金组织也在2009年进行了管理机制改革，此次改革提升了国内生产总值比重的重要性，为新兴国家和发展中国家带来了福音。根据其决议，中国、巴西和印度的投票权分别从3%、1.7%、1.9%上升到6%、2.3%和2.6%。

尽管有上述进展，中国仍有呼吁的余地。虽然中国在国际货币基金组织的改革计划中投票权增幅最大，新兴经济体也将在治理结构中获得更多的权力，但美国仍然保留着其一票否决权。与此同时，中国未能增加其在亚洲开发银行中投票权的份额。目前，中国的投票权仅为5.47%。尽管中国一直积极推动其金融治理秩序改革的蓝图，但因为美国以及日本在当前权力结构中占据主导地位，它仍然不具有足够的影响力去通过内部机制重塑现有制度。

在这方面，亚投行作为由中国主导建立的组织，是体现中国理想的金融治理结构的载体。亚投行的首要特点是它有一个独特的管理安排。亚投行开幕一周后，金立群在世界经济论坛上表示，银行将以“精干、廉洁、绿色”作为核心理念。在“精干”方面，亚投行承诺，将在早期运营阶段将员工数量保持在较低水平。将以50人的初始人员配置为起点，并在第一年只将其员工人数增加到100人至150人。[32]亚投行还将放弃常驻董事会，而是“在非常驻基础上运作”，“根据银行业务需要，全年定期召开会议”。[33]亚投行的规模要远小于拥有超过12 000名员工和顾问的世界银行以及拥有3 000名员工的亚洲开发银行。更重要的是，取消常设理事会将会节省银行资金并且减少决策中的摩擦。世界银行的常设理事会每年的花费高达约7 000万美元。在运行中也常常导致“管理层和董事会成员之间的关系往往十分紧张，因为董事会的常驻董事们在一开始的时候总是想要搞清楚那些项目是怎么回事”[34]。因此，亚投行的制度设计代表了中国一直试图在其他国际机构中引入的更有效的管理结构。与此同时，亚投行还实施了另一项关于金融治理的重要中国规范：更平等的投票权的分配。根据《亚洲基础设施投资银行协定》的最终文本，亚投行的投票权分为两部分：亚洲国家和地区有70％—75％的表决权，亚洲以外的国家和地区有25％—30％的表决权。每个国家的投票权包括三个部分：其在资本中的份额，基本投票权和分配给创始成员国的600票。具体来说，资本份额根据国内生产总值的加权平均值（60％市场汇率和40％购买力平价）计算。基本投票权占总投票权的12％，在所有成员中平均分配。值得注意的是，基本投票权和创始成员国投票权在总投票权中的比例为15％。相比之下，在国际货币基金组织，基本投票权只占总投票权的5.5％。在这个复杂的投票公式之下，亚洲发展中国家（不包括中国）在亚投行中有30％的投票权，欧洲发达国家的份额约为20％。[35]这种分配确保了亚洲发展中国家在机构中的影响力比它们在世界银行和亚洲开发银行中的要大得多。此外，亚投行董事会由来自亚洲、欧洲、南美洲和大洋洲12个国家的12名代表组成。亚投行的治理结构中的这些设置，提高了最小成员的基本投票权和决策权，提升了制度设计的公平程度。

尽管亚投行实行了更为公平的投票权分配制度，然而根据资本股的计算，中国在亚投行的总投票权中的份额高达 26.06%。《亚洲基础设施投资银行协定》规定，董事会需要“以不低于成员总投票权四分之三的多数，根据银行政策对银行主要业务和财务政策的决策，及向行长下放权力事宜作出决定”[36]。这意味着中国将和美国在国际货币基金组织中一样，在亚投行的主要决策中拥有一票否决权。虽然中国政府反复声明，新成员的持续加入会稀释中国在亚投行的投票权，且中国不会使用否决权，[37]但除非一个日本这样规模的大型经济体加入亚投行，不然中国在投票权中的份额很难缩减到低于 25%。这一中国治理结构的规范性诉求与亚投行的实际情况之间的差距表明，亚投行不仅是中国扩散其规范的一个重要平台，也是中国面临的一个困境：如果中国放弃一票否决权，那么就将承担失去对亚投行决策过程控制的风险；另一方面，如果中国保留一票否决权，这种言行不一将削弱其在金融治理中的规范性力量。在亚投行于 2016 年正式开业后，亚投行投资计划的决策过程将持续检验中国在规范性原则和实际利益之间保持平衡的能力。

第四节　亚投行与中国规范性力量的外部认知

上文分析了亚投行对中国对外金融政策规范方面的影响。然而，正如对规范性力量概念的讨论所揭示的，只有规范性政策还不足以使国际行为体获得规范性力量。[38]外部认知以及其他国家的接受水平也是决定行为体是否具有规范性影响力的重要因素。从这个前提出发，对亚投行影响的分析也应该包括其他国家对中国规范性力量的看法。在这方面，中国的形象是有争议的。一方面，有证据表明，中国对外援和善治的理解使其在非洲地区获得较多的支持。另一方面，近几年来，中国的对外援助政策经常被西方批评为忽视社会发展和环境保护。在这个意义上，亚投行将塑造对中国在金融治理领域规范性力量的外部观念。由于亚投行已成为拥有 90 多个成员的多边机构，其运作将大大增加中国和西方发达国家以及新兴国家之间的互动。通过与发达国家的合作，亚投行的政策会将社会和环境政策纳入考量。因此，这个机构将给予中国改善其在西方国家中形象的机会，并扩大其在发展中国家的规范影响力。

中国的对外援助和外国投资政策，特别是其在非洲地区的项目，一直是近年来广泛讨论的话题。非洲国家作为中国援助的直接接受者，通常对中国的财政政策有积极的反馈。它们也在持续借鉴中国的国家治理方式。自冷战结束以来，非洲对中国的看法已经从反对殖民主义的同伴发展成为一个可靠的经济伙伴。中国的援助，特别是其基础设施建设计划，使非洲国家认识到中国的政策将给它们带来实际的利益。此外，非洲领导人多次在官方场合赞赏中国不附带政治条件的援助规范。他们认为这一原则让中国的援助项目没有西方式的政治和社会制度要求，也没有环境影响评估来阻碍谈判。[39] 此外，中国也被视为另一种指导非洲国家发展的模式。尼日利亚的一名外交官说道："中国已经成为……尼日利亚所寻求的真正稳定发展的范式……中国拥有集中、强大并且爱国的领导团体，是一个可以实现繁荣梦想、保障公民安全的榜样。"[40]

除了非洲政治精英外，非洲民间社会也对中国在这一大陆的政策持积极态度。在对非洲人对中国的看法的研究中，库勒斯发现，36%的受访者表示中国"帮助很大"，另外 30.5%表示中国"有所帮助"。[41] 因此，三分之二的受访者对中国在非洲地区的作用持肯定或非常积极的看法。在另一项调查中，来自九个非洲国家的 250 名学生和大学工作人员的调查结果显示，大多数受访者(74%)认为中国的发展方式对于他们国家有正面的借鉴价值。总体而言，一半的受访者认为中国的政策比西方政策更有利于非洲。[42] 此外，一半以上的受访者(60%)认为中国的不干涉政策是一件好事。同样，在 2015 年英国广播公司(BBC)对全球观念的年度调查中，中国在非洲的形象是最好的，所有受访的非洲国家均有超过 65%的人对中国持积极观点。

与中国在非洲的正面形象相反，在西方发达国家，包括欧洲国家和美国，中国被认为是非洲的"负面规范力量"。这是因为西方的援助方案不仅提供财政援助，而且还向受援国强加社会和政治要求。例如，欧盟在与非洲、加勒比和太平洋国家的援助协议中添加了一项人权条款。

根据这一条款，如果受援国侵犯人权，[43]欧盟有权撤销或暂停援助。相比之下，中国的援助计划只关注基础设施建设。这种方法“更简洁，因而不会让非洲政府在应付繁杂的会议、季度报告、研讨会等时顾此失彼”[44]。另一方面，西方国家还批评中国援助计划中的无条件和不干涉原则，特别是针对非洲国家的计划。[45]这些批评认为中国忽略了西方国家倡导的社会、环境和治理标准。例如，欧洲投资银行行长指责中国人在非洲的无条件援助是一种“不道德”的行为。[46]非政府组织“人权观察”提出了一个著名的批评，即“中国不断增长的外援计划为以前依赖于坚持人权进步的独裁者创造了新的选择”。[47]总而言之，西方一直将中国在非洲的做法描述为“不道德”的，认为中国是该地区的“负面规范力量”。

假如仅仅关注中国合作伙伴对外援助计划的外部看法，中国的规范正在被目标国家广泛接受。事实上，作为殖民主义的共同受害者和南半球发展中国家的同伴，非洲国家认为中国是一个更加友好的合作伙伴，因此接受了中国的原则。中国的规范，与大多数西方模式相比，更好地满足了非洲国家的发展需要。尤其是中国的平等和不干涉原则与西方的援助政策截然不同，后者通常附带有各种政治和人权条款，因此被一些亚洲和非洲国家视为一种新的殖民主义形式。[48]

然而，中国被西方观察家视为负面规范力量的事实，揭示了中国规范与国际规范结构之间的关系。尽管中国的规范性影响力正在全球扩展，但大多数西方观察家仍然认为中国的民主和人权状况低于国际标准。[49]因此，中国仍然被视为国际规范结构中的“异类”。这一分析表明，中国的规范和国际规范结构之间缺乏互动和整合。中国一直在自己的规范框架内推行自己的政策，而西方国家则认为中国正在削弱它们提倡和推广国际规范的努力。

发达国家对亚投行的一些初步反应体现了这种对中国规范的不信任。由于亚投行的规范性准则与现有的国际援助政策不同，美国和日本以担心亚投行缺乏透明度和问责制为由拒绝加入这一机构。日本财政部长麻生太郎宣称，如果亚投行被证明是一个符合公认的治理和环境标准的可靠机构，那么日本将“考虑”加入。麻生太郎说，亚投行必须“考虑到其对环境和社会的影响，以及确保债务可持续性”[50]。白宫国家安全委员会在向《卫报》发表的声明中表示:“我们对亚投行的立场是清晰和一致的……基于各方讨论,我们对亚投行是否将达到这些高标准,特别是治理、环境和社会保障等问题感到关切……监督亚投行补充现有架构、与世界银行和亚洲开发银行一起有效工作,这些都与国际社会利益攸关。”[51]

尽管外部对亚投行有着这些担忧和疑虑,但该银行的成立使世界对中国参与金融治理的看法发生了重大变化。首先,与世界银行和国际货币基金组织相比,亚投行是一个全新的机构,服务于一个完全不同的目标:基础设施建设。与亚洲地区基础设施建设的巨大需求相比,每个机构可以单独提供的资金远远不够。由于世界银行和亚洲开发银行都致力于减贫,所以亚投行对现有机构来说是一种补充而非直接挑战。事实上,亚投行在其初步项目中已经与世界银行、亚洲开发银行和欧洲复兴开发银行开展了合作。亚投行还同意加强与欧洲投资银行的合作。这些进展表明亚投行以及中国对基础设施建设的重视已经受到了许多现有机构的欢迎。此外,世界银行主席金墉、国际货币基金组织总裁拉加德和亚洲开发银行行长中尾武彦都表示支持亚投行在亚洲基础设施领域进一步发挥作用。联合国认为亚投行的启动将为全球经济治理和可持续发展扩充资金来源。[52]这些声明证明,亚投行有足够的空间与现有的国际治理结构合作,而不是挑战或取代它们。另外,亚投行引入了《环境和社会保障框架》,目的是为“确定项目的环境和社会健全性和可持续性”提供“在项目识别、准备和实施过程中解决环境和社会风险与影响的机制”(第5条)。该框架还明确提到了可持续发展的概念,其中包括经济、社会和环境方面(第8条)。[53]将环境和社会保障框架纳入亚投行的规章中意味着中国愿意用国际标准来规范亚投行的运作。正如金立群所强调的,亚投行将坚持全球最高标准。这种立场将有助于弥合中国规范和西方对外援助规范之间的差距。从而改善对中国规范性力量的外部认知。

此外,亚投行的成功建立不仅是对现有治理结构的补充,而且还加强了中国规范的传播,因为现有机构已采取行动将中国的规范纳入国际治理结构中。例如,2015年3月,亚洲开发银行决定将基础设施和其他项目的年度贷款额提高近40%,达到180亿美元。这被认为是对亚投行成立的回应。它还表明，亚投行的推出扩散了注重基础设施建设这一中国规范，并改变了其他机构的政策。在金融治理领域，亚投行也引起了一系列反应。2015年12月，美国国会终于批准了2010年制定的国际货币基金组织的改革计划，以增加中国和其他新兴国家的投票权。这无疑是被亚投行的形成所刺激。一段时间以来，中国和其他新兴经济体对国际货币基金组织改革进程缓慢感到不满，不平等的投票权使中国获得了美国在亚洲和欧洲的盟国的道义支持。[54]亚投行的形成部分上是这种道义优势的结果。同月，国际货币基金组织同意中国人民币加入特别提款权(SDR)货币篮子。这是15年来国际货币基金组织第一次对包含特别提款权的货币列表进行更改。在美国的支持下，国际货币基金组织认为，纳入人民币将使特别提款权更多样化、更具国际社会代表性。

对亚投行管理安排的分析表明，该行是中国关于国际机构治理结构的规范的体现。最近的发展则证明，不应将亚投行视为对世界银行和货币基金组织的挑战，更合理的看法是将其视为对现有机构的补充。通过与其他机构的合作，中国对基础设施建设的重视有望成为亚洲地区对外援助政策的基本规范之一。此外，其他国际机构已经在政策上作出改变，以适应中国对全球金融治理结构的呼吁。这些发展揭示了亚投行对国际金融治理结构的溢出效应。因此，亚投行的运作可以促进中国融入国际援助体系，改变西方国家和其他国际金融机构对中国规范的外部认知，使中国不再被看作国际金融治理领域的“异类”。

小　结

本章研究了亚投行的建立以及与中国在国际金融治理中的规范性力量的关系。笔者认为亚投行作为中国发起的一个新的多边金融机构，将继承中国关于外部援助的规范。这些规范是中国在20世纪50年代和60年代制定的，并且一直是中国对外援助方案的指导方针。特别的是，除了要求对方尊重“一个中国”原则以外，中国从不将援助与政治条款相结合，也从不对受援国的国内制度表示任何偏好。同时，中国对外援助和投资项目集中在基础设施部门。中国认为，发展中国家应该致力于经济建设和提高人民的生活水平。基于中国经验，基础设施建设是发展中国家获得稳定经济增长的基础。根据亚投行政策的分析和中国领导人的声明，亚投行预计将采用这些规范。更重要的是，众多成员国对《亚洲基础设施投资银行协定》的支持将大大增强中国在外部援助领域的规范影响力。

除了对外援助领域，成立亚投行也反映了中国改变现有国际金融机构规范的意愿。中国经济实力的提升激发了其在金融机构中扩大影响力的想法。为此，中国一直与其他新兴经济体，特别是金砖国家一起，积极推动国际货币基金组织和世界银行治理结构的改革。中国的主张是重新分配投票权和废除一票否决权。亚投行体现了中国在管理规范方面的主张。它有一个精简的员工结构和非常驻董事会以提高决策的效率。它的投票权分配公式确保了发展中国家将占据多数份额。

此外，亚投行还将影响对中国规范性力量的外部认知。虽然中国重视主权，不附加政治条件和重视基础设施建设的规范性准则正在被发展中国家接受，但是保护国家主权和不干涉的倾向也使中国成为国际规范结构中的“异类”。更糟的是，一些西方观察家认为中国规范在国际金融治理中的作用是负面的。因此，在这方面，亚投行是中国改善其规范性力量的外部认知的契机。亚投行与其他现有机构之间的合作意味着亚投行是亚洲地区对外援助体系的必要补充。将社会和环境保障框架纳入亚投行的政策是中国愿意接受现有国际援助规范结构的一个标志。此外，亚投行的成立引发了其他机构的一系列政策变化。这些发展不但推动了中国与国际治理结构的融合。还大大扩展了中国在亚洲地区的规范性影响力。这两种效应弥合了中国规范和西方对外援助规范之间的差距。因此，中国规范性力量的外部认知将得到改善。

近几十年来经济实力的不断上升，增强了中国在国际金融治理领域的规范性力量。然而，因为没有与国际规范结构融合，中国的规范性影响力仍然有限。当前的金融规范结构仍然深深地嵌在由西方主导的价值体系中。不可避免地，即使中国寻求在国际体系中扩大其规范性影响力，也必须在现有的规范结构内工作。亚投行是一个带有许多中国规范的新机构。它的成立不仅赋予中国一个更广泛的平台来扩散其规范，也是对中国进一步增强规范性力量的挑战。一方面，为了与其他成员，尤其是西方发达国家合作，中国必须将社会保障和环境保护的规范纳入亚投行的制度中。如何在亚投行的运行中将这些规范与中国重视经济建设的政策相结合将考验中国政府的治理能力。另一方面，中国如何运用其一票否决权将对亚投行和中国规范性力量的外部认知产生显著影响。这些挑战意味着中国必须谨慎行事，以确保其规范性力量能通过亚投行得到加强。亚投行的运作将是未来数年中国规范性力量的晴雨表。

注释

1. Biswa Nath Bhattacharyay, "Estimating Demand for Infrastructure in Energy, Transport, Telecommunications, Water and Sanitation in Asia and the Pacific: 2010—2020", *ADBI (Asian Development Bank Institute) Working Paper*, No.248, 2010.

2. Thomas Renard, "The Asian Infrastructure Investment Bank (AIIB): China's New Multilateralism and the Erosion of the West", *Egmont Security Policy Brief*, No.63, 2015.

3. Jane Perlez, "U.S. Opposing China's Answer to World Bank", *New York Times*, October 9, 2014.

4. Robert Wihtol, "Beijing's Challenge to the Global Financial Architecture", *Georgetown Journal of Asian Affairs*, Spring/Summer 2015, pp.7—15.

5. Jamil Anderlini, "UK Move to Join China-led Bank a Surprise Even to Beijing", *Financial Times*, March 26, 2015.

6. "Rich but Rash-To Challenge the World Bank and the IMF, China Will Have to Imitate Them", *The Economist*, Jan 31, 2015.

7. 本章的主要观点，最初发表于 Zhongzhou Peng and Sow Keat Tok, "The AIIB and China's Normative Power in International Financial Governance Structure", *Chinese Political Science Review*, Vol.1, 2016, pp.736—753，这里略有改写。

8. Ian Manners, "Normative Power Europe: A Contradiction in Terms?" *Journal of Common Market Studies*, Vo.40, No.2, 2002, pp.235—258; Ian Manners, "Normative Power Europe: A Contradiction in Terms?" *Journal of Common Market Studies*, Vol.40, No.2, June 2002, pp.235—258; Ian Manners, "Normative Power Europe Reconsidered: Beyond the Crossroads", *Journal of European Public Policy*, Vol.13, No.2, 2006, pp.182—199; Ian Manners, "Assessing the Decennial, Reassessing the Global: Understanding European Union Normative Power in Global Politics", *Cooperation & Conflict*, Vol.48, No.2, June 2013, pp.304—329.

9. Manners, "Normative Power Europe: A Contradiction in Terms?".

10. Gergana Noutcheva, "Fake, Partial and Imposed Compliance: The Limits of the EU's Normative Power in the Western Balkans", *Journal of European Public Policy*, Vol.16, No.7, October 2009, pp.1065—1084.

11. Sonia Lucarelli, "The European Union in the Eyes of Others: Towards Filling a Gap in the Literature", *European Foreign Affairs Review*, Vol. 12, No. 3, 2007,

pp.249—270.

12. Emilian Kavalski, "The Struggle for Recognition of Normative Powers: Normative Power Europe and Normative Power China in Context", *Cooperation & Conflict*, Vol.48, No.2, June 2013, pp.247—267.

13. Rok Zupančič and Miha Hribernik, "Normative Power Japan: The European Union's Ideational Successor or Another 'Contradiction in Terms'?" *Romanian Journal of Political Science*, Vol.13, No.2, 2013, pp.106—136.

14. Lucarelli, "The European Union in the Eyes of Others: Towards Filling a Gap in the Literature".

15. Henrik Larsen, "The EU as a Normative Power and the Research on External Perceptions: The Missing Link", *JCMS: Journal of Common Market Studies*, Vol.52, No.4, 2014, pp.896—910.

16.《中国政府对外经济技术援助的八项原则》,参见 http://cpc.people.com.cn/GB/64162/64165/76621/76638/5273141.html。

17. 中国国务院新闻办公室:《中国的对外援助(2014)》白皮书,2014 年 4 月。

18. Harvey Morris, "China Defends Africa Aid Stance", *Financial Times*, July 2, 2008.

19. Koh Gui Qing, "Exclusive: China's AIIB to Offer Loans with Fewer Strings Attached", *Reuter*, Septmber 1, 2015.

20. 中国国务院新闻办公室:《中国的对外援助(2014)》白皮书。

21. AIIB, *Articles of Agreement*, 2015.

22. AIIB, Projects, at https://www.aiib.org/en/projects/approved/index.html.

23. Yelin Hong, "The AIIB Is Seen Very Differently in the US, Europe, and China", *The Diplomat*, 8 May 2015, https://thediplomat.com/2015/05/the-aiib-is-seen-very-differently-in-the-us-europe-and-china/.

24. The United Kingdom, "UK announces plans to join Asian Infrastructure Investment Bank", 12 March 2015, at https://www.gov.uk/government/news/uk-announces-plans-to-join-asian-infrastructure-investment-bank; Shalailah Medhora, "Australia on brink of joining China's Asian Infrastructure Investment Bank", *The Guardian*, 20 March 2015.

25. 中国国务院新闻办公室:《中国的对外援助(2014)》白皮书。

26. AIIB, *Environmental and Social Framework*, 2016.

27. 鲁传颖:《后金融危机时期中国参与国际金融体系改革的目标和路径——以中国参与 IMF 改革为例》,载《东南亚纵横》2011 年第 8 期。

28. 陈天阳、谭玉:《IMF 份额与投票权改革的困境及对策》,载《国际金融研究》2013 年第 8 期。

29. 陈志敏、常璐璐:《权力的资源与运用:兼论中国外交的权力战略》,载《世界经济与政治》2012 年第 7 期。

30. 鲁传颖:《后金融危机时期中国参与国际金融体系改革的目标和路径——以中国参与 IMF 改革为例》。

31. 陈志敏、常璐璐:《权力的资源与运用:兼论中国外交的权力战略》。

32. Mark Magnier, "How China Plans to Run AIIB: Leaner, With Veto", *Wall Street Journal*, June 8 2015.

33. AIIB, *Articles of Agreement*.

34. Mark Magnier, "How China Plans to Run AIIB: Leaner, With Veto".

35. AIIB, *Articles of Agreement*.

36. Ibid.

37. Fu Jing, "AIIB Chief Rules out China Veto Power", *China Daily*, January 27, 2016.

38. Kavalski, "The Struggle for Recognition of Normative Powers: Normative Power Europe and Normative Power China in Context".

39. Deborah Brautigam, *The Dragon's Gift: The Real Story of China in Africa*, New York: Oxford University Press, 2011.

40. Firoze Manji and Stephen Marks, eds., *African Perspectives on China in Africa*, CapeTown: Fahamu/Pambazuka, 2007, pp.39—41.

41. Floor Keuleers, "Explaining External Perceptions: The EU and China in African Public Opinion", *JCMS: Journal of Common Market Studies*, Vol. 53, 4, 2015, pp.803—821.

42. Barry Sautman and Hairong Yan, "African Perspectives on China-Africa Links", *The China Quarterly*, Vol.199, 2009, pp.728—759.

43. *Cotonou Agreement*, 2000, Article 8.

44. Deborah Bräutigam, "Aid 'With Chinese Characteristics': Chinese Foreign Aid and Development Finance Meet the OECD-DAC Aid Regime", *Journal of International Development*, Vol.23, No.5, 2011, pp.752—764.

45. Brautigam, *The Dragon's Gift: The Real Story of China in Africa*.

46. Madison Condon, "China in Africa: What the Policy of Nonintervention Adds to the Western Development Dilemma", *PRAXIS: The Fletcher Journal of Human Security*, Vol.27, 2012, pp.5—25.

47. Mark Leonard, "China's New Intelligentsia', *Prospect Magazine*, Vol. 144, No.2, 2008.

48. Larsen, "The EU as a Normative Power and the Research on External Perceptions: The Missing Link".

49. 张小明:《中国的崛起与国际规范的变迁》,载《外交评论》2011 年第 1 期。

50. "Abe Administration Develops Rift over China's New Development Bank", *The Japan Times*, March 20, 2015.

51. Shalailah Medhora, "Australia on brink of joining China's Asian Infrastructure Investment Bank".

52. United Nations, *World Economic Situation and Prospects 2015*, New York: United Nations, 2015.

53. AIIB, *Environmental and Social Framework*.

54. "Rich but Rash-To Challenge the World Bank and the IMF, China Will Have to Imitate Them".

第十章
中国与国际气候变化规则的制定

环境问题是全球治理领域长期以来最受关注的议题之一。自1972年联合国人类环境会议以来，共同应对资源枯竭和环境破坏问题越来越受到国际社会的关注。包括《保护臭氧层维也纳公约》《生物多样性公约》等在内的众多国际条约与规则纷纷得以建立，为共同保护水环境、空气、生物等自然资源展开努力。

在所有国际性环境议题中，气候变化无疑是其中最为重要和复杂的议题。自工业革命以来，由于人类不断增加的温室气体排放，导致全球气温的升高及随之产生的气象、环境及生态灾害，越来越受到国际社会的重视。应对和缓解人类工业活动导致的全球气候变化，是所有国家的共同责任，已逐渐成为世界各国的共识。

中国既是气候变化问题的重要受害者，也已经成为当前温室气体的最大排放国，但中国的经济发展水平及人均排放仍低于发达国家。这些现状使中国在国际气候变化规则的制定中具有鲜明的利益诉求。而随着中国经济实力的增长，以及在国际政治舞台上影响力的提升，如何在气候变化议题上发挥领导力，积极推进气候变化规则的建设，在中国的双边及国际政策中正变得越来越重要。

第一节　国际气候变化规则的建立途径

基欧汉指出，国家间具有共同利益，但无法通过独立行动实现利益和谐，是产生国际合作的基础。[1]在气候变化问题上，一方面，气候变化作为一项非传统安全议题，是一种非零和性的博弈。各国通过政策协调，可以获得共同的利益。另一方面，温室气体排放是一种具有全球负外部性的行为。一个国家温室气体排放所造成的影响，将由全球所有国家共同承担。这也就意味着，在缺乏国际机制的情况下，理性行为体会选择忽视碳排放造成的负面影响，追求实现自身经济利益的最大化，导致“集体行动困境”。因此，通过建立国际规则调整国家政策行为，实现共同利益，是应对气候变化问题的根本途径。

一般而言，建立国际规则的主要模式包括大国主导模式、国际多边合作模式和非政府机制几类。在国际气候变化规则的建立上，主要包括国际多边谈判、双边及小多边谈判、大国单边行动及其他非国家行为体活动等方面。

一、联合国框架下的国际多边谈判

以《联合国气候变化框架公约》为基础的国际谈判，是建立国际气候规则的最主要模式。与安全、贸易等传统议题相比，气候变化议题上的权力与责任更为分散，其规则的建立并非美国或其他任何大国可以运用霸权独立实现的。而与河流污染等其他环境议题相比，气候变化的影响范围更广、牵涉问题更多、影响周期更长，其应对需要各国宏观经济政策的调整，不是仅依靠非政府机构的努力就可以成功的。因此，具有广泛合法性的联合国多边谈判，必然成为建立国际气候变化规则的核心机制。国际气候谈判困难重重、屡遭挫折，却仍然斗而不破，逐步推进，正是由气候变化问题本身的需求所决定的。

但是，多边框架下国际气候变化规则的建立仍然面临极大的挑战。由于缺乏明晰的行动路径和有效的执行能力，气候变化协定的有效性受到极大质疑。[2]更重要的是，由于国家为削减温室气体排放和应对气候变化影响所需付出的经济成本巨大，并可能对国家长期的经济发展和国家实力产生限制，各国对气候变化规则中的利益分配也更为敏感。[3]在多边框架下寻求共识，实现合作，也必然是艰难的过程。

发展中国家与发达国家的南北矛盾，是贯穿整个气候规则谈判过程的核心问题。发达国家认为各国应公平承担减排义务，共同应对气候变化带来的挑战。发展中国家则强调自身的发展权利及发达国家的历史责任，认为发达国家应率先减排，并对发展中国家提供资金和技术支持。在发达国家中,美国与欧盟就气候变化治理的责任与路径具有不同的认识,并与中国形成三边互动。[4]而近几年来,发展中国家阵营因经济发展程度及受气候变化影响的不同,也逐渐发生分化,使国际气候谈判的议题和诉求更为多元和复杂化。[5]

二、双边及小多边合作

联合国框架下的全球气候变化谈判,尽管在合法性和影响力上更为明显,但协议的达成也更为困难。一些研究认为,自主履行的环境协定缺乏强制执行力,协定参与方越多,"搭便车"行为就越普遍,导致协定难以产生效果。[6]一些学者因此认为,只包含需要最低数量参与方的小多边主义(minilateralism)在气候治理中更为有效。[7]同时,联合国气候变化规则下的灵活机制,以及气候变化议题的复杂性,也为双边及小多边协定作用的发挥创造了条件。

双边及小多边合作对国际气候变化规则建立的作用主要包含三种类型。首先,具有相近利益诉求的国家通过协调一致,形成共同的谈判立场,以在嘈杂的国际谈判中发出明确的声音,如小岛屿国家联盟、伞形国家联盟,以及新兴经济体的基础四国等。[8]其次,国家间通过双边或小多边合作,对多边谈判中的利益责任分配进行调整,促进多边气候规则的达成与实施,例如一些多边、双边的援助协定。最后,对多边框架下难以达成共识的内容进行小多边框架下的合作与规定,建立相关规则的实践先例,以期未来被纳入全球多边环境协定。例如欧盟推行的碳排放交易体系、航空碳税交易规则等。[9]

由双边和小多边形式展开的环境合作,为国际多边气候规则的建立带来了机遇与挑战。一方面,双边和小多边协定有助于弥补多边机制在效率上的不足,并通过不同机制间的良性竞争促进有效规范和原则的发展。[10]但另一方面,如果缺乏有效的协调,碎片化的国际环境治理也将最终陷入失效的困境。[11]

三、主要国家的单边行动

从理性角度看,提高能源利用效率、降低生产成本,对国家经济的长期发展具有实际的利益。同时，对有害气体排放的控制也对国内空气污染等非国际性的次级环境问题具有收益。这意味着理性国家行为体的单边行为，虽然难以取代国际合作在治理气候变化问题中的作用，但仍能对气候变化治理目标的实现起到积极的作用。

对主要国家而言，气候变化领域的单边行动对国际气候规则的建立具有更为重要的意义。一方面，国家采取自主行动应对气候变化，可以在一定程度上缓解其在国际气候谈判上的消极立场所带来的舆论压力，降低该国退出国际气候谈判的国际与国内成本，使国家在气候变化的谈判中处于有利地位。[12]另一方面，国内环境治理的成功经验，也可为其他国家树立榜样，逐渐推动国内法发展为国际规则。因此，单边调整国家政策，也可帮助国家在国际谈判中建立更符合自身利益的规则。

四、非国家行为体的作用

由于气候问题涉及对国家经济和公共政策的调整，非国家行为体难以主导气候规则的建立，仅能起到辅助性的作用。尽管如此，非国家行为体的积极参与，仍对气候变化规则的谈判具有重要的影响力。

首先，非国家行为体在国内政治中的行为塑造了国家在气候变化谈判中的立场。随着气候变化规则的深入，国内利益集团对自身损益的判断更为明确，也更积极地采取行动影响国家的谈判政策。[13]而非政府环境组织之间的跨国联系，则形成了"回旋镖"式的效果，通过将本国的信息传递到外国的非政府组织，进而影响外国的政策进程，使外国对本国的政策行为产生影响。[14]

其次，非国家行为体积极参与了应对气候变化的规范传播与议程设置。独立于国家的科学家群体为全球对气候变化议题认知与理解的变化起到了重要的作用。[15]联合国框架下环境与气候相关国际组织的建立与完善，也使参与其中的发展中国家的国内政策协调机制得到了发展。[16]而非政府环境组织对气候谈判的积极参与，以及利益相关的跨国公司在国内的游说活动，则为气候谈判的展开提供了舆论和道德约束。

最后，跨国公司和非政府组织也是气候规则成果的积极执行者。

相较政府及政府间国际组织，跨国公司在资金和技术方面具有优势，非政府组织则具有较强的专业性与灵活性。随着气候变化规则中“适应”问题的重要性不断提升，由非政府组织和跨国公司主导的对发展中国家适应气候变化的援助，开始具有越来越重要的地位。

第二节 中国在国际气候变化谈判中的利益及其演进

国家在气候谈判中的利益是复杂的，其中既有包括经济增长与就业的短期经济利益，又有应对环境挑战、促进可持续发展的环境利益，还包括国际声誉形象的政治利益。[17] 发展中国家由于经济发展水平及生产技术的落后，贯彻减排指标对经济增长的压力较大，但同时在环境挑战面前的脆弱性也较为明显，承担国际责任的能力有限。如何均衡三者之间的关系，是发展中国家在气候变化谈判过程中的重要挑战。

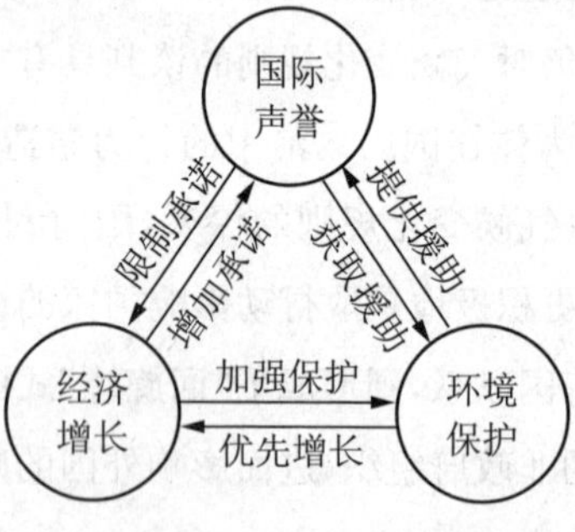

图 10.1　国际气候谈判中的国家利益

作为发展中大国，中国在国际气候规则建立的过程中需要追求这些不同的利益，而随着中国国力的崛起，在对利益的界定上也在逐步演进。在气候规则的制定中进一步发挥领导能力对中国的发展具有更为深远的意义。

一、维护经济增长

促进经济增长是任何国家面临的主要国内议题，而减缓温室气体排放的行动对任何国家而言都需要承担直接和巨大的经济负担。[18]发展中国家由于缺乏资本和技术积累，利用自然资源的比较优势开展国际贸易，是其发展本国经济的少数选项之一，接受减排责任的制约对发展中国家的影响就更为显著。

作为最大的发展中国家，发展经济在中国的目标序列中占据最主要的地位。[19]中国21世纪初的经济增长中重工业占据了重要地位，而煤炭在中国能源结构中所占的比例也极大，这些现实制约使中国难以接受硬性减排的义务。[20]同时，不论从历史排放总量还是当前人均能源消耗来看，中国的温室气体排放都低于西方发达国家的水平，这也为中国要求发达国家率先承担减排责任提供了依据。[21]因此，中国始终强调《联合国气候变化框架公约》确立的“共同但有区别的责任”原则，坚持中国及其他新兴国家合理的排放需求和发展权利。

随着中国经济的进一步发展，要求中国承担减排责任的压力也进一步增加。另一方面，近年来随着中国经济增长的放缓，以及能源利用率的提高，降低碳排放对中国经济的损失呈逐渐降低之势。

二、应对环境挑战

在坚持发展中国家地位及权益的同时，也必须注意到全球气候变化对中国的实际危害。中国人口众多、地形复杂、经济发展不平衡问题突出，极易遭受气候变化的不利影响。[22]同时，随着中国经济逐渐进入新常态，依靠资源消耗的传统增长模式越来越难以为继，提高能源利用效率、发展绿色经济的意义日趋重要。

但同时，能源结构的转型和经济增长模式的转变是一项痛苦而长期的任务，转变过程必然伴随着极高的转变成本。因此，通过参与国际气候谈判，争取发达国家的资金和技术支援，降低转型成本，是包括中国在内的发展中国家的合理诉求，也有助于全球减排目标的实现。

自《京都议定书》签订以来，中国通过与发达国家的积极合作，获得了来自“清洁发展机制”项目的大量经济收益。[23]然而随着中国经济的发展，吸引国际资金和技术支援的难度也在提升。美欧等发达国家出于保护本国经济和产业利益的需求，在提供资金和技术支援上并不积极，尤其自2008年国际金融危机以后，发达国家提供援助资金的意愿持续减弱。另外，在发展中国家阵营内部对援助资金的分配也呈现更多元的看法。以小岛屿国家联盟和最不发达地区为代表的国家，认为其在气候变化中更为脆弱，而已成为世界第二经济大国的中国应该作出更多贡献。

三、维护国家形象

除了经济增长和吸收资本的现实利益之外，中国参与气候谈判也具有提升国际形象的意义。在气候谈判开始的90年代初，中国正面临国际舞台上外交脱困的需要。在气候谈判中的积极表现，也为中国在国际外交舞台上赢得了一定的声誉。[24]

在与发展中国家的关系上，气候变化谈判从一开始便成为中国与发展中国家协调合作的重要议题。[25]而随着气候谈判的深入及发展中国家之间经济差距的拉大，发展中国家阵营在气候变化谈判中的立场也逐渐产生分歧。[26]如何维系与发展中国家的团结关系，并通过适当承担国际责任，塑造中国负责任大国的国际形象，是中国在气候变化谈判中新的挑战。

同时，气候变化议题也成为中国与发达国家关系的重要议题。尤其自2012年以来，随着中美实力接近与美国“亚太再平衡”战略的展开，两国之间的结构性矛盾逐渐明显。气候问题作为需要两国共同治理的议题，对维系中美之间的合作关系逐渐具有了更为重要的意义，已经成为中美关系的支柱之一。[27]

四、积累创制经验、参与全球治理

国际机制理论指出，国际规则的建立可以避免重复的讨价还价，降低交易成本。在国际气候问题的治理过程中，通过积极推动气候规则的建立，不仅可以建立对中国有利的规则，为中国在经济和发展上的权利提供稳定而有效的保证，也能有效提升中国的国际声望。此外，积极参与气候规则的制定，还可以为中国参与全球治理、改造国际政治经济秩序提供宝贵经验。

与贸易、金融等自第二次世界大战结束以来就逐渐创立并完善的国际规则相比，气候变化议题是一个相对年轻的议题，其规则的建立也仍处在不断完善和探索的初级阶段，中国创制的阻力相对较小。而与军控、危机管理等传统安全议题相比，气候变化议题属于“低级政治”范畴，国家间实现合作的机会也更大。通过在气候问题上参与国际规则制定，并积累创造和改写具体规则的经验，可以推动中国未来在更广泛领域内领导国际规则的建立。

必须注意的是，国际规则一经确立，就具有一定的自在性和独立性，不必然服务于创立者的国家利益。随着中国的发展，中国在国际气候治理中的利益也可能发生变化。因此，在创立国际气候规则时，应具有一定的长远考虑，综合短期排放权益、中期发展权益和国际声望利益等因素，追求建立在较长时期内符合中国利益的国际规则。

第三节　中国参与国际气候变化规则建立的有利与不利因素

一般而言，国际规则的制定能力取决于多种因素，主要包括整体实力、领域优势和创制能力等。[28]具体到气候变化规则的制定上，则可以归纳为整体经济实力、气候变化的不对称相互依赖、履约能力、科研能力和规则设置能力五个方面。

一、整体经济实力

一国的综合实力，决定了该国在国际谈判中的地位，在涉及南北关系的谈判中更是如此。因为发达国家是对发展中国家进行援助的最主要来源，发展中国家要获得资金、技术支持就必须按照发达国家意愿接受和执行国际规则。

在国际气候规则的制定过程中，发达国家一方面在气候谈判中将援助与减排、审查等要求相结合，试图减少自身所需支付的成本；另一方面在气候谈判以外，利用自身巨大的经济资源和市场进行议题捆绑，在双边和区域贸易谈判中设立环境气候标准，以维持其在减排限制下对新兴国家的产业竞争力。[29]

当前，中国已成为世界第二经济大国，这确实导致了来自发达国家和一些发展中国家认为中国不再是发展中国家，应承担更多责任的呼声。但是，责任与权力并存，中国增长的经济实力和市场规模，为中国推动国际规则建立提供了更多的手段选择。因此，如何在量力而行的基础上，有效运用中国逐渐增长的经济资源，推动有利于中国未来发展的国际气候规则的建立及中国国家地位的提高，是当前中国在气候谈判中的机遇和挑战。

二、碳排放总量与相互依赖的不对称性

作为全球增长最快的新兴经济体，中国已经成为世界第一碳排放大国，排放总量也将在未来一段时间内继续增长。这一现实为中国坚持在“共同但有区别的责任”原则下自主减排的立场增加了难度。

但从另一个角度看，中国在全球碳排放所占的重要比重意味着其他国家在减排问题上对中国的依赖具有脆弱性。也就是说，任何一项控制温室气体排放的协议，在缺少中国参与的情况下都是难以达成的。这种不对称的相互依赖赋予中国在气候变化领域内讨价还价的权力。

事实上，气候变化规则谈判的历程不可避免地受到主要碳排放国家意志的影响。例如，美国于 2001 年退出《京都议定书》，为《京都议定书》的生效带来了极大的困难，也招致了国际社会的普遍批评。2017 年美国对《巴黎协定》说“不”，再次给气候规则的制定设置障碍，并引起国际社会一片哗然。但是，如何将美国重新纳入气候谈判的轨道，已成为此后国际气候大会的重要问题。作为重要的温室气体排放者，中美欧三方在气候谈判中的立场与博弈，成为左右气候变化规则发展的重要因素。[30]作为碳排放大国，中国的立场和态度也将对未来的气候变化谈判具有关键性的影响。

当然，正如奈和基欧汉所意识到的，非对称相互依赖本身并不能解释讨价还价的后果，非对称相互依赖的权力仅是谈判中的一种潜在权力。[31]因此，如何有效运用不对称相互依赖赋予中国的谈判权力，在气候变化规则的制定中展示中国的领导能力，体现中国的国家利益，仍是

中国在未来气候谈判实践中必须接受的挑战。

三、履约能力和意愿

一国制定规则的能力，还受到自身履约能力和意愿的制约。布什政府期间，美国由于国内政治因素的影响，宣布退出《京都议定书》，不仅受到国际舆论的压力，其在国际气候规则制定上的影响力也在很长一段时间内被边缘化。而中国尽管具有较强的履约意愿，却受到自身履约能力的限制。[32]

从技术层面看，尽管中国已经成为世界第一大温室气体排放国，但中国的人均碳排放水平仍低于发达国家水平。同时，由于中国的能源结构中煤炭所占比例较高，这为中国追求短期内硬性减排目标增加了难度。但是，随着中国经济进入"新常态"，中国的经济结构和增长模式正发生深刻的改变。根据最新测算，中国的煤炭消费量将在 2019 年左右达到峰值，而碳排放峰值也有望在 2025 年提前出现。[33]

从机制层面看，应对气候变化的国内体制不断加强。2007 年，由国家发展和改革委员会牵头，多个相关部门组成的国家应对气候变化领导小组成立，并于 2008 年在国家发改委下设立应对气候变化司，强化了国家应对气候变化的领导机制。[34]在地方层面，随着相关机构设置及考核指标的建立，地方政府对环境政策的执行力度得到有效改善。[35]但总体上看，中国应对气候变化的相关法律法规、体制机制、政策体系、标准规范还未健全，尤其是相关财税、投资、价格、金融等市场化机制仍有待强化。[36]尽管一些能源、环境的相关法规已得到发展，但作为基础框架的"应对气候变化法"经多年讨论仍尚未建立，这些都从一定程度上限制了中国的履约能力。

四、科研能力

气候变化是一项具有高度专业性的议题。科学研究的结果将直接影响各国在气候问题上的利益认知、谈判立场和目标设定，具有议程设置的功能。同时，科研能力和水平也将影响国家未来履约和监督的能力。因此，一国环境科研能力的高低，将直接影响国家在气候规则中的话语权。

由政府间气候变化专门委员会(IPCC)的三个工作小组在2013—2014年间发表的第五次《气候变化评估报告》(AR5),对2015年巴黎气候谈判的走向和重点产生了重要的影响。在此次评估报告的撰写过程中,中国学者及专家的研究和意见对报告的贡献较往届有了显著的提升。

尽管如此,无论从参与专家的数量还是引用文献占比来看,主要的气候变化研究仍集中在欧美发达国家,中国在政府间气候变化专门委员会研究中的贡献仍与第一大排放国及第二经济大国的地位并不匹配。值得注意的是,在三个工作组的成果中,进行基础科学理论工作的第一工作组报告的中国大陆引文占文献的2.8%,而对气候变化适应和减排实践进行研究的第二、第三工作组报告的引用率仅占1.3%和1.6%。[37]而其中,对中国及东亚区域研究所占比重较大,对全球性现象及问题的研究较少。[38]

当然,中国专家对报告的贡献比例,仅是中国在气候变化问题中科研能力的侧面反映;而以西方专家为主建立的科研报告,也不必然导致对中国的不公正立场。但是,要在气候变化规则的谈判中取得主动,特别是成为具体规则的提议者,则需要中国在气候变化研究上取得更多进步。

五、规则设置能力

克拉斯纳指出,国际机制由原则规范和规则惯例两部分组成。[39]其中,原则和规范奠定了机制的整体基础,但要使机制得以有效运作,则需要具体规则的支持。

尽管在中国与其他发展中国家的共同努力下,《联合国气候变化框架公约》确立了"共同但有区别的责任"原则,但在进一步细化为具体规则的过程中,美欧发达国家则发挥了更显著的作用。自2009年以来,美欧国家通过在减排和适应议题上具体规则的设立,弱化了应对气候变化承诺的不对称性,实质上向着背离"共同但有区别的责任"原则的方向发展。[40]

从具体规则的研究看，2009 年潘家华和陈迎等提出了基于“人均累计排放指标”原则的碳预算方案，这是在具体责任分配规则上进行创新的一次有益尝试。[41] 以人均标准进行碳预算分配，是一种既体现公平原则，也对人口大国的中国较为有利的分配方式。遗憾的是，随着此后国际减排分配模式从自上而下的责任分配模式转变为自下而上的自主贡献模式，这一建议未得到进一步的发展。

总而言之，中国在全球碳排放总量上的比重决定了中国在气候规则设立上具有无法取代的重要地位；中国不断提升的经济实力和履约能力，则为中国在气候规则谈判上增加了可用的手段。然而，中国在研究能力和创制经验上的不足，制约了中国设立议题的能力，使中国在气候谈判过程中常处于对美欧提出议题进行应对的被动位置。这或许是导致国际社会对中国在气候变化问题上产生“消极”印象的原因之一。

第四节　中国参与国际气候规则建立的经验

一、国际多边气候规则

自联合国框架下的国际气候谈判开始以来，中国就成为其中的积极参与者。中国与七十七国集团团结一致，在框架公约的谈判中争取发展中国家的权益。中国指出，西方发达国家在历史上的温室气体排放，是造成当今气候变化的主要原因，因此发达国家有责任率先削减温室气体排放，并对发展中国家进行援助。

在七十七国集团加中国的共同努力下，于 1992 年通过并于 1994 年生效的《联合国气候变化框架公约》，明确规定了“公平原则”“共同但有区别的责任原则”“发展原则”等保护发展中国家权利的基础原则，成为此后国际气候谈判的指导性规则。

此后，国际气候谈判进入具体规则的谈判进程。1997 年通过的《京都议定书》，是首个具体的国际气候规则，为发达国家减排指标、发展中国家获取援助等作了安排。然而，在 2001 年海牙会议上，由于欧盟与美国在减排标准和灵活措施等问题上分歧明显，会议未能通过对议定书的后续计划。[42] 此后，美国宣布退出《京都议定书》，为议定书的生效设置了极大障碍。中国与七十七国集团及欧盟共同合作,推动了后续协议的达成。[43]

随着京都进程的发展,国际气候谈判中各国利益进一步分化。欧盟为实现目标,对美国和发展中国家提出了更为严格的要求,且欧盟自身在减排和援助方面的意愿也开始降低。[44]而发展中国家中以“基础四国”为代表的新兴国家集团,与岛屿国家联盟等小国间的意见分歧也开始凸显。[45]这一阶段中国的主要立场是与“基础四国”中的其他三国一道,坚持自身的发展权益。最终“哥本哈根协议”未完成“巴厘路线图”设定的谈判目标,仅达成一项不具有法律约束力的文本,承诺继续推进巴厘路线图的实现。2015 年,巴黎气候大会在期待中召开,并经过艰难谈判达成协议。在谈判后期,美国、欧盟与小岛屿国家组成的“雄心联盟”突然出现,对中国和印度等国家的立场造成了压力。

概括地说,当前的国际气候规则谈判主要可分为两个方面:减排和援助。

减排是缔约国在协议中削减本国温室气体排放的议题。尽管各国都承认削减全球温室气体排放的重要性,但在如何实现这一目标上看法不一。欧盟主张绝对减排的指标,美国则提出碳强度模式,发展中国家认为应由发达国家率先减排。[46]按照“共同但有区别的责任”原则,《京都议定书》以自上而下的形式,分配了发达国家的约束性减排指标,而对发展中国家则未作要求。同时,为促进减排目标的实现,建立了“排放交易”“联合履约”和“清洁发展机制”三项灵活措施。

此后,美国退出《京都议定书》,而随着中国等发展中国家排放总量的增长,要求发展中国家承担绝对减排责任的压力不断加强。“自上而下”的减排模式遭遇挫折。另一方面,中国在坚持反对设立减排指标的同时,通过自主行动的方式为实现减排目标作出努力。这一自主行动的模式此后逐渐成为气候变化规则的主流。2013 年在华沙会议中,“自下而上”的国家自主贡献模式为大多数缔约方所接受。[47]巴黎会议达成的协议中,不论发展中国家还是发达国家都将采取自主行动的方式进行减排。

援助是对发展中国家进行资金和技术援助的问题。在《京都议定书》中,中国尽管最初对“清洁发展机制”持怀疑态度,但随后通过调整相应的国内政策,成为“清洁发展机制”的重要受益国,获得了来自发达国家的资金和技术支援。[48]

而随着中国经济的快速增长和国际金融危机的影响,欧洲援助发展中国家的意愿下降。同时,欠发达地区和发展中小国也对援助资金的分配感到不满。2008 年在巴厘岛会议上,小岛屿国家联盟提出了“适应”气候变化的概念,认为适应已经发生的气候变化和减缓未来气候变化同等重要。小岛屿国家和最不发达国家在气候变化面前最为脆弱,应该获得资金和技术援助。值得一提的是,小岛屿国家认为温室气体排放大国需要支付污染费,实质上是要求中国、印度等新兴大国共同分担项目资金。[49]

尽管发达国家、新兴国家与小岛屿国家在资金来源、援助方式和责任分担上有不同看法,但援助欠发达国家适应气候变化的重要性已逐渐成为共识。[50]巴黎协定也对适应问题作出了进一步规定,并指出鼓励所有国家和行为体参与对欠发达国家的援助。

从《巴黎协定》的内容看,“共同但有区别的责任”原则再次得到了重申,但具体来看,该原则的内涵发生了变化。首先,《京都议定书》明确的“附件 I”和“非附件 I”国家的区分,被代之以较为模糊的发达国家与发展中国家、最不发达国家等分类;其次,通过普遍使用“自下而上”的自主贡献规则,发达国家不再受到《议定书》中自上而下分配的约束性指标的制约。[51]

《巴黎协定》是自哥本哈根会议受挫以来,多边框架下达成的一项重大进展。当然,这项协定仍然留下了许多不确定性:首先,自下而上的减排承诺是否能有效实现全球整体的减排目标?其次,鼓励援助来源多样性能否使发展中国家获得更多资金和技术支持?这会不会仅成为发达国家减轻自身责任的手段?

二、双边及区域性气候问题合作

双边及区域性气候合作,是中国参与全球气候规则制定的重要补充途径之一。中国与欧美发达国家、与新兴“基础四国”以及与发展中国家之间的合作,一方面促进了利益相关国家在国际气候谈判中统一立场、协调一致，另一方面也通过更灵活的方式对国际气候规则的实行进行了补充。

以美国和欧盟为代表的发达国家是气候变化规则制定过程中的重要参与方，也是发展中国家应对气候变化的主要出资者。与发达国家的双边合作及联合声明，是中国扩大在气候变化规则制定过程中影响力的重要方式。2014 年和 2015 年，习近平与奥巴马两次发表中美气候变化联合声明，各自公布了应对气候变化的自主贡献，并宣布加强中美气候变化工作组及中美地方合作。中美的共同声明为巴黎会议上各国增强互信、作出贡献起到了表率作用，为协议的实现起到了推进作用。此外，中国与美国、欧盟、澳大利亚、新西兰、英国等国家和地区积极开展对话和技术合作，促进了各国间的理解与共识。[52]

作为新兴大国代表的中国、印度、巴西、南非“基础四国”，在气候变化问题上长期具有较为接近的利益诉求，并开展了广泛的交流与合作。至 2015 年巴黎会议前，“基础四国”举行了 21 届气候变化部长级会议，协调立场，一致行动。“基础四国”的联合声明重申了“共同但有区别的责任”原则、发达国家减排及援助义务、国家自主贡献等立场。[53]

与其他欠发达国家和地区的合作，也逐渐成为中国双边及区域气候合作的重要一环。尽管发展中国家集团在气候变化谈判进程开始之初的意见较为统一，但随着谈判的深入，中国、印度等新兴大国与更落后的发展中小国的立场逐渐产生分歧。一方面，发展中国家是气候变化的最直接受害者。因其技术水平及经济结构落后，对气候变化造成的影响更为脆弱。对一些岛屿小国而言，气候变化导致的海平面上升，更是对其具有生死存亡的意义。因此，这些国家的诉求具有道义性。另一方面，许多小国对气候变化的危机感以及要求经济援助的迫切性使它们常常在发达国家与新兴国家之间摇摆不定，而忽视发展对气候变化治理的长期影响。

2010 年前，中国与“基础四国”以外发展中国家就气候变化问题的合作较为有限，并强调以“基础四国＋”的方式与其他发展中国家协调气候变化谈判立场。而随着中国经济实力的增强及应对气候变化技术及经验的提升，在气候变化南南合作上也开始采取更为积极的态度。2014 年，中国同亚洲、非洲、拉丁美洲的许多发展中国家开展了气候变化的设备援助、官员培训、技术合作等项目，并宣布建立气候变化南南合作基金，加强对发展中国家的支持力度。[54]

除与上述国家和地区展开合作外，中国与亚洲开发银行、联合国环境规划署、世界银行等国际组织就气候问题开展了广泛而深入的合作。在二十国集团、亚太经合组织、东亚峰会、联合国贸发会议、世界贸易组织等其他正式及非正式国际会议中就气候变化问题与各国进一步加强了沟通，并逐渐重视东亚低碳增长伙伴计划、全球清洁炉灶联盟、农业温室气体全球研究联盟等公约外机制。

双边及区域性合作，为中国有效发挥自身影响力、维护中国立场及利益、发挥气候规则制定的领导力起到了重要作用，但同时也应当注意到其中存在的局限性。首先，双边共同声明虽然对气候谈判中的合作立场具有积极作用，但各国在气候议题上不同的利益诉求决定了立场声明的不稳定性。例如，巴黎峰会前美国、法国等国家都与中国发表了共同声明，展现出合作的姿态，但在会议中，美欧与小岛屿国家、非洲国家等组成的“雄心同盟”突然出现，占据道德制高点，并对中国、印度等新兴大国造成孤立，迫使中国作出让步。

其次，双边合作与承诺的可信度还受到合作国国内政治进程的影响。例如，美国在奥巴马总统任内对气候治理采取了较为积极的态度，但在此前的布什总统任期内，对国际气候变化谈判的态度则截然不同。特朗普当选新一届美国总统后，很快宣布退出《巴黎协定》，在很大程度上与美国国内对该协定的反对立场相关。

三、自主行动

中国应对气候变化的自主行动可以追溯到1994年通过的《中国21世纪议程》，这一应对人口、环境与可持续发展的指导性文件对提高能源利用效率与控制温室气体排放作了规划。2004年，中国提交《中华人民共和国气候变化初始国家信息通报》，对中国在气候变化问题中的基础情况进行了总结。

从《联合国气候变化框架公约》签订至2005年《京都议定书》生效，中国参与应对气候变化的进程处于被动接受和实用主义的阶段。在减排气候变化任务上,中国并未建立专门的立法及报告,而将其视为节能和清洁能源发展的附属议题。在援助问题上,中国则较快建立和修订了《清洁发展机制项目运行管理办法》。管理办法的迅速出台及配套政策的完善落实,为《京都议定书》生效后中国有效利用清洁发展机制吸收援助国资金技术、实现自身发展创造了有利条件。[55]这一阶段中国的行动,与发展中国家身份及《联合国气候变化框架公约》"共同但有区别的责任"原则相一致,主要是作为被援助方,有效利用《京都议定书》创造的机遇,以此促进国内节能减排和可持续发展经济目标的落实。

此后,气候变化议题在中国逐渐得到更多重视。2007 年,国家发展和改革委员会制定《中国应对气候变化国家方案》,明确了到 2010 年中国应对气候变化的具体目标、基本原则、重点领域及政策措施。[56]自 2008 年起,中国开始发布《中国应对气候变化的政策与行动》年度白皮书。2009 年,中国提出了到 2020 年单位国内生产总值二氧化碳排放比 2005 年下降 40%—45%等目标,并将其作为约束性指标纳入国民经济和社会发展中长期规划。[57]在"十二五"规划纲要中,中国首次明确提出了将单位国内生产总值碳排放降低 17%的目标。

自《中国应对气候变化国家方案》以来,中国不断调整和修正自主行动的具体目标,但主要指标基本未发生变化,主要包括降低单位国内生产总值能耗、提高可再生能源占比、提高森林覆盖率等;同时,坚持中国的发展中国家身份及发展权益,拒绝设置碳排放总额的约束性指标。

发达国家的历史排放对当前气候变化的决定性影响、中国较低的人均碳排放量,以及发展中国家身份,是中国在自主贡献中不设置碳排放总额约束的有力理由。但随着时代发展,中国的这一立场也受到越来越多的挑战。

在国际层面上,中国的碳排放及经济总量使得中国的立场在国际气候谈判中受到越来越多的重视。从国内层面看,气候变化造成的威胁也成为越来越迫切的挑战。中国的变暖速率及海平面上升速率高于全球平均水平,并深受气候变化导致的自然灾害影响。[58]近几年来,国内多个城市不断出现的重度雾霾天气,也进一步激起了社会公众对环境气候治理的重视。[59]

2015 年,中国宣布,将以自主行动的方式,力争在 2030 年前使碳排放总量达到峰值。[60]这是中国首次针对碳排放总量设立目标，为未来的减排行动提出了更高的要求。中国的自主行动为《巴黎协定》的成功创造了坚实的基础。

在逐步提高减排目标的同时，一些灵活性政策也逐步得到推行。2011年，中国开始在多个城市及省份开展碳排放权交易试点，并在2012年出台《温室气体自愿减排交易管理暂行办法》。[61]鼓励城市开展低碳创新，以及推进增加森林碳汇，试图为中国减排目标的实现注入动力。

总结而言，自主行动为中国应对气候变化，及在国际舞台上参与气候变化规则建设产生了重要影响。自主行动的模式使中国在符合自身利益及能力的范围内开展减排行动，同时缓解了中国作为第一碳排放大国在国际气候谈判中受到的道义指责。在2013年以后，自主贡献模式取代在后京都时代陷入困境的自上而下治理规则，成为大多数国家所接受的减排方式，这也是中国以本国行动引领国际规则制定的一个例证。

当然，当前中国的自主行动仍然存在一定的局限性。首先，自主行动以国家政策指导为主，在法律制度建设上仍较为滞后；其次，自主行动的灵活机制以借鉴国外既有经验为主，缺少手段创新；最后，自主贡献计划的执行与审查的科学性和客观性仍有待改善。这些局限性降低了中国将自身经验转化为国际气候规则的效果。

第五节　中国积极参与国际气候规则制定的对策建议

随着气候变化规则制定进程的发展，气候变化对人类发展与安全的威胁变得越来越明晰，制定有效规则、应对气候变化的挑战也变得越来越重要。中国作为崛起中的大国，在气候变化规则的制定中扮演着越来越重要的角色，也正在经历从援助接受者到责任承担者，从规则接受者到规则建立者的角色转变。同时，中国作为发展中国家，在经济实力、履约成本和创制能力上仍然受到局限，中国对气候变化规则制定的参与，以及自身国际责任的承担，仍应当量力而行。针对这样的背景，笔者对中国未来在国际气候规则中作用的发挥提出几点建议。

一、坚持多边框架,建立国际规则

以《联合国气候变化框架公约》为基础的国际多边气候变化进程,是当前气候变化规则制定的核心机制。从对中国的国家利益、规则合法性和机制稳定性角度看,坚持多边主义的规则建立进程具有重要的意义。

首先,从国家利益看,在《联合国气候变化框架公约》以来的谈判中,中国所坚持的共同但有区别的责任及主权原则得到了贯彻,维护了中国在气候谈判中的经济利益。中国经济实力和碳排放总量的优势也有助于中国在多边谈判中继续维护本国利益。同时,在多边舞台上的活跃也有利于中国展现负责任大国形象,提升国家声望。

其次,从规则合法性看,基于共识的多边规则的合法性比由双边或小多边框架建立的国际规则更高。尽管在气候变化问题上,主要国家间达成的协定在短期内可以替代多边协议的效果,但从长期角度看,多边协定建立的规则具有更稳固的基础,也更符合中国对公平正义和自愿原则的长期追求。

最后,从机制稳定性看,双边或小多边协定受国家政策波动的影响较大。尤其是美国受国内两党政治的影响,在环境政策上时常发生剧烈的波动。[62]此外,排除部分主要行为体的双边和小多边协定,也容易引起其他行为体的反对和竞争,最终导致建立规则的尝试不了了之。

二、增进双边合作,应对环境挑战

在坚持维护联合国机制核心作用的同时,中国也应当加强同各国在具体环境问题,尤其是适应气候变化和清洁能源技术等方面的务实合作。发展中国家应当是中国加强双边和小多边合作的重要对象。

首先,尽管多边气候谈判取得了一定的成果,但在谈判规则的细化和各国的具体执行上仍然存在较大的不确定性,实现温室气体控制的目标仍然存在较多的变数。因此,在当前情况下适应气候变化已经和即将对国家造成的影响,并通过清洁能源的发展和能源利用效率的提高向减排目标的实现接近，对各国而言都具有现实意义。

其次，发展中国家，特别是欠发达国家和小岛屿国家，对气候变化造成的危害最为敏感，甚至导致国家和地区的动荡。[63]作为最大的发展中国家，中国主导的南南合作不仅有助于中国国际形象和国家地位的提高，也能够促进发展中国家间的团结协作，促进发展中国家理解和支持中国在气候变化多边谈判中的立场。

最后，在清洁能源等领域上，中国不仅需要进一步与发达国家展开合作，也已经积累了一定的实践经验。在一些新能源产业中，中国可以逐步实现从输入者到输出者的转变，这也有利于国内绿色经济和产业结构调整的发展需要。

三、加快自身转型，发展绿色经济

推动自身经济结构转型，促进经济可持续发展，既是中国参与国际气候变化规则制定的初衷，也是中国强化气候变化领导能力的关键。只有当中国有实力履行更高义务时，才能在气候变化规则的制定过程中掌握更多主动权。

首先，中国需要完善国内立法，提供制度保障。国内配套环境立法的完善，不仅有助于以法律形式为绿色经济转型提供稳定的机制化保障，也有助于提高中国国际气候规则的建制能力，使中国规则走出国门，促进国际规则制定的领导力。

其次，需要鼓励地方试点及制度创新。中国各地区之间的经济结构与发展阶段不尽相同。鼓励地方制度创新，不仅有助于地方政府以更符合地方特点的方式促进减排与适应，也有助于总结经验、促进全国及国际层面的制度创新。

最后，需要促进社会各界的积极参与。当前，中国应对气候变化的行动主要以政府行动为主。但从长远看，企业在自主执行减排目标方面、媒体在教育和监督方面，以及社会团体在协助政策实施等方面，都具有减轻政府压力、促进执行效果的作用。同时，社会团体走出国门，加强与外界的交流合作，也有助于中国气候规则领域影响力的发挥。

四、加强综合研究，提升创制能力

气候变化的全球治理是一项复杂而艰巨的任务，需要对各领域知识进行综合运用。对气候变化影响及气候治理技术的研究，需要环境科学领域的探索；对现有条件下环境及能源政策的成本及收益分析，需要经济学领域的计算；对全球环境规则如何有效实现气候治理及国家利益目标，需要国际法及国际关系的设计；对具体谈判中如何采取最有效策略，则需要外交谈判及国别研究的智慧。

参与气候谈判以来，中国在气候变化相关各领域的研究取得了较大进展，各相关政府部门及高校智库也正作出更多的贡献。但相对西方国家而言，中国的研究能力仍较为落后，这制约了中国在国际气候规则制定过程中的话语权。

因此，对中国而言，提升创制能力，首先要加强科学、技术及经济学领域对应对气候变化的研究力度，使一线谈判者及时掌握最新动态；其次，要鼓励各领域研究者为气候变化具体规则的制定提供知识和建议，促进中国原则融入操作层面；最后，要深刻总结国内气候治理的经验，促进国内经验及规则转化为国际规则。

五、拓宽交流渠道，促进全球合作

作为气候谈判进程的积极参与者，中国在框架公约下谈判及其他双边、多边场合发表观点、寻求合作，成为全球气候变化规则的积极推进者。在科研交流领域、企业及民间交流合作上，也取得了一定的进展。万科、比亚迪等企业，以及青年应对气候变化行动网络等民间团体，也正积极参与环境气候问题的全球治理。[64]继续并加强这些多渠道的跨国对话与合作，对中国提升在国际气候规则制定中的领导力具有重要的意义。

首先，多渠道的国际交流有利于中国在研究和应用领域掌握最新进展，促进中国自身应对气候变化科学研究的更新升级，并为气候规则的拟定提供基础。其次，多渠道国际交流有助于中国在政策层面及时了解各国动态，改善对各国利益诉求和政治进程的预判，提高国家层面气候谈判的效率与主动性。最后，多渠道的国际交流，有助于传播中国声音，增进国际及市民社会对中国应对气候变化立场及现状的了解，使中国在气候变化规则的制定中占据道德主动。

小　结

自气候变化谈判开始以来，中国作为关键参与者之一，通过与发展中国家的密切配合，以及与发达国家的双边谈判，积极参与了全球气候变化规则的制定，推动了"共同但有区别的责任"原则、"自主减排"等规则的确立，为中国维护和扩展自身作为发展中国家的排放和发展利益起到了积极的作用，也为中国树立负责任大国的国际形象起到了积极效果。同时，国内环境气候立法的不断完善，也逐渐提高了中国继续履行和建设国际气候规则的能力。

同时，也应该意识到，在具体气候规则和会议草案的提出上，欧盟和美国仍居于主导性地位，这使得发达国家更易于领导气候规则制定的进程，推进对其有利的规则标准。另外，随着中国经济的不断增长，发展中国家阵营内部的利益诉求逐渐分化，中国也需要逐渐适应自身身份的转变。

随着《巴黎协定》的签署与生效，国际气候规则的制定已经进入新的阶段，但在协定机制的履约上，以及包括中美在内的双边气候合作的前景上，仍然存在较多的不确定性，这也为中国在国际规则制定中继续发挥领导力提供了挑战和机遇。如何在气候变化的国际规则制定过程中综合运用自身优势，促进自身经济与政治利益的实现，并积极积累国际规则的创制经验，需要理论与实务多层面的研究与探索。

注释

1. [美]罗伯特·基欧汉：《霸权之后：世界政治经济中的合作与纷争》，苏长和、信强、何曜译，上海人民出版社 2012 年版，第 52 页。

2. Oran R.Young, "Effectiveness of Environmental Regimes: Existing Knowledge, Cutting-Edge Themes, and Research Strategy", *Proceedings of National Academy of Sciences of the United States of America*, Vol. 108, No. 50, December 2011, pp.19853—19860.

3. Frank Grudig, "Patterns of International Cooperation and the Explanatory Power of Relative Gains: An Analysis of Cooperation on Global Climate Change, Ozone Deple-

tion, and International Trade", *International Studies Quaterly*, Vol. 50, No. 4, December 2006, pp.781—801.

4. 参见薄燕:《全球气候变化治理中的中美欧三边关系》,上海人民出版社 2012 年版。

5. Richard Black, "Developing Countries Split over Climate Measures", *BBC News*, December 9th, 2009.

6. Scott Barret, "Self-Enforcing International Environmental Agreements", *Oxford Economic Press*, Vol. 46, Special Issue on Environmental Economics, October 1994, pp.878—894.

7. Robert Gampfer, "Minilateralism or the UNFCCC? The political Feasibility of Climate Clubs", *Global Environmental Politics*, Vol. 16, No. 3, August 2016, pp.62—88.

8. Kathryn Hochstetler and Manjana Milkoreit, "Emerging Powers in the Climate Negotiations: Shifting Identity Conceptions", *Political Research Quarterly*, Vol. 61, No.1, March 2014, pp.224—235.

9. 赵凤彩等:《国际航空碳排放权分配公平性研究》,载《气候变化研究进展》2014 年第 6 期。

10. Robert O. Keohane and David G. Victor, "The Regime Complex for Climate Change", *Perspectives on Politics*, Vol.9, No.1, 2010, pp.7—23.

11. 李慧明:《秩序转型、霸权式微与全球气候政治:全球气候治理制度碎片化与领导缺失的根源?》,载《南京政治学院学报》2014 年第 6 期。

12. Wolfgang Buchholz, Alexander Haupt and Wolfgang Peters, "International Environmental Agreements and Strategic Voting", *The Scandinavian Journal of Economics*, Vol.107, No.1, March 2005, pp.175—195.

13. Christian Downie, "Three Ways to Understand State Actors in International Negotiations: Climate Change in the Clinton Years(1993—2000)", *Global Environmental Politics*, Vol.13, No.4, November 2013, pp.22—40.

14. Margaret E. Keck, and Kathryn Sikkink, *Activists Beyond Borders*, NY: Cornell University Press, 1998.

15. Peter M. Haas, "Scientific Community and Multiple Paths to Environmental Management", in L. Anathea Brooks and Stacy D. VanDeveer, eds., *Saving the Seas: Values, Scientists, and International Governance*, College Park: Maryland Sea Grant College, 1997, pp.193—228.

16. 于宏源:《〈联合国气候变化框架公约〉与中国气候变化政策协调的发展》,载《世界经济与政治》2005 年第 10 期。

17. 参见 Detlef Sprinz and Tapani Vaahtoranta, "The Interest-Based Explanation of International Environmental Policy", *International Organizaiton*, Vol.48, No.1, Winter 1994, pp.77—105; Zhang Zhihong, "The Forces behind China's Climate Change Policy: Interests, Soverignty, and Prestige", in Paul G. Harris, ed., *Global Warming and East Asia: The Domestic and International Politics of Climate Change*, New York: Routledge, 2003, pp.66—85。

18. 张海滨:《中国与国际气候变化谈判》,载《国际政治研究》2007 年第 1 期。

19. Lynette H. Ong, "The Apparent 'Paradox' in China's Climate Policy", *Asian Survey*, Vol.52, No.6, 2012, pp.1138—1160.

20. 陈迎:《国际气候制度的演进及对中国谈判立场的分析》,载《世界经济与政治》

2007 年第 2 期。

21. 王礼茂:《中国气候变化谈判的几点思考》,载《气候变化研究进展》2005 年第 1 期。

22. 国家发展和改革委员会:《中国应对气候变化的政策与行动 2015 年度报告》,2015 年 11 月。

23. 陈刚:《气候变化与中国政治》,载秦亚青主编,《世界政治与全球治理:国际关系研究文集》,世界知识出版社 2014 年版,第 93 页。

24. 张海滨:《论中国环境外交的实践及其作用》,载《国外社会科学情况》1998 年第 3 期。

25. Marc Williams, "Re-Articulating the Third World Coalition: The Role of Environmental Agenda", *Third World Quarterly*, Vol.14, No.1, 1993, pp.7—29.

26. 严双伍、肖兰兰:《中国与 G77 在国际气候谈判中的分歧》,载《现代国际关系》,2010 年第 4 期。

27.《中美气候变化联合声明》,2016 年 3 月 31 日。

28. 潘忠岐:《广义国际规则的形成、创制与变革》,载《国际关系研究》2016 年第 5 期。

29. 参见陈德铭等:《经济危机与规则重构》,第十四章:"贸易与可持续发展规则",商务印书馆 2014 年版,第 541 页。

30. 薄燕:《全球气候变化问题上的中美欧三边关系》,载《现代国际关系》2010 年第 4 期。

31. [美]罗伯特·基欧汉、约瑟夫·奈:《权力与相互依赖》(第三版),门洪华译,北京大学出版社 2002 年版,第 19 页。

32. 薄燕:《合作意愿与合作能力——一种分析中国参与全球气候变化治理的新框架》,载《世界经济与政治》2013 年第 1 期。

33.《中国碳排放峰值有望提前至 2025 年》,中国气候变化信息网,2016 年 1 月,http://www.ccchina.gov.cn/Detail.aspx?newsId=58383&TId=62。

34. 国家发展和改革委员会:《中华人民共和国气候变化第二次国家信息通报》,2013 年 12 月。

35. Jeremy J.Schreifels, *et al.*, "Sulfur Dioxide Control in China: Policy Evolution During the 10th and 11th Five-year Plans and Lessons for the Future", *Energy Policy*, Vol.48, September 2012, pp.779—789.

36. 国家发展和改革委员会:《国家应对气候变化规划(2014—2020 年)》,2014 年 9 月。

37. 李婧华等:《IPCC 第五次评估报告第三工作组报告中国引文计量分析》,载《气候变化研究进展》2014 年第 5 期。

38. 郑秋红等:《IPCC 第五次评估报告第二工作组报告中国引文计量分析》,载《气候变化研究进展》2014 年第 3 期。

39. Stephen D.Krasner, ed., *International Regimes*, Ithaca, N.Y.: Cornell University Press, 1986, p.3.

40. 薄燕、高翔:《原则与规则:全球气候变化治理机制的变迁》,载《世界经济与政治》2014 年第 2 期。

41. 潘家华等:《碳预算方案的国际机制研究》,经济科学出版社 2009 年版。

42. Hermann E.Ott: "Climate Change: An Important Foreign Policy Issue", *International Affairs*, Vol.77, No.2, April 2001, pp.277—296.

43. 薄燕:《"京都进程"的领导者:为什么是欧盟不是美国?》,载《国际论坛》2008 年第5期。

44. 薄燕:《全球气候变化治理中欧盟领导能力的弱化》,载《国际问题研究》2011年第1期。

45. 曹亚斌:《全球气候谈判中的小岛屿国家联盟》,载《现代国际关系》2011年第8期。

46. 张晓华、刘滨:《建立气候变化国际新制度分析》,载《气候变化研究进展》2005年第1期。

47. 邹骥等:《论全球气候治理——构建人类发展路径创新的国际体制》,中国计划出版社2015年版。

48. 陈迎:《国际气候制度的演进及对中国谈判立场的分析》,载《世界经济与政治》2007年第2期。

49. 马欣等:《〈联合国气候变化框架公约〉应对气候变化损失与危害问题谈判分析》,载《气候变化研究进展》,2013年第5期。

50. 李玉娥等:《〈巴厘行动计划〉以来适应气候变化谈判进展及未来需求分析》,载《气候变化研究进展》,2014年第2期。

51. 薄燕:《〈巴黎协定〉坚持的"共区原则"与国际气候治理机制的变迁》,载《气候变化研究进展》,2016年第3期。

52. 国家发展和改革委员会:《中国应对气候变化的政策与行动2015年度报告》。

53.《第二十一次"基础四国"气候变化部长级会议联合声明》,中国气候变化信息网,2015年10月,http://www.ccchina.gov.cn/Detail.aspx?newsId=56546&TId=61。

54. 国家发展和改革委员会:《中国应对气候变化的政策与行动2015年度报告》。

55. 陈刚:《气候变化与中国政治》,第93页。

56. 中国国家和发展改革委员会:《中国应对气候变化国家方案》,2007年。

57. 中国国家和发展改革委员会:《中国应对气候变化的政策与行动2010年度报告》,2010年11月。

58.《〈第三次气候变化国家评估报告〉发布》,中国气候变化信息网,2015年11月,http://www.ccchina.gov.cn/Detail.aspx?newsId=56949。

59. 国家和发展改革委员会:《中国应对气候变化的政策与行动2014年度报告》,2014年11月。

60.《强化应对气候变化行动——中国国家自主贡献》,载《人民日报》2015年7月1日。

61. 国家发展和改革委员会:《中国应对气候变化的政策与行动2012年度报告》,2012年11月。

62. 于宏源:《体制与能力:试析美国气候外交的二元影响因素》,载《当代亚太》2012年第4期。

63. Oli Brown, *et al.*, "Climate Change as the 'New' Security Threat: Implications for Africa", *International Affairs*, Vol.83, No.6, Nov. 2007, pp.1141—1154.

64. 国家发展和改革委员会:《中国应对气候变化的政策与行动2015年度报告》。

结　论

中国应如何参与国际规则的制定与变革？

当今社会既是国际规则的时代，更是规则面临重大变数的时代，世界主要大国对规则制定权的竞争正愈演愈烈。中国不断融入国际体系的过程，在很大程度上就是不断学习、适应和接受现行国际规则的过程，同时也是不断提出、影响和塑造国际规则的过程。随着中国的进一步崛起和国际体系的不断变革，主动参与国际规则的塑造已成为对外政策的重点。积极参与国际规则重构是维护中国权益的必然选择，是助推中国改革的积极动力，是中国作为负责任大国应尽的义务。[1]中国能否顺利有效地在有关国际规则的重构中发挥稳健的积极作用，在很大程度上取决于中国以何种角色、采取何种方式和路径、选择参加哪些领域的国际规则制定与变革，以及如何在参与的过程中提高对国际规则的创制能力。

第一节　缘起与意义

中国如何参与国际规则的制定已经成为当前学术界的重点研究议题，更是决策部门的重点工作领域。所谓国际规则，是指对世界各国国际行为和国际互动有约束力的规定、原则、规范和制度。在狭义上，国际规则就是对国家行为和国家间互动有约束力的规定。在广义上，国际规则除了包括指令性规定，还包括指导性原则和规范，以及各种制度性安排。国际规则制定权之争越来越成为当前国际社会竞争的制高点，而利用国际规则牵制中国几乎成为美国对华外交的战略工具。在国际规则面临重大变数的情况下，在中国完成阶段性和平崛起的条件下，积极参与国际规则的制定和变革不仅是维护国家利益的理性选择，更是有担当和负责任的大国行为。

第一,积极参与国际规则的制定与变革已成中国面临的重大课题。

中国的决策部门和学界都明确地认识到国际规则的重要性,以及参与国际规则制定与变革的必要性。2014 年 11 月,习近平在中央外事工作会议上指出:“中国与世界的关系在发生深刻变化,……我们必须统筹考虑和综合运用……国际国内两类规则。”在 2014 年 12 月 5 日中央政治局集体学习时,习近平进一步强调:“我们不能当旁观者、跟随者,而是要做参与者、引领者”;“在国际规则制定中发出更多中国声音、注入更多中国元素,维护和拓展我国发展利益”。时任外交部长杨洁篪 2007 年底在《求是》刊文说,中国要“积极参与国际规则的调整”。[2]可见,中国对国际规则的政策立场已经由单向适应向适应和主动塑造两者并行转变,且以主动塑造国际规则为未来对外政策的重中之重。[3]

学术界讨论的核心问题也集中在中国如何参与国际规则的制定与变革。早在 2002 年初由清华大学国际问题研究所组织的一场有关中国与国际规则制定权的讨论中,学界对国际规则之争的重要性形成共识,并认为中国应积极参与国际规则的制定。[4]学界继而提出中国应按照“学习—运用—制定”[5]的步骤,分阶段地参与国际规则的制定。还有研究指出,中国参与国际规则所需遵循的基本原则,即对现行国际规则,坚持“权责相适应”原则;对改革中的国际规则,坚持“包容利益”原则;对新国际规则的确立,坚持“有区别的共同责任”原则。[6]2011 年北京大学张小明教授撰文指出,西方主导的国际规范正在从强调主权原则的“文明标准”转变为强调民主、人权等原则的“新文明标准”。“为了让国际规范具有真正的普世性,包括中国在内的广大非西方国家理应积极参与国际规范的建构、修正与调整,从而影响国际规范的变迁,维护自身的利益。”他强调:“中国一方面要适应国际规范的变迁,另一方面也应该坚持世界多元化原则,并且积极参与国际规则的调整,努力影响国际规范的变迁过程。”[7]

第二,当前的国际社会处于国际规则存在重大变数的时代,国际竞争的核心是国际规则制定权的较量,国际规则之争已经成为国际关系中的重要命题。

在很大程度上,自第二次世界大战结束起,国际社会就已经进入了国际规则的时代。广泛地运用国际规则主导权构建覆盖全球范围的制度网络始于第二次世界大战后的美国。[8]凭借国际规则的制定权和制度霸权维持其领导地位并从中获取霸权收益,是美国不同于以往帝国或霸主治理世界的重要方式。[9]在当前国际体系中,对国际规则制定权的争夺不可避免,是国家间竞争的题中应有之义。“现在国际政治争夺的内容不是对土地、资源、太空等自然物质的控制权,而是争国际规则的制定权,即制定行为规范的权力。”[10] 2008 年国际金融危机以来,国际体系正经历新一轮结构性变革,世界主要国家围绕国际规则展开的竞争日趋激烈。

冷战后世界政治和经济制度正在发生深刻的结构性调整,包括世界贸易组织成立、联合国机构改革、国际金融危机后国际货币基金组织和世界银行改革、二十国集团成立、金砖国家诞生等等。美国曾倡议的《跨太平洋伙伴关系协定》和《跨大西洋贸易与投资伙伴协定》,一度成为引领新一轮地区间贸易和投资规则的先锋,并有可能影响整个全球贸易和投资规则。[11]在全球治理领域更是需要国际社会对诸如环境、气候、海上、太空、网络、极地等新议题建立健全国际规则。尽管美国特朗普新政府上任伊始便宣布退出《跨太平洋伙伴关系协定》,但美国无论如何都不会放弃对国际贸易新规则的制定权,并仍会对其他国际规则发挥独有的影响力。特朗普政府执掌白宫后,国际规则发生重大变数的可能性进一步加剧,使已有国际规则的运作增加了新的风险和不确定性。

第三,中国积极参与国际规则的制定与变革不仅是必要的,而且是可能的。

利用国际规则制约中国已经成为美国对华战略的着眼点。美国对于中国融入国际体系的态度一向是接纳与遏制并存。但随着中国实力的不断上升,特别是在 2008 年国际金融危机以及 2010 年国际体系发生重大转折之后,美国越来越担心中国会对美国制定和主导国际机制的权威构成挑战,开始对中国打出“规则外交”牌,利用国际规则对华施压。“指责中国违反已有的国际规则,如汇率自由浮动、禁止政府补贴国内企业、尊重人权等国际规则”;“通过主导制定新规则对中国施加限制,如设置《跨太平洋伙伴关系协定》的高标准规则、在网络领域推动有利于维护美国网络安全和竞争优势的国际互联网规则等”。[12]美国的战略目标并不仅仅是遏制中国在国际规则体系中的权力增长，而且还在于防范中国利用上升的实力改变国际秩序的现状。“这一方向性变化使中国开始从西方规则体系的被接纳对象逐渐转变为被钳制对象。”[13]因此，中国必须进一步增强积极参与国际规则制定与变革的意识，更加积极主动地有所作为。

随着国家实力的增强和国际地位的提高，中国越来越有能力积极参与国际规则的运作、规制与变革。国际规则的制定能力主要取决于整体实力、领域优势和创制能力。尽管霸权国家是国际规则的主要制定者，但无论霸权国家多么强大都不可能垄断对国际规则的制定，不可能在所有问题领域都拥有领域优势，也未必完全拥有制定国际规则的创制能力。非霸权国家只要具备必要的创制能力，并且至少在某个问题领域拥有相对优势，就有参与国际规则制定与变革的空间。[14]中国经过四十年的改革开放，已经成功实现了阶段性的和平崛起，在国际体系的变革中处于具有相对优势的有利地位。2008 年国际金融危机在对中国和平崛起提出严峻挑战的同时，凸显了中国经济增长的相对优势，明显加快的多极化进程使中国国际影响力日益上升，成为各方争相求助和借重的对象。国际社会“中国观”的理性化更为中国化解国际压力、改善国家形象营造了有利条件，中国在主要国际组织中的地位也得到显著提升。因此，中国得以在国际体系变革和国际规则竞争中占据一定的优势地位，获得续写和平崛起篇章的历史机遇。[15]

无论是主动应对美国“规则外交”的压力，还是在国际规则制定权的竞争中立于优势地位，中国都需要积极主动地参与、引导和塑造国际规则的制定与变革的进程。放弃对国际规则的制定权，等同于在跟对手展开真正的较量之前先行认输。中国越来越有必要和可能积极参与国际规则的制定与变革。中国参与国际规则的制定与变革是更好维护国家利益和提高国际地位的理性行为。这对中国扩大经济利益、拓展外交空间、提升国家形象、改善安全环境等都具有极其重要的现实和战略意义。积极参与、引导和塑造国际规则的制定与变革，因此应该成为中国进一步融入国际体系的基本指导思想。

第二节　角色定位:稳健的建设性参与者

国际社会对中国国际角色的讨论基本上有两类不同的看法,一种是担心中国会破坏现行国际规则,甚至把中国看作最可能的挑战者;另一种则希望中国能够在国际规则的重构中发挥更大作用,成为与美国平起平坐的规则制定者。[16]这两种看法都与中国事实上应该扮演的角色不符。中国必须明确自身在国际规则制定与变革中的角色定位。新中国在成立初期对由美国在战后搭建的国际规则体系基本持批判态度,并在很大程度上游离于国际体系之外,扮演了国际规则的批评者和旁观者的角色。但是1971年中国恢复联合国合法席位开启了中国参与现行国际规则体系的进程,改革开放又进一步使中国实现了角色转换,中国开始积极参与经济领域的国际组织,逐渐成为国际规则的受益者和维护者。中国于1980年成为国际货币基金组织和世界银行的理事国,于1986年提出申请要求恢复《关税及贸易总协定》缔约方地位,并经过多年努力于2001年成功加入世界贸易组织。"从某种意义上看,中国的开放历程也是一个接受并适应国际经贸规则的过程。"[17]面对当前充满重大变数和激烈竞争的国际规则体系,中国虽不是国际规则的主要制定者,但也不能扮演旁观者,更不能成为挑战者,而应以建设者的身份尊重和遵从国际规则,积极主动地参与规制与变革,成为国际规则稳健的建设性参与者。

首先,中国不是国际规则的主要制定者,既是由于中国在整体实力上仍处于相对弱势,也是因为中国崛起的时代背景不同于第二次世界大战后的美国。在国际体系中,只有霸权国家才有可能成为国际规则的主要制定者。在整体实力上处于劣势的非霸权国家不可能成为整个国际体系的规则制定者,而至多只能成为个别领域的规则制定者,或国际规则制定的主要参与者。第二次世界大战后原有国际规则体系的崩溃也给美国创建新的规则体系提供了前所未有的机会,美国可以充分利用其战胜国地位重建国际秩序及国际规则。而中国崛起于和平时期,国际体系并没有发生像第二次世界大战结束后那样的历史性变革,国际规则已经相当完备。中国既没有达到美国在战后的整体实力水平，也不具备美国创建战后国际规则时的战略地位，因此中国在主动融入国际规则之后，只能作为国际规则的遵从者和建设性参与者。

其次，中国不应充当国际规则的旁观者，置身于国际规则制定与变革的进程之外。第二次世界大战后的苏联尽管跟美国一样，具备强大的整体实力和战胜国地位，但却在国际规则的制定中没有发挥其应有的作用。苏联之所以没能跟美国一样成为国际规则的主要制定者，既有其实力方面的客观原因，也由于其欠缺制定规则的主观意识。一方面，战后苏联的经济实力不仅远逊于美国，而且与其自身的政治和军事实力不相匹配，在客观上制约了苏联制定规则的能力。就像基欧汉和奈所指出的，一国的军事实力跟决定国际规则的能力并不完全对应，第二次世界大战之后的苏联属于此类，因为“在国际货币领域，苏联的影响几近于零”，“其经济体制不允许它积极参与国际货币基金组织和关贸总协定规则之下的国际经济事务”。[18] 另一方面，战后苏联在主观上缺少创制国际规则的意识，没有把制定国际规则的任务提上日程。因此，在美国忙于创建国际规则体系的时候，苏联成了茫然的旁观者，甚至连配角都没能充当。

再次，中国更不应成为国际规则的挑战者。这并不仅仅是因为中国实力不济，更因为现行国际规则有其正当性和合理性，在这种正当性和合理性丧失之前，任何挑战行为不仅会遭到既有霸权国的反击，而且也会直接损害本国利益。国际规则一经确立，就有其自身的生命力，并形成某种制度性约束力。历史上，在美国创建现有国际规则体系的过程中，英国充当了某种挑战者的角色，试图跟美国争夺国际规则的制定权。不论在建立布雷顿森林体系，还是在创建联合国的方案上，英国都提出跟美国不同的替代计划。但是最终英国还是作出妥协，遵从美国创建的国际规则，并成为美国的主要合作伙伴和国际规则的受益者。第二次世界大战后，作为衰落中的旧霸主，英国的整体实力既不具备制定规则的条件，也不能承担挑战规则的成本，选择与美国合作才是维护英国利益的最佳选择。中国在改革开放后之所以能够取得备受瞩目的经济成就，在很大程度上与中国尊重和遵从国际经济规则直接相关，如果“不承认现有国际经贸规则体系的正面作用，就难以解释中国为什么能够在对外开放中实现持续快速的发展，并被国际社会公认为经济全球化的最大受益者之一”[19]。因此,中国不仅不应该挑战现存国际规则,而且更有必要遵从现存国际规则的运作原则。

最后,鉴于中国总体上已经较深地融入了现有国际规则体系,从对国际规则的遵守中受益,中国没有理由试图另起炉灶大规模地重建国际规则,而理当作为建设性的参与者,积极改善、引导和塑造国际规则向更加于我有利且更趋公正合理的方向发展。“今天的中国再也不是规则的被动接受者,也不会去充当颠覆既有国际经贸规则体系的革命者,中国应沿着改革开放以来的轨迹,以建设性参与者的角色,更加积极主动参与国际经贸规则重构。”[20]“作为现存国际规范体系的既得利益者角色和在未来能够继续从其中获得红利的前景,决定了中国对国际规范的塑造将会采取‘改革者’而非‘革命者’的姿态——规范中的合理之处将得到遵守和维护,而其不合理之处将会被修正或弥补。”[21]

概而言之,中国应在国际规则制定与变革的过程中做稳健的建设性参与者:继续维护依然具有正当性和合理性的既有国际规则;在改革不合理的国际规则的过程中发挥建设性作用;以及在国际规则尚未完善的新领域积极引领创建规则。为此,中国需要选择合适的参与路径,着眼于在国际规则的有限领域发挥自身优势,并致力于提高规则创制的能力。

第三节　领域优势与重点领域

中国将自身定位于国际规则的建设性参与者,作为国际规则的一支稳健的规范性力量,中国需要以“有所为有所不为”的原则,有所取舍地在合适且有限的领域参与、引导和塑造国际规则的制定与变革。

首先是国际规则已经过时或尚不成熟,同时中国又具有明显领域优势的领域,如国际贸易和投资领域。所谓领域优势,是指在某个具体问题领域的权力对比中强者拥有明显优于弱者的权力优势,弱者对强者存在难以摆脱的单向依赖。国际体系中的霸权国家之所以能够主导国际规则的制定与变革,主要源于其强大的整体实力。但不论多么强大的霸权国家都不可能在所有议题领域都拥有优势,从而不可能垄断对所有国际规则的制定,这给非霸权国家留下了参与国际规则建设的空间。虽然霸权国家很多时候可以利用整体实力优势弥补个别领域的实力不足，从而在国际规则的制定中发挥主导作用，但在某些领域，霸权国家的整体实力未必能够弥补它在该领域的不足，因此难以如愿以偿地制定相关国际规则。例如，在战后布雷顿森林体系的创建过程中，美国原本要建立一个国际贸易组织，但没有成功，只能退而求其次成立了《关税及贸易总协定》。领域优势这一概念的政治意义就在于，美国超强的整体实力并不能总是直接转化为国际规则的制定权，更何况在霸权国家实力不占优势的领域，其他国家便拥有了参与国际规则制定的机会和可能。

在现行的国际规则体系中，国际贸易和投资是原有国际规则已经过时，新的国际规则尚未确立或还不成熟的领域，同时又是中国具有较大发言权和相对领域优势的领域，因此应该成为中国参与国际规则制定与变革的重点领域。[22]尽管中国的相对领域优势尚不足以支持中国成为该领域国际规则的绝对主导者，但中国有必要充分利用在该领域拥有的权力资源，发挥应有的作用。例如在"一带一路"倡议中重点推行基础设施建设、金融体系改革、投资和贸易争端解决，等等。

其次，新近提上国际议事日程、暂时缺乏通行国际规则的新问题、新领域，如气候变化、环境保护、打击恐怖主义、防止核扩散、网络安全、难民、移民、危机管理、太空管理等。现行国际体系中新问题在源源不断地持续出现，要求国际社会制定相应的国际规则，比如在公共治理领域出现的气候变化问题。尽管《联合国气候变化框架公约》于 1992 年达成并于 1994 年生效，《京都议定书》于 1997 年达成并于 2005 年生效，但为解决全球气候变化问题而制定国际规则的过程还远未结束。[23]又如因科学技术的发展对国际规则提出新要求，如网络安全、太空管理等。网络技术的飞速发展越来越暴露出缺乏相应的国际规则。"网络政治"正对世界政治产生越来越大的影响，甚至已经演变成一种新型的政治形态。[24]由于"信息网络对国际制度转制、改制和创制形成了巨大的压力"[25]，在该领域制定国际规则的要求也已逐步提上国际议事日程。面对层出不穷的新问题和新领域，中国已经并将继续积极参与国际规则的制定。在 2016 年年初通过的"十三五"规划再次明确指出，要"积极参与网络、深海、极地、空天等新领域国际规则制定"，"推动多边贸易谈判进程”,“形成公正、合理、透明的国际经贸规则体系”等等。即使中国在这些新问题和新领域中未必拥有领域优势,但由于这些新问题和新领域的国际规则事关中国国家利益,中国必须积极参与其中,围绕相关规则的制定进行博弈,并尽可能地引导和塑造国际规则的制定。

再次,事关我国国家主权与安全核心利益的重大问题,如反分裂主义和解决领土领海纠纷。在现行的国际规则体系中,有些国际规则不利于甚至有损于中国国家利益。由于美国作为第二次世界大战后国际规则的主要制定者本身并不存在国内分裂的威胁,与两个友好且较弱的邻国也没有严重的领土领海纠纷,且无人能够挑战其海上霸主地位,因此在相关领域制定的国际规则总体上对存在国内分裂和领土领海纠纷威胁的国家不利。2005 年中国出台《反国家分裂法》,旨在遏制“台独”势力的恶性发展,美国则以维持现状的国际规则为名指责中国的做法。面对日本对钓鱼岛的“国有化”运动,以及菲律宾和越南等国在南海的挑衅行为,中国以主权原则捍卫自己的正当权益,美国则以国际海洋法和航行自由原则为借口牵制中国、偏袒盟国。[26] 鉴于中国与美国在台湾问题和领海问题上的较量正日益演变为规则之争,中国有必要在《反国家分裂法》和《南海各方行为准则》的基础上进一步争取制定有利于我国的反分裂和处理领土领海纠纷的国际规则。就像阎学通明确指出的:“中国现在已经参与国际游戏规则的制定了,但目前对游戏规则制定权的问题没有提高到国家战略的高度来认识。也就是说,在这个问题上的投入还不够大。例如台湾问题,我们应该促进国际社会制定反对分裂主义的国际规则,要像打击恐怖主义一样。冷战后分裂主义是许多国际冲突的主要原因,给世界带来了许多战争,为了维护世界和平,我们要制定进行国际合作、共同反对分裂主义的规则。”[27] 同时,中国也迫切需要制定通过国际合作和平解决领土领海纠纷的国际规则。

总之,作为国际规则的建设性参与者,中国致力于理性地选择有限的领域积极参与国际规则的制定与变革,主要包括具有领域优势的领域、规则过时有待改革的领域、尚不成熟有待完善的领域、规则缺乏有待确立的领域,以及于我国不利有待改善的领域。

第四节　路径选择：多层次合作

无论从霸权国家制定国际规则的已有经验，还是从当前国际规则的运作和改革实践来看，全球性和区域性的多边渠道是制定国际规则的舞台，而双边渠道则作为多边途径的一个必要补充发挥了重要作用。因此中国在参与国际规则制定与变革的过程中，需要在全球、区域、跨区域和次区域等多个层次展开国际合作，综合运用双边和多边合作方式，积极参与国际规则的改革和完善。

通过单边方式制定和推行国际规则的做法只在理论上适用于国际体系中的霸权国家，而认为霸权国家可以在制定和变革国际规则的过程中仅凭一己之力我行我素，完全是一种误解。即便霸权国家往往也不把单边方式作为其参与国际规则制定与变革的首选路径，国家间合作仍是霸权国家制定国际规则的主要方式。因为国际规则只有让其他国家接受才能更好地发挥效力，而要让他国接受的最好办法是在制定和变革的过程中尽可能地考虑和关照其他国家，特别是其他大国的利益和关切。因此，在制定战后国际规则的过程中，“美国领导人并没有简单地通过指挥比它更弱小的伙伴按照某种规定的方式行事来建立霸权机制。相反，他们必须跟伙伴们寻找共同利益，而且在要求伙伴跟他们保持一致时自己也必须作出调整”[28]。

霸权国家在绝大多数情况下都是通过双边和多边合作来制定和推行国际规则的，并且常常把双边机制和多边机制结合起来使用。美国在第二次世界大战后创建国际规则的经验就是最好的证明。在经济领域，美国先是同英国围绕“怀特计划”和“凯恩斯计划”之争展开长时间的讨价还价，并达成双边协议，于 1944 年 4 月共同草拟了“专家关于建立国际货币基金的联合声明”。随后，美国于 1944 年 7 月将这一双边协议扩展为《布雷顿森林协定》，即建立“国际货币基金组织”和“国际复兴开发银行”的多边机制，从而完成了国际经济规则的创建。[29]在政治领域，美国同样先从双边谈判入手，分别说服英国和苏联接受其战后建立联合国的设想和方案。继而将双边成果向多边协议扩展，先后于 1943 年 10 月在莫斯科会议上发表《关于普遍安全的宣言》，在 1944 年

8—10 月敦巴顿橡树园会议上就战后联合国的组织机构达成协议,在 1945 年 4—6 月的旧金山会议上制定了《联合国宪章》,从而完成了战后国际经济秩序和政治规则的创建。[30]就像吉尔平所指出的,国际规则以国家间的共同价值观和利益为基础,而且产生于国家间合作。[31]这一点不仅适用于霸权国家,而且更适用于非霸权国家。

多层次的国际合作也是中国积极参与、引导和塑造国际规则的必由之路。在一定程度上,美国经验有例可援,即将双边合作成果向多边机制推进,利用国际组织和区域合作推行国际规则。正如美国利用国际货币基金组织和世界银行在国际金融领域制定和实施国际规则,利用《北美自由贸易协定》《跨太平洋伙伴关系协定》和《跨大西洋贸易与投资伙伴关系协定》等制定并推行国际贸易和投资规则。[32]国际组织作为国家间互动的多边平台有时候能够独立发挥作用,成为国际规则的制定者,特别是在关系到全球大多数国家的问题上。[33]非霸权国家不仅可以利用国际组织和区域合作参与国际规则的制定与变革,而且它们还能借此创设出甚至并不符合霸权国家利益的国际规则。例如,在联合国框架下达成并生效的解决全球气候变化问题的国际规则《京都议定书》,因不符合美国利益而遭到小布什政府的抵制。区域合作在制定和变革国际规则的过程中也在发挥愈来愈大的作用。因此,中国在参与、引导和塑造国际规则的过程中,更加需要依靠将国际组织和区域合作为主要机制,灵活运用全球与区域等不同层次的合作。

中国在国际组织和区域合作方面都拥有可靠的资源。中国不仅是联合国安理会常任理事国,而且在国际货币基金组织、世界银行和世界贸易组织中的地位在 2008 年国际金融危机之后也得到了显著提升。在区域和跨区域合作方面,中国与其他国家创设了上海合作组织、金砖国家合作机制、亚洲基础设施投资银行、金砖国家新开发银行等。中国不仅积极参与以东盟为核心的各种区域合作机制,如“10＋1”“10＋3”,以及《区域全面经济伙伴关系框架协定》等,还提出了新的“一带一路”区域合作倡议。可见中国在参与国际规则制定与变革的过程中,有很多可资利用的全球性和区域性多层次合作平台,它们已经和正在成为中国积极参与、引导和塑造国际规则的主渠道。

第五节　能力建设：规制、创新与协调

一国参与国际规则制定与变革的能力主要取决于整体实力、领域优势和创制能力。中国无疑需要不断提升整体实力和领域优势，这是中国能够参与国际规则制定与变革的前提条件，在此基础上中国更加需要提升自身的创制能力，这是中国参与国际规则制定与变革的必要条件，也决定了中国参与国际规则的结果与效果。所谓创制能力，是指一国为整个国际体系或某一问题领域管理国家行为和国家间互动而提出合理、可行的原则、规范和规则的能力，创设相关国际制度、引领区域合作、协调利益攸关方的能力。国际规则的创制能力并不能简单地被归为整体实力的一部分，因为创制能力与整体实力并不存在必然的等同关系。与整体实力和领域优势相比，创制能力在国际规则的制定中是不可或缺的，属于必要条件。一国如果创制能力不强，即使拥有整体实力或领域优势，也很难在国际规则的制定中发挥重大影响。如第二次世界大战后的苏联，尽管整体实力很强，但却缺乏创制能力。一国如果创制能力强，只要在某个问题领域拥有优势，即使不具备超强的整体实力，仍可以成为该领域国际规则的制定者，如果整体实力占优则可以成为整个国际体系的规则制定者。如战后的很多欧洲大国，尽管整体实力不够强大，但却拥有很强的创制能力。

要提高国际规则创制能力，中国可以从以下四个方面着手。一是要提高规则设计能力。国际规则通过执行发挥效力，国际规则的效力因此在一定程度上取决于其可执行性。而可执行性主要来源于规则设计。奥兰·扬认为，规则的设计要更容易遵守，更难遭到破坏，并且具有透明性。[34] 他说："典型的生产过程包括获取原材料、产品的制造、运输和消费者的购买和使用。管制可以集中在这一连串行为的某一点，也可以针对所有环节，而对于规则制定来讲，这里就要考虑怎样制定才能最好地使规则得到遵守。"[35] 他以《防止船舶造成污染国际公约》为例说明，为有效控制故意的海上石油污染行为，以设备标准为着眼点的新规则要远远好于基于排放标准的旧规则。规则的设计能力事关中国能在多大程度上参与国际规则的制定与变革，并在其中发挥怎样的作用。

二是要提高规范创新能力。规则源于规范。国际规则要让他国愿意接受和遵守,必须具有足够的正当性和合理性。为此,国际规则必须符合广为接受的国际规范。而要在国际规则上有所创新,就必须在国际规范上创新。杰弗里·勒格罗(Jeffery W.Legro)将明确性、持久性和协调性看作衡量规范是否有吸引力的指标。规范越是界定清晰,能不断面对各种挑战而发挥作用,且在各种外交谈判和条约中广为接受,规范的强度就越高,遵守规范的可能性也就越大。[36]鉴于规范的吸引力越强,与之相应的国际规则就越容易被其他国家视为理所当然,中国要提高参与国际规则制定与变革的能力就必须提高规范创新能力,通过不断提出新的国际规范,引导和塑造国际规则的发展演变。

三是要提高国际制度创设能力和区域合作引领能力。国际规则在很多时候都需要通过国际制度来体现,并经过区域合作来推行。基欧汉认为,"制度即规则",就是"规定行为角色、限制活动,并塑造预期的持久的和相互联系的(正式的和非正式的)成套规则"。[37]在他看来,国际制度除了国际规则还包括各种国际机制、国际组织、国际条约、国际惯例等。一个国家之所以愿意即使违背自我短期利益也要遵守国际规则是因为"违反规则而得到的坏名声的成本会使违规者付出具体的代价"[38],而国际制度和区域合作恰恰能引入制定和推行国际规则所需的信誉成本,因此,国际规则的创制能力除了包括规则设计能力和规范创新能力,还包括将规则和规范转化成具体的国际制度,用以指导区域合作的能力。中国在参与国际制度和地区合作方面已经积累了一定的经验,需要进一步提升创设国际制度和引领区域合作的能力,以便更好地将国际组织和区域合作变成中国积极参与、引导和塑造国际规则制定与变革的主要机制。

四是要提高游说和组织协调能力。国际规则大多是多国经过协商和妥协才达成的,说服其他国家接受并支持某种国际规则的能力因此是一国规则创制能力的一部分。约翰·伊肯伯里(G.John Ikenberry)和库普乾认为,霸权国家主要通过三条路径让其他国家接受新的国际规则,即规范劝服、外部诱惑和内部重构。[39]杰弗里·切克尔(Jeffrey T.Checkel)认为,欧盟在让新成员国接受其制度和规则的过程中主要使用了三种机制:奖惩、角色扮演和规范劝服。[40]他们都提到了规范劝服。规范劝服不仅适用于让其他国家遵守已经比较明确的国际规则，而且适用于使尚未出台的国际规则争取其他国家认可和支持。对于欧盟来说，规范劝服既是让新成员国接受既有国际规则的手段，也是吸引其他国家致力于加入欧盟的方法。中国在提高规范创新能力和制度创设能力的同时，必须提高规范劝服能力和组织协调能力，从而在参与国际规则的制定与变革中发挥更加积极主动的作用。

中国历史上曾在很长时间里都是东亚地区国际规则的主要制定者，不乏国际规则的创制能力。新中国成立以来，特别是改革开放后，中国不仅不断融入国际体系，不断接受和内化各种国际规则，而且也为实现更公正、合理的国际秩序而不断贡献各种国际规则和规范，从“和平共处五项原则”到“和谐世界”，再到“新型大国关系”和“人类命运共同体”，不一而足。随着中国越来越多地参与到国际规则的制定与变革进程中来，中国应更加有意识地总结自身历史经验，同时借鉴他国成功做法，在不断提升整体实力和领域优势的同时，打造更强的国际规则创制能力。

总之，中国已经较深程度地融入现行国际规则体系，正在由国际规则的被动接受者逐渐转变为国际规则制定与变革的建设性参与者。为更好地应对各种国际挑战，实现“两个一百年目标”，中国必须更加积极主动地参与国际规则的制定与变革。为此，中国必须进一步增强参与意识，以积极参与、引导和塑造国际规则的制定与变革为参与的指导原则。在参与的过程中，中国必须进行正确的角色定位，致力于成为国际规则的建设性参与者，而不是挑战者或旁观者。

鉴于对自身角色的定位，中国应将参与国际规则的领域限定于既有国际规则已经过时或尚不成熟，同时中国又具有明显领域优势的领域，新近提上国际议事日程、暂时缺乏通行国际规则的新问题和领域，以及事关中国国家主权与安全核心利益的重大问题等。

一个国家的实力越强，就越能在国际规则制定权的竞争中占优。但要在相关领域塑造甚至主导国际规则的制定与变革，除了要具有领域优势，还必须具有国际规则的创制能力。为了更加积极、有效地参与国际规则的制定与变革，中国需要在不断提升整体实力和领域优势的同时，培育更强的国际规则创制能力。

注释

1. 陈德铭等:《经济危机与规则重构》,商务印书馆2014年版,第604—605页。

2. 杨洁篪:《2007年国际形势与中国外交工作》,载《求是》2008年第1期。

3. 崔荣伟:《中国参与塑造国际规范:需求、问题与策略》,载《国际关系研究》2015年第3期。

4. 阎学通、章百家、秦亚青、叶卫平、潘维:《国际规则制定权与中国的位置》,载《世界知识》2002年第6期。

5. 即"先学习、熟悉和执行国际规则,再运用国际规则保护自身利益,进而再参与国际规则的研究和制定"。参见赵龙跃:《中国参与国际规则制定的问题与对策》,载《学术前沿》2012年第12期。

6. 中国社会科学院世界经济与政治研究所"中国如何应对国际规则"课题组:《中国应如何参与国际经济规则制定?》,载《中国市场》2012年第50期。

7. 张小明:《中国的崛起与国际规范的变迁》,载《外交评论》2011年第1期;另请参见,张小明:《"从文明标准"到"新文明标准"——中国与国际规范的变迁》,九州出版社2018年版。

8. 高程:《新帝国体系中的制度霸权与治理路径——兼析国际规则"非中性"视角下的美国对华战略》,载《教学与研究》2012年第5期。

9. 门洪华:《国际机制与美国霸权》,载《美国研究》2001年第1期。

10. 阎学通等:《国际规则制定权与中国的位置》。

11. 高程:《从规则视角看美国重构国际秩序的战略调整》,载《世界经济与政治》2013年第12期。

12. 刘建华、龚雅冰:《试析奥巴马政府对华"规则外交"》,载《世界经济与政治论坛》2013年第3期。

13. 高程:《从规则视角看美国重构国际秩序的战略调整》。

14. 潘忠岐:《广义国际规则的形成、创制与变革》,载《国际关系研究》2016年第5期。

15. 潘忠岐:《从"随势"到"谋势":中国的国际取向与战略选择》,复旦大学出版社2012年版,第312—317页。

16. 相关讨论,参见 Alastair Iain Johnston, "Is China a *Status Quo* Power?" *International Security*, Vol.27, No.4, Spring 2003, pp.5—56; Eva Paus, Penelope B.Prime, and Jon Western, eds., *Global Giant: Is China Changing the Rules of the Game?* New York: Palgrave Macmillan, 2009; Gregory Chin and Ramesh Thakur, "Will China Change the Rules of Global Order?" *The Washington Quarterly*, Vol.33, No.4, October 2010, pp.119—138; Scott Kennedy and Shuaihua Cheng, eds., *From Rule Takers to Rule Makers: The Growing Role of Chinese in Global Governance*, Research Center for Chinese Politics & Business at Indiana University and the International Centre for Trade and Sustainable Development in Geneva, 2012; Injoo Sohn, "Between Confrontation and Assimilation: China and the Fragmentation of Global Financial Governance", *Journal of Contemporary China*, Vol.22, No.82, 2013, pp.630—648。

17. 陈德铭等:《经济危机与规则重构》,第604页。

18. [美]罗伯特·基欧汉、约瑟夫·奈:《权力与相互依赖》(第3版),门洪华译,北京大学出版社2002年版,第140页。

19. 陈德铭等:《经济危机与规则重构》,第604页。

20. 同上书,第607页。

21. 崔荣伟:《中国参与塑造国际规范:需求、问题与策略》。

22. 参见陈德铭等:《经济危机与规则重构》,第 3、8、11、14 章。

23. 参见薄燕、高翔:《原则与规则:全球气候变化治理机制的变迁》,载《世界经济与政治》2014 年第 2 期。

24. 沈逸、刘建军:《网络政治:特性、挑战及其限度》,载《国际观察》2012 年第 12 期。

25. 蔡翠红:《国际关系中的网络政治及其治理困境》,载《世界经济与政治》2011 年第 5 期。

26. 刘建华、龚雅冰:《试析奥巴马政府对华"规则外交"》。

27. 阎学通等:《国际规则制定权与中国的位置》。

28. Robert Keohane, *After Hegemony*: *Cooperation and Discord in the World Political Economy*, Princeton, N.J.: Princeton University Press, 1984, p.138.

29. 参见金卫星:《二战期间美国筹建战后世界多边自由贸易体系的历程》,载《史学月刊》2003 年第 12 期。

30. 参见徐蓝:《试论第二次世界大战后国际秩序的建立与发展》,载《世界历史》2003 年第 6 期。

31. Robert Gilpin, *War and Change in World Politics*, Cambridge: Cambridge University Press, 1981, p.35.

32. 参见 Frederick M.Abbott, "NAFTA and the Legalization of World Politics: A Case Study", *International Organization*, Vol.54, No.3, Summer 2000, pp.519—547; 高程:《从规则视角看美国重构国际秩序的战略调整》。

33. 参见李增刚:《国际规则变迁与实施机制的经济学分析》,载《制度经济学研究》2005 年第 4 期。

34. [美]奥兰·扬:《世界事务中的治理》,陈玉刚、薄燕译,上海人民出版社 2007 年版,第 83—84 页。

35. 同上书,第 84 页。

36. Jeffery W.Legro, "Which Norms Matter? Revisiting the 'Failure' of Internationalism", *International Organization*, Vol.51, No.1, December 1997, pp.31—63.

37. Robert Keohane, *International Institutions and State Power*: *Essays on International Relations Theory*, Boulder, CO.: Westview Press, 1989, p.163.

38. Robert Keohane, *After Hegemony*: *Cooperation and Discord in the World Political Economy*, p.105.

39. G.John Ikenberry and Charles A.Kupchan, "Socialization and Hegemonic Power," *International Organization*, Vol.44, No.3, Summer 1990, pp.283—315.

40. Jeffrey T.Checkel, "International Institutions and Socialization in Europe: Introduction and Framework", *International Organization*, Vol. 59, No. 4, October 2005, pp.801—826.

后 记

2014年我通过申请课题开始研究中国应如何参与国际规则的制定。展现在读者面前的就是这项研究的最终成果。课题研究开始不久，我就在书店看到了原商务部长陈德铭领衔撰写的大部头著作《经济危机与规则重构》（商务印书馆2014年版）。看后非常惊喜，参与撰写这本书的作者全是在中国外交一线处理各种经济、贸易、金融问题的外交官，他们对国际经济贸易规则的重视和他们对中国应如何参与国际经贸规则重构的研究使我备受鼓舞，将我在课题申请过程中的各种迷茫和忐忑一扫而光，并成为我在课题研究过程中能够面对各种质疑和挑战，并坚持把课题做下去的重要支撑。

更让我备受鼓舞的是，中国政府已明确认识到国际规则的重要性和中国参与国际规则制定与变革的必要性。2014年11月，习近平在中央外事工作会议上指出："中国与世界的关系在发生深刻变化，……我们必须统筹考虑和综合运用……国际国内两类规则。"2014年12月，习近平在中央政治局集体学习时进一步强调："我们不能当旁观者、跟随者，而是要做参与者、引领者"，"在国际规则制定中发出更多中国声音、注入更多中国元素，维护和拓展我国发展利益"。

我不仅要感谢陈德铭先生和他的研究团队对国际规则的研究，而且还要感谢他们为我的课题留下了足够的研究空间。本课题研究的主要内容涉及但不局限于经贸规则。除了经贸规则，我们还研究中国在大国关系、国际危机管理、国际金融治理、国际气候变化等领域参与国际规则制定与变革的思路。本课题还对国际规则的内涵和形成机制进行了一般性的理论分析，对中国和美国参与国际规则制定的历史经验进行了总结，对中国就如何管理当代国际关系提出的一般规则和理念进行了归纳，并从总体上就中国在参与国际规则制定与变革的过程中应如何进行角色定位、确定重点领域、选择实施路径和加强能力建设等问题提出了一些战略性的思考。因此，本书可以算是对包括《经济危机与规则重构》在内研究中国与国际经济规则的各项成果的一点补充。

本成果从理论上对国际规则的形成机制进行了总结和概括，并从国家何以能够参与国际规则制定与变革的能力角度提出，不论多么强大，霸权国家都不能垄断对国际规则的制定，不论多么弱小，国际体系中的非主导国家都可以在国际规则的制定和变革过程中有所作为，从而为中国积极参与国际规则的制定与变革奠定理论基础，并为此明确了参与的基本路径。

本成果的主要理论贡献在于，明确提出整体实力、领域优势和创制能力的概念，把三者看作一国何以能够参与国际规则制定与变革的来源，并对三者的辩证关系进行了梳理。在三种能力中，与整体实力和领域优势相比，创制能力在国际规则的制定中是不可或缺的，属于必要条件。一国如果创制能力不强，即使拥有整体实力或领域优势，也很难在国际规则的制定中发挥重大影响。一国如果创制能力强，只要在某个问题领域拥有优势，就可以成为该领域国际规则的制定者，如果整体实力占优则可以成为整个国际体系的规则制定者。

本成果的主要实践意义在于，聚焦中国，明确提出积极参与国际规则的制定与变革是中国当前面临的重大课题，在参与的过程中，中国必须进行正确的角色定位，致力于成为国际规则的建设性参与者，而不是挑战者或旁观者；中国应将参与国际规则的领域限定于既有国际规则已经过时或尚不成熟，同时中国又具有明显领域优势的领域，新近提上国际议事日程、暂时缺乏通行国际规则的新问题和领域，以及事关中国国家主权与安全核心利益的重大问题等；为了更加积极、有效地参与国际规则的制定与变革，中国需要在不断提升整体实力和领域优势的同时，培育更强的国际规则创制能力。

本成果是集体智慧的结晶。我非常荣幸地邀请到很多志同道合者参与到这项研究中来，包括同济大学特聘教授、政治与国际关系学院院长门洪华教授（第六章）、陈德铭先生的得力助手陈荣凯（第八章）、澳大利亚墨尔本大学社会与政治学学院博士研究生彭重周和墨尔本大学亚洲研究院卓少杰(Sow Keat Tok)博士(第九章)、华东师范大学国际关系与地区发展研究院孙溯源副研究员(结论),上海欧洲学会秘书长杨海峰博士(第七章)、复旦大学中国研究院陈康令博士(第二章)、安徽省委党校公为明博士(第四章)、上海对外经贸大学连波博士(第三章)、大连外国语大学秦立志博士(第五章)和复旦大学国际关系与公共事务学院在读博士研究生李彦良(第十章)。此外,我还要特别感谢为本书作序的两位同事,他们是复旦大学副校长陈志敏教授和复旦大学国际关系与公共事务学院执行院长苏长和教授。本书的第一章由我撰写。我此外还参与撰写了第四章、第六章和结论部分,以及全书的修改和统稿。本书的出版要感谢苏长和院长,他推荐本书在由他主编的"中国与全球治理丛书"出版。上海人民出版社的责任编辑也为本书的付梓贡献了非常专业的服务。

潘忠岐

2019 年 5 月 20 日于上海

图书在版编目(CIP)数据

中国与国际规则的制定/潘忠岐等著.—上海：
上海人民出版社，2019
(中国与全球治理丛书)
ISBN 978-7-208-15899-3

Ⅰ.①中… Ⅱ.①潘… Ⅲ.①国际政治-研究-中国
Ⅳ.①D5

中国版本图书馆 CIP 数据核字(2019)第 115365 号

责任编辑 潘丹榕
封面设计 零创意文化

中国与全球治理丛书
中国与国际规则的制定
潘忠岐 等著

出　　版 上海人民出版社
(200001 上海福建中路 193 号)
发　　行 上海人民出版社发行中心
印　　刷 上海商务联西印刷有限公司
开　　本 635×965 1/16
印　　张 16.5
插　　页 4
字　　数 239,000
版　　次 2019 年 8 月第 1 版
印　　次 2019 年 8 月第 1 次印刷
ISBN 978-7-208-15899-3/D·3424
定　　价 62.00 元

中国与全球治理丛书

中国与国际规则的制定	潘忠岐　等著	62.00 元
跨国公司与全球治理	黄河　等著	65.00 元
中国与全球气候治理机制的变迁	薄燕　高翔　著	68.00 元
美国与联合国安理会改革	毛瑞鹏　著	55.00 元